에도 감옥 창살 너머의 역사
: 근세 일본 죄와 벌의 기록

오사타케 다케키 지음
장진호 옮김

어문학사

일러두기

1. 본서는 1939년에 출간된 오사타케 다케키尾佐竹猛 편저 『뇌옥비록牢獄祕錄』(刑務協会橫浜支部〈刑政文庫3〉)을 번역한 것입니다.
2. 본서에 등장하는 각주 중에서, 말미에 (저자주)라고 표기된 것이 원문에 있는 저자의 주註이고, 그 외의 각주는 모두 역자주임을 밝힙니다.

목차

1. 서문 … 006
2. 감옥사 … 018
3. 감옥의 화재 … 036
4. 형구 … 054
5. 감옥의 업무 관장 … 062
6. 야간 순찰 및 순시 … 070
7. 입감 방식 … 082
8. 죄수에 대한 차입 물품 … 100
9. 죄수의 생활 모습 … 108
10. 옥중 법도와 관리 죄수 … 116
11. 죄수 소환과 사형수 … 148
12. 감옥 내의 물품 구입 … 162
13. 태형과 탈옥 … 170
14. 병사 혹은 변사 … 194
15. 특별 옥사와 상위 신분 옥사 … 208

부록: 종신 구금 및 그 사례 … 220

일본 근세 형벌의 종류 … 236
일본 근세 감옥 및 관련 형사사법 사전 … 247
일본 근대 이행기 감옥 및 관련 형사사법 사전 … 338

옮긴이 해설 … 360

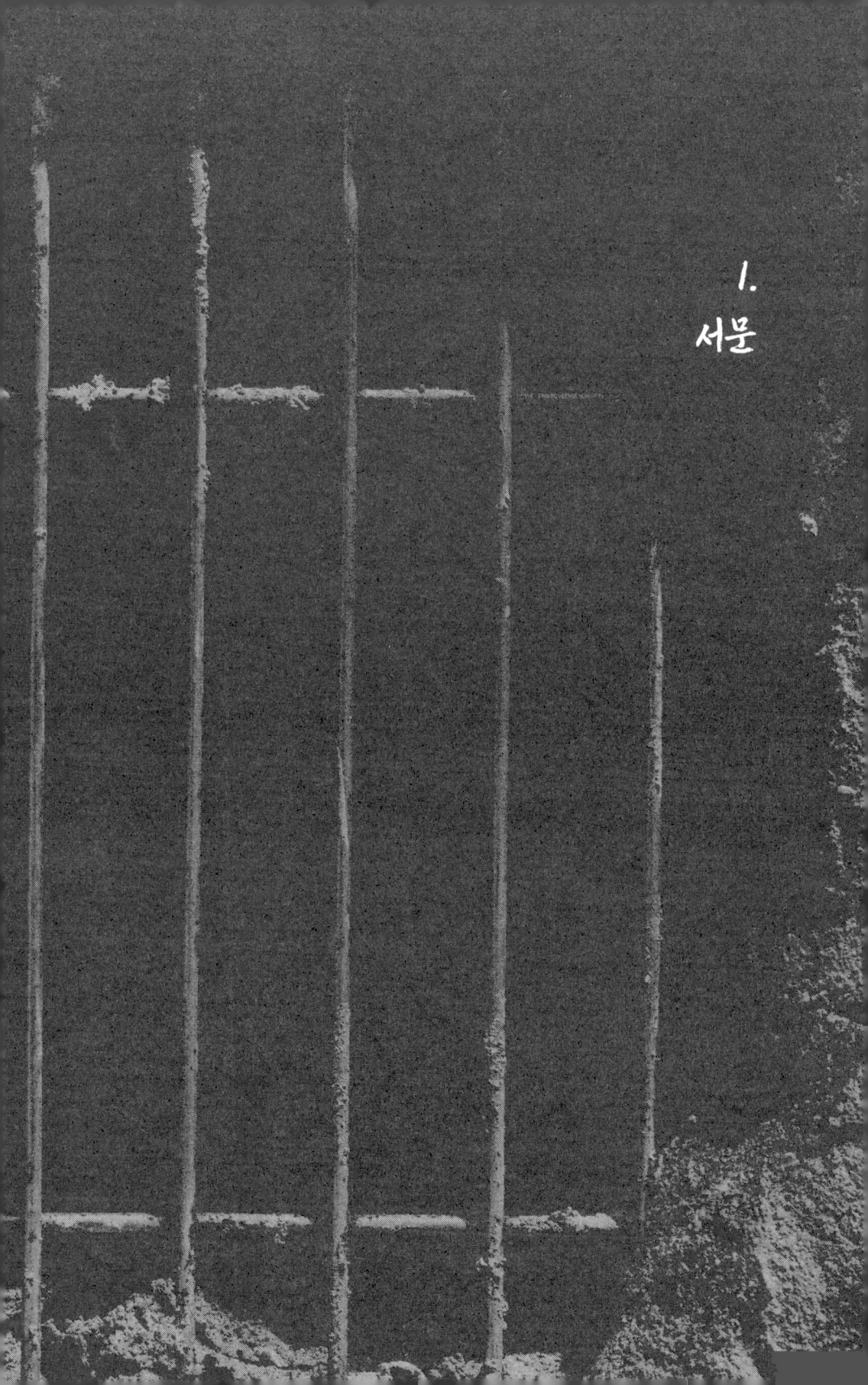

1.
서문

1. 서문

이 글은 도쿠가와德川 시대 '감옥¹牢獄'의 사정을 기록한 것이다. 정확한 시기를 밝힌 것은 아니지만 도쿠가와 시대 중기의 것으로 보여진다. 내용은 옥사牢舍의 구조, 종류, 옥사 내의 법도, 감옥의 관리獄吏, 감옥 내의 순시, 입감 방법, 감옥의 관리 죄수役人, 죄수에 대한 처우 등에 관하여 빠짐없이 기록한 것이다. 또한 비밀스럽게 숨기던 일에 속하는 것까지도 기록하고 있다.

---

1   본문의 뇌옥牢獄은 널리 사용되는 용어인 감옥으로 번역한다. 감옥監獄이라는 말은 메이지明治 4년(1871년) 영국령 홍콩과 싱가폴의 감옥을 시찰하고 일본 옥제의 근대화를 선도한 오하라 시게야小原重哉가 처음 사용하기 시작한 것으로 알려져 있고, 또한 실은 중국 청淸 말기 해외 사정을 소개하기 위한 지리서로 저술된 『해국도지海國圖志』에서부터도 이미 사용된 것으로(氏家幹人, 『江戶時代の罪と罰』, 草思社, 2021, 340), 이후 널리 사용되어 왔기 때문이다.

당시에는 위와 관련된 내용은 절대로 발표할 수 없었다. 만약 발표하는 자가 있다면 곧바로 중형에 처해졌을지 모른다. 즉, 발표할 수 없는 갖가지의 사실을 모아 기록한 것이기에 사본寫本으로만 당국에 전해져 온 것이 바로 이 『뇌옥비록牢獄祕錄』이다. 따라서 입수하기가 특히 어려운 것인 바, 우리는 이 기록을 통해 옛날 감옥의 진상을 알 수 있을 것이다.

감옥은 오늘날에도 설치되어 있다. 그것은 아마 사회에서 결코 없어질 수 없는 것으로서 영구히 존속되리라. 하지만 감옥은 점차 설비를 갖추어가고 면목을 새롭게 하며 죄수에 대한 처우를 개선하고 있다. 그렇기에 오늘날의 감옥을 옛날의 그것과 비교하면 실로 하늘과 땅 차이다. 옛날 감옥의 옥사는 실로 지옥 같아서 죄수는 죽은 사람과 마찬가지로 취급되었다. 하지만 오늘날의 감옥은 하나의 감화원感化院이 되어 있다. 그래서 감옥에 들어가더라도 단지 사회에서 격리되었다는 정도의 차이만 날 뿐이다.

▶ 에도 고덴마쵸 감옥小伝馬町牢屋敷이 있던 위치인 지금의 도쿄 짓시十思 공원 한편에 이축 복원된 감옥 돌담石垣 일부

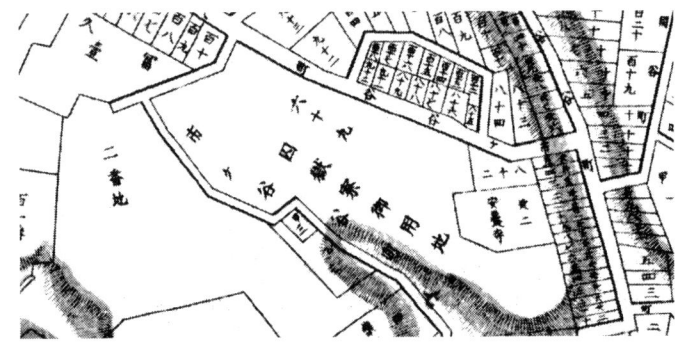

▶ 메이지 9년(1876년) 간행된 「메이지도쿄전도明治東京全図」(일본국립공문서관) 중의 이치가야타니마치 수옥 건물용지市ヶ谷谷町囚獄寮御用地. 고덴마쵸 감옥은 1875년에 이곳 이치가야로 이전되고 있었다. 따라서 그 이전까지는 즉 메이지 초기까지도 고덴마쵸에 있었음을 알 수 있다.

이 글을 보면 알 테지만 『뇌옥비록』을 해설하기 위해서는 일단 도쿠가와 시대의 감옥사牢舎 및 감옥 규칙獄則 등에 관하여 우선 기술하지 않으면 안 된다. 그래서 그 개요를 말하자면 다음과 같다.

감옥사를 총괄 감독하는 자는 '감옥부교牢屋奉行'로서 오늘날의 전옥典獄[2]에 해당하는 직이다. 그리고 감옥부교 휘하에서 열쇠 담당 鑰役[3], 계수 담당 数役[4], 경비 옥졸장 小頭[5] 등의 간수가 각각의 직무를

2　덴고쿠. 오늘날의 형무소장이나 교도소장에 해당.
3　가기야쿠鑰役. 감옥 서무 및 열쇠를 맡아 죄수 출입을 담당하는 하급 관리 도신同心.
4　가조에야쿠数役. 죄수에 대한 고문이나 태형에서 수를 세는 도신.
5　고가시라. 감옥의 경비 옥졸이나 감옥 하인을 지휘하고 죄수 호송과 점호를 맡는 도신.

담당한다.

감옥에 화재가 발생하였을 때는 수감된 죄수를 자유롭게 달아날 수 있도록 풀어 주어 피난시킨 뒤에 예정된 장소에 다시 모이게 한다. 그 약속을 지켜서 돌아온 죄수는 형을 줄여주고 돌아오지 않은 자에게는 형을 가중시켰다.

옥사에 대한 단속은 엄격했다. 감옥부교는 매월 수차례 감옥 안을 순시한다. 이를 감옥 검사牢內改라고 불렀는데 그 순시의 기회에 죄수의 호소를 듣기도 한다. 이는 죄수에게 억울한 누명冤罪이 있는지 확인함과 동시에 죄수의 호소를 통해 간수獄吏의 부정을 확인하여 이를 징계하기 위한 것이다.

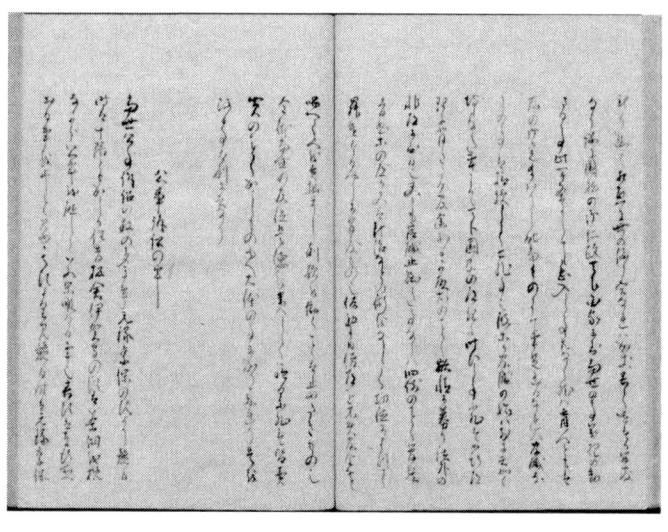

▶ 에도 시대 옥사자 수 등을 기록한 『세사견문록世事見聞錄 4』(일본국립공문서관)

1. 서문 009

입감자는 먼저 의복을 검사받고 나서 나체 상태로 옥사에 들어간다. 옥사 안에는 죄수들 중에서 선발되는 관리 죄수牢役人라고 불리는 자들이 있다. 그들이 옥사 안의 일을 맡고 있기에 옥중에서 절대적인 권력을 쥐고 있다. 그래서 죄수들을 혹사시킨다. 신입 죄수가 관리 죄수에게 몰래 쓰루ツル[6]라고 불리는 상납금을 바치지 않으면 학대를 당하는 등 악폐가 있다.

죄수에게는 돗자리를 지급하고 그 위에 앉게 한다. 의류는 매년 5월과 9월에 두 번 지급한다. 음식은 아침과 저녁에 두 번 주는데, 못소밥モッソウ飯[7]에 국汁과 야채 반찬을 곁들인 것이다. 목욕은 한 달에 몇 차례 시켜 준다. 이발月代은 매년 7월과 12월에 두 번 하는 것이 규칙이다. 하지만 관리 죄수는 한 달에 한 번 깎을 수가 있다.

대체로 감옥 내의 공기는 제대로 순환되지 않아서 늘 음울하고 일종의 악취가 배어 있다. 그로 인하여 병에 걸리는 자가 많다. 병에 걸리면 의사에게 진찰하게 한 뒤에 약을 주거나 혹은 병감溜[8]으로 옮겨서 요양시키거나 혹은 친척 등의 보증에 의해 민가에서 요양하게 하기

---

6 입감자가 지참해 관리 죄수장 등에게 주는 금전. 생명을 담보하는 돈줄이라는 쓰루가네蔓金의 의미.

7 못소物相는 사람마다 밥을 담아 나누어 주기 위해 1인분씩 담는 나무 밥그릇으로, 그 그릇에 담긴 밥이 못소밥이다.(저자주)

8 병감病監 및 유년감幼年監. 에도 아사쿠사淺草의 다메溜는 센소지淺草寺 경내 북측 밭 안에 있는 곳으로 히닌가시라非人頭 구루마젠시치車善七가, 시나가와 品川 쪽의 다메는 히닌가시라 마쓰에몬松右エ門이 감독한다. 본래는 히닌이나 무숙 죄수를 둔 곳으로 흔히 히닌타메非人溜라고도 했다. 두 곳 모두 고덴마쵸小傳馬町 감옥이 관할한다.(저자주)

도 한다.

병에 걸린 죄수가 형이 집행되기 전에 사망할 경우, 해당 죄수의 죄의 경중에 따라 사형에 해당하는 자는 사체를 소금에 절여鹽詰 두었다가 판결이 나면 그 사체를 대상으로 형을 집행한다. 반면 형이 가벼운 자가 죽는 경우에는 사체를 버리거나 히닌非人[9]으로 하여금 치우도록 한다. 이를 통해 죄의 경중에 따라 취급이 달랐다는 사실을 알 수 있다.

죄수에게 물품을 차입시키고자 하는 자가 있으면 감옥 관리는 들여보내겠다는 품목과 실제 반입되는 물건이 동일한 것인지를 확인하며, 정밀 검사까지 마치고 나서 죄수에게 교부한다. 따라서 자기 집이 있는 죄수는 이러한 방식을 통해 좋아하는 음식을 먹을 수도 있다. 술과 담배는 반입이 금지된 품목이지만, 간수牢番에게 뇌물을 주고 몰래 들이는 자가 있다. 그 외의 금지 품목도 마찬가지다. 즉 부정한 방법을 사용해 감옥 안으로 몰래 들어오는 경우가 있는 것이다.

그렇기에 바쿠후幕府는 그런 불법적인 일이 일어나지 않도록 바로잡기에 힘을 쏟는다. 그럼에도 그런 일은 없어지지 않는다. 심지어는 톱을 감옥 내로 들여와 탈옥을 시도하는 죄수도 있었다. 물론 그런 일에 간수가 관련된 것이 발각되면 간수에 대한 징벌이 엄중했음은 말할 필요도 없다.

---

9   에도 시대의 피차별 계층. 감옥이나 형장의 잡역 등에도 종사한다.

감옥에서 사용하는 형구囚禁具로는 수갑手鎖, 차꼬ホダ, 포승繩 등이 있다. 수갑은 손을 움직이지 못하게 하는 것이고, 차꼬는 발을 묶어 두는 것인데, 그 사용은 죄의 경중에 따라 다르다. 범죄자가 여자나 어린아이로서 본형에 처할 수 없는 경우에는 단기 구금過怠牢으로서 감옥에 들여보낸다. 또한 사형은 아니지만 그렇다고 해서 방면할 수도 없는 위험한 죄수에 대해서는 종신토록 감금해 두는 종신 구금永牢을 한다.

그 외에 특별 옥사揚屋[10]와 상위 신분 옥사揚座敷도 있다. 특별 옥사와 상위 신분 옥사는 다른 옥사와 분리된 하나의 실로서 안에는 다다미疊가 깔려 있다.[11] 그곳에 수용되는 자는 상당히 너그러운 대접을 받는다. 미결수도 그곳에 수용될 수 있다.

자세히 보건대 녹봉 5백 석石 이상인 하타모토旗本[12]는 위탁 구금御預이 된다. 그리고 5백 석 이하 오메미에御目見[13] 이상의 하타모토

---

10 아가리야揚屋는 에도 시대 감옥 내의 특별한 옥사. 아가리야도 원칙적으로는 잡거雜居 구금이지만 여기에 수용될 수 있는 자는 여성, 유형遠島 판결 확정자, 가신, 병자, 해난 사고로 조난되어 해외에서 외국선에 의해 귀국한 표류민 등이다(저자주).

11 특별 옥사는 5개 방으로 각 방은 다다미 9~18장 크기, 상위 신분 옥사 즉 아가리자시키는 4개 방으로 각 방은 다다미 6장 크기다(氏家幹人, 『江戸時代の罪と罰』, 草思社, 2021, 246).

12 하타모토 8만기八萬騎란 바쿠후 직속의 무사로서 1만 석石 이하 녹봉인 자의 총칭인데, 그 안에 계급이 있어 쇼군將軍을 알현할 수 있는 자를 온하타모토御旗本라 하고, 알현할 수 없는 자를 고케닌御家人이라 불렀다(저자주).

13 하타모토旗本(旗下) 중에 쇼군을 알현할 수 있는 계급이 오메미에인데, 다이묘의 가신家來이라도 학문이나 예술 등을 위해 특별히 불려와 알현할 수 있는 경우도 있었다. 이는 명예로운 것으로 여겨졌다(저자주).

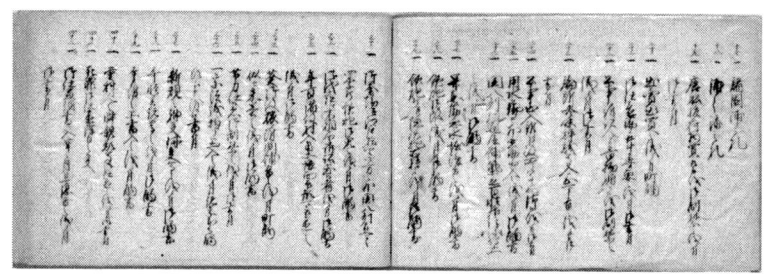

▶ 에도 시대 재판과 법 적용 및 형 집행의 기본 법전으로, 오늘날의 형법과 형사소송법 및 행형법을 아우른 법전 성격인 「구지카타오사다메가키公事方御定書」의 사본 중 목차의 일부(일본국립공문서관). 특히 103조를 수록해 「오사다메가키백개조(百箇條)」라고도 불린 하권은 형사 재판과 관련해 전해 오던 관습법과 판례를 기초로 한 형법적 규정을 수록했다.

는 감옥의 상위 신분 옥사에 수용된다. 그 이하 및 다이묘大名의 가신, 승려, 의사 등은 특별 옥사에 들어간다. 여성도 오메미에 이상의 가문인 경우에는 상위 신분 옥사에 들어가고 그 이하는 특별 옥사 중 여자 옥사女牢에 수용한다.

위와 같은 제도를 이루고 있는 바쿠후의 감옥[14]을 알기 위해서는 이 『뇌옥비록』이 없어서는 안 될 것이다. 따라서 행형 관계자 및 범죄 연구자 등이 놓쳐서는 안 될 좋은 참고서라고 생각한다. 한편 편저자는 뇌옥비록을 해석함에 있어 부족한 점을 보충하기 위해 다음과 같은 여러 서적으로부터 인용하였다는 것을 밝혀 둔다.

---

14 고덴마쵸는 바쿠후 직할령인 에도의 감옥이다.

1. 서문 013

1. 제례류찬諸例類纂[15]

1. 유례비록類例秘錄[16]

1. 과조류전科條類典[17]

1. 공재비록公裁秘錄[18]

1. 도쿠가와금령고후취德川禁令考後聚[19]

1. 남찬요집南撰要集[20]

1. 무사시아부미武藏鐙[21]

1. 오사다메가키백개조御定書百箇條[22]

1. 법조후감法曹後鑑

1. 에도관약비감江都管鑰秘鑑[23]

15	에도 시대 말기의 법령집.
16	다이칸代官의 질의에 대한 간죠쇼勘定所의 회답 등을 분류·정리한 책.
17	1742년의 기본법전 「구지카타오사다메가키公事方御定書」 등의 입법 자료집.
18	재판 절차에 관한 서적. 공재公裁는 재판의 의미.
19	메이지 시대 사법성이 편찬한 에도 시대 법령·금제를 담은 책으로 후취는 형률刑律.
20	1716~1736년 사이 에도 마치부교쇼가 다룬 재판·행정 관계 관례와 법령을 모은 책.
21	1657년의 '메이레키 대화재'로 모든 것을 잃은 자가 여행하며 처지를 말하는 산문집.
22	에도 바쿠후의 기본 법전. 형사재판의 관습법과 판례를 기초로 형법적 규정을 담았다.
23	1829년에 만들어진 법제사 서적.

1. 오키나구사翁草²⁴

1. 필화사筆禍史²⁵

 끝으로 부록으로 첨부한 '종신 구금永牢'은 또 다른 서적에서 인용한 것이다.

---

24 교토 마치부교쇼 요리키與力 간자와 도코神澤杜口의 문헌, 풍문, 견문, 체험을 담은 수필집.

25 메이지 시대 세상 풍속 연구가 미야타케 가이코쓰宮武外骨의 금서 이야기를 담은 책.

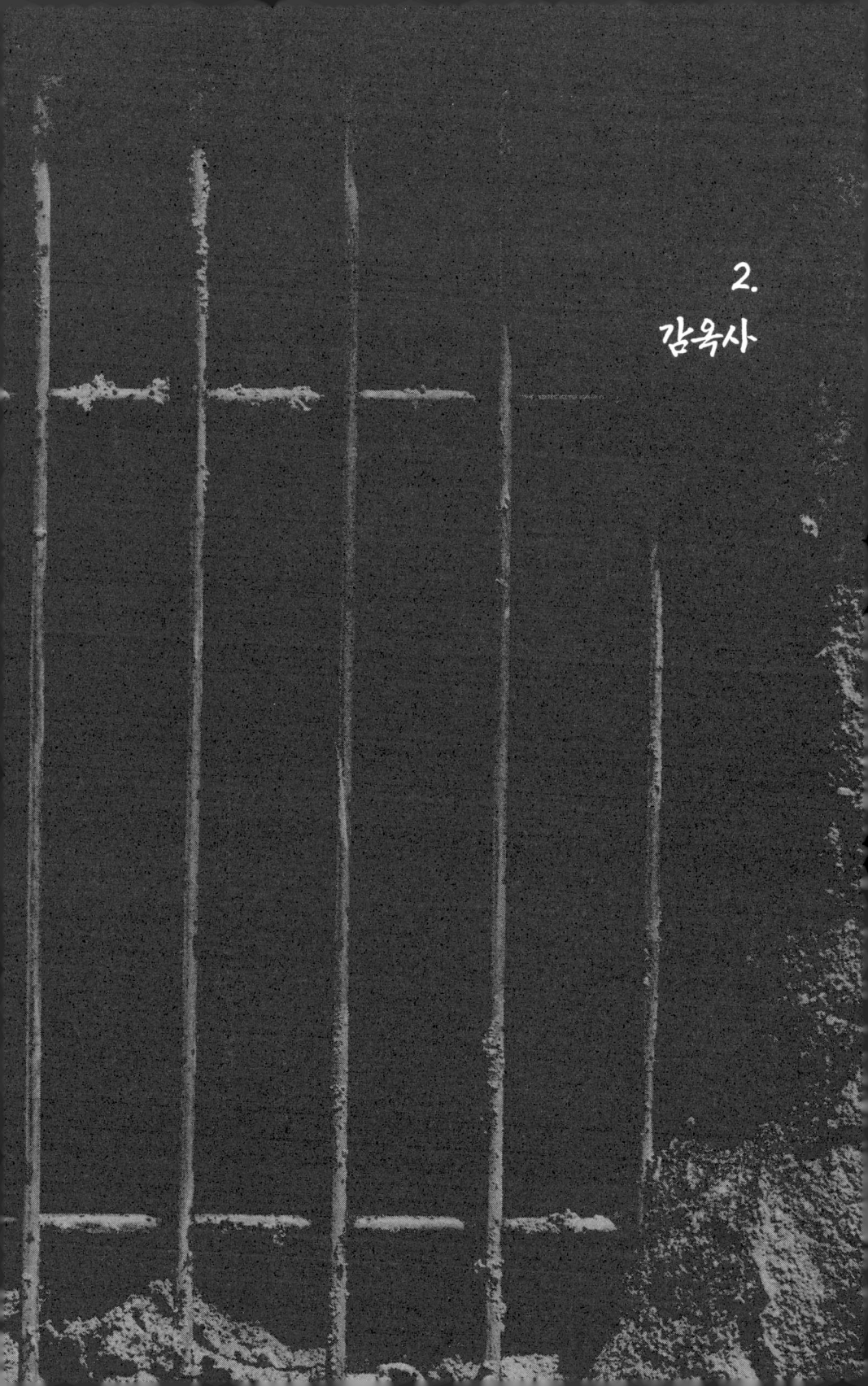

2.
감옥사

먼저 감옥사牢舍의 명칭과 유래에 관한 해설을 덧붙이고자 한다. '뇌牢'라는 이름은 애초에는 '농欄'으로서 이는 짐승을 기르는 '함檻'[1]에서 생겨난 것이다. 이 농欄은 일본에서 관습적으로 '농籠'이라 사용되면서 그 뒤부터 '농사籠舍'가 된다. 그렇게 해서 죄인을 묶어 놓는 곳을 뇌牢라고 부르게 된다. '뇌옥牢獄' 또는 '뇌함牢檻', '뇌사牢舍', '뇌옥牢屋', '옥옥獄屋', '옥사獄舍'는 모두 같은 의미로 『설문說文』[2]에는 '영어圄圉'[3]라고 한다.

---

1 뇌牢, 농欄, 함檻은 모두 짐승을 가두어 기르는 우리를 뜻한다.
2 후한後漢의 허신許愼이 만든 부수별 한자 자전字典인 『설문해자説文解字』.
3 히토야. 죄인을 가두는 감옥. '영어의 몸이 되다'는 감옥에 갇히는 것.

▶ 헤이안平安 시대 말 헤이안쿄京의 감옥(「행형 및 내옥도行刑井内獄圖」 중, 일본국회도서관).
뇌옥牢獄이라는 말은 헤이안 시대부터 사용되었다.

에도江戶에 감옥이 처음 세워진 것은 덴쇼天正[4] 시기쯤으로 「에도 관약江都管鑰 녹오錄五」에는 다음과 같이 기록되어 있다.

1. 감옥牢屋이 처음으로 만들어진 것은 덴쇼 시기 무렵으로 도키와바시常磐橋 바깥인 지금의 나라야이치에몬奈良屋市右衛門 및 고토야시키後藤屋敷에 감옥이 만들어졌다. 그 뒤 게이쵸慶長[5] 시기에 감옥이 고덴마쵸小傳馬町로 이전되어[6] 잘 이어지고 있다. 하지만 이전

---

4   아즈치모모야마安土桃山 시대의 1573~1592년.
5   아즈치모모야마 시대에서 에도 시대에 걸친 1596~1615년.
6   에도 감옥은 1596년부터 도키와바시常磐橋에 있다가 1615년 고덴마쵸로 옮겨와 1875년 이치가야수옥서市谷囚獄署로 이전할 때까지 약 260년간 그 자리에 있었다.

할 당시의 출납 장부 등은 현재 남아있지 않고, 감옥을 그린 평면도도 없다.

1. 43년 전인 덴나天和 3년(1683년)에 상위 신분 옥사를 신규로 설치하고자 하는데 장소가 없었다. 그래서 감옥 부지에 속해 있는 간수 도신同心[7]의 주택을 몰수하고 도신을 다른 토지에 거주하도록 이주시키는 방식으로 맞바꾸어 그 자리에 상위 신분 옥사를 만들게 되었다.[8]

1. 본 감옥의 43년 전까지의 모습을 보면, 3면의 방 벽은 흙으로 되어 있고 옥사 앞면의 통로 쪽에는 나무 격자가 붙어 있는데, 그 격자는 아무리 대단한 죄수라도 부수기 어려운 것이었다. 신축하는 상위 신분 수용 시설은 그 공사에 착수하기 전에 감옥부교가 미리 사방 격자 형태의 시설로 해주기를 희망한다고 아뢰었다. 그 결과 원하는 대로 격자로 만들라는 분부가 내려졌다. 그 당시의 감옥 평면도는 여기 있기에 올린다. 23년 전인 겐로쿠元禄 16년(1703년)에는 다른 곳의 화재가 고덴마쵸 감옥까지 옮겨붙었다. 그래서 세 곳의 죠닌町人[9] 거주 지역이 철거되고 감옥도 새로 지어졌다.[10]

---

7   부교奉行 등 지배하의 요리키与力 밑에서 서무, 수사, 체포 등에 종사한 하급 관리.

8   덴나天和 3년(1683년)에 감옥 내의 도신 주택을 몰수해 그 자리에 상위 신분 옥사를 신축하고 도신은 다른 지역에 주거를 마련해 주었다(加藤貴 校注, 『德川制度(上)』, 岩波文庫, 2018, 275.).

9   성시城下町 등에 거주하는 직인, 상인, 도시 서민의 총칭.

10   그렇게 형성된 고덴마쵸 감옥은 바쿠후의 감옥 중 최대 규모로 2,677평 정도.

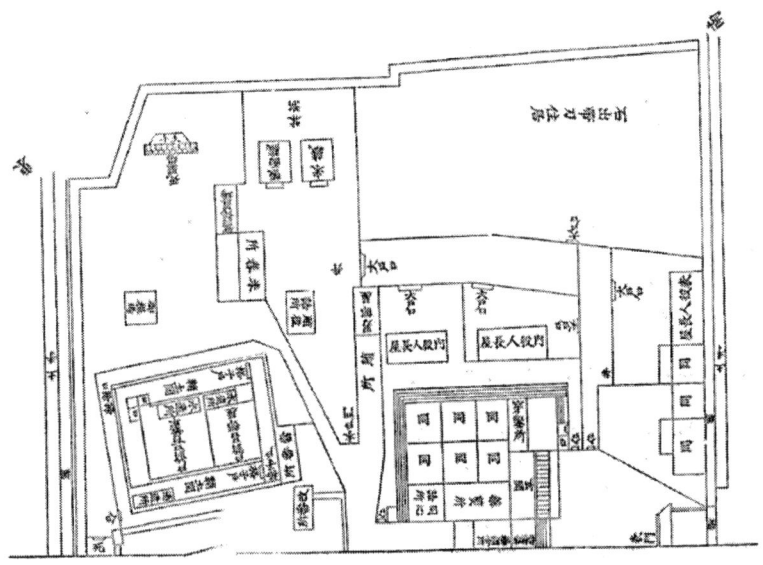

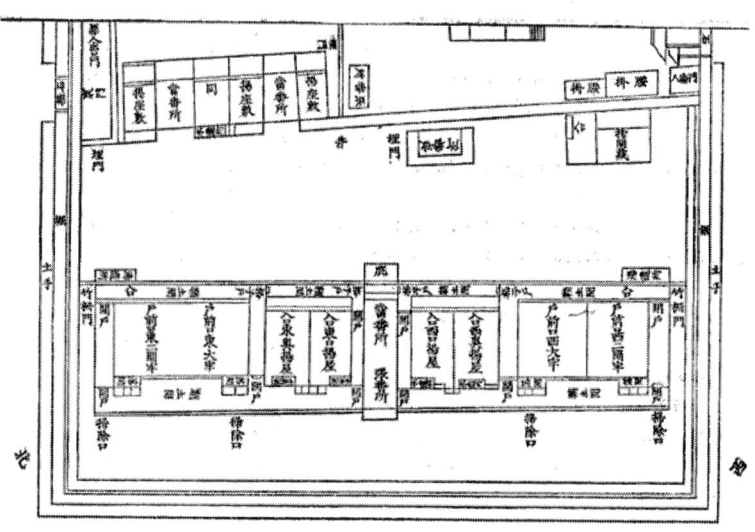

▶ 고덴마쵸 감옥 평면도(『고서유원古事類苑 법률부 12』 일본국회도서관)

▶ 에도 고덴마쵸 감옥 일부(「신옥옥도회(新獄屋圖繪)」중, 일본국회도서관)

감옥부교에는 이시데 다테와키石出帶刀[11]가 임명되어 있는데, 그 유래에 관해서는 『에도스나고江戶砂子』[12]를 보면 알 수 있다.

고덴마쵸小傳馬町 잇쵸메一丁目 북쪽北手을 통해 에도에 들어올御入國[13] 때 그 주변에는 큰 팽나무 45그루가 있었다. 그곳의 부랑자를 붙잡아서는 그 나무 아래에 두었다. 오고반슈大御番衆(오반가시라大番頭의 지배하에서 오반구미가시라大番組頭에 속하고 에도 성내 및 그 외 요지를 호위하여 순행하는 역직) 이시데 다테와키라는 고집 센 사무라이에게 그 부랑자들을 맡아보게 하였다. 그때 이후로 이시데 다테와키가 그 임무를 계속 맡게 되었다고 한다.

감옥 옥사의 종류는 크게 대옥사大牢[14], 두 칸 옥사二間牢[15] 및 여자 옥사女牢 3종이 있다. 이 외에 부교쇼奉行所[16]에도 가옥사假牢라는 것이 있다.

---

11   고덴마쵸 감옥의 장관인 로야부교牢屋奉行의 세습명.
12   에도 중기 기쿠오카 센료菊岡沾涼가 지은 에도 지지地誌.
13   北手는 북쪽이라는 뜻으로 고덴마쵸 잇쵸메의 북쪽에 있는 오에노키大榎 운운하는 곳이다. 御入國이란 도쿠가와 이에야스가 간토關東 8주에 임명되어 에도에 부임한 일을 말하는 것으로 이는 텐쇼天正 18년(1590년)의 일이다(저자주).
14   호적戶籍 있는 서민 범죄자를 수용하는 옥사.
15   동서 각 다다미 24장 크기의 두 수용실로 이루어진 목조 건물. 일정 주거가 없는 죄인을 수용해 무숙자 옥사無宿牢로도 불렸다.
16   부교奉行의 집무 관청. 전근대 행정·사법의 미분화로 재판 관청도 겸했다.

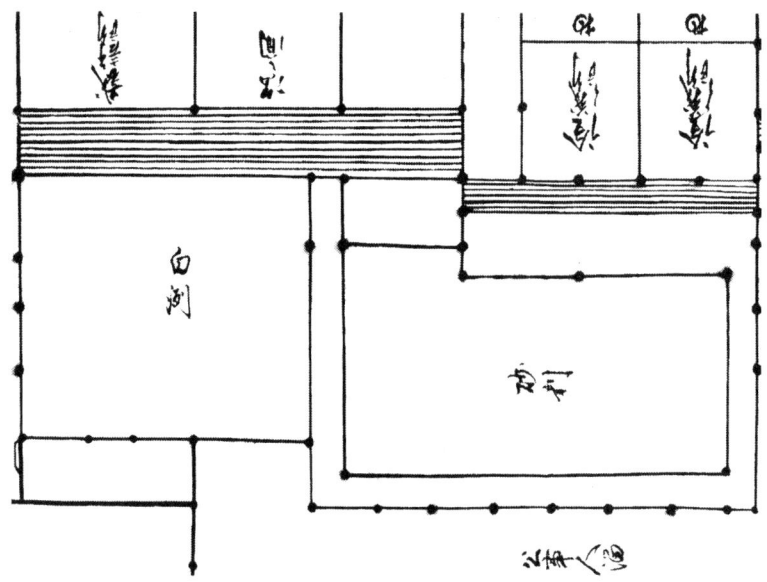

▶ 에도 마치부교쇼의 법정(남북마치부교쇼건물배치평면도南北町奉行所建物配置圖 3」 중, 일본국회 도서관). 흰 자갈砂利(우측 아래)이 깔려 있는 재판정 시라스白洲(좌측 아래)와 조사심문 소인 전의소詮議所(우측 위)와 판결하는 곳인 재허소裁許所(좌측 위)가 보인다.

【대옥사大牢 및 두 칸 옥사二間牢】

1. 대옥사는 거주할 곳이 있는 자가 수용된다. 두 칸 옥사(건물 정면의 폭이 두 칸이라서 그렇게 이름 붙였다)는 거주할 곳이 없는 자가 수용되었기에 흔히 무숙자 옥사無宿牢라고 불린다.

【여자 옥사女牢】

1. 여자 옥사는 서쪽 입구의 특별 옥사揚り屋로서 툇마루緣頰가 딸려있다. 그런데 여자는 감옥에 들어오는 숫자가 적기 때문에 옥사가

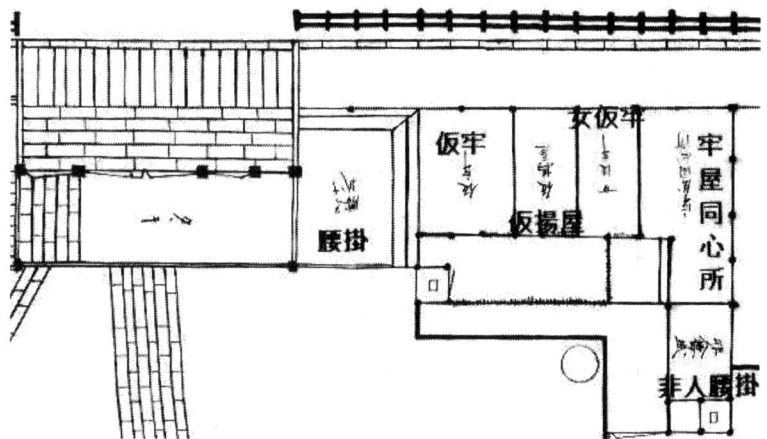

▶ 정문表門 바로 옆으로 서민 죄수용 가옥사仮牢와 특별 옥사 죄수용 가옥사仮揚屋 및 여자 죄수용 가옥사女仮牢가 보이는 에도 남마치부교쇼의 일부(덴포13년12월 남마치부교쇼건물배치평면도天保十三寅年二月 南町奉行所住居向繪図面) 중, 일본국회도서관). 가옥사는 고덴마쵸 감옥에서 부교쇼로 소환된 죄수를 수감하기도 하고 도신 등에 의해 체포된 용의자가 고덴마쵸 감옥에 수감되기 전까지 유치되는 곳이기도 하다.

동쪽과 서쪽으로 나눠져 있지는 않다. 그렇기는 하지만 많은 수의 여자가 입감될 때는 유형자실(동쪽 입구의 특별 옥사)에까지 임시로 수용되게 된다. 감옥 안에서는 여자 옥사를 여자실女部屋이라 부른다.

【마치부교쇼町奉行所[17] 가옥사假牢】

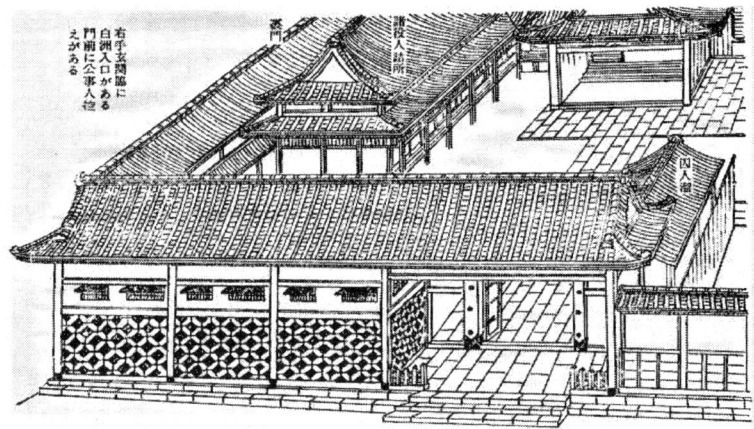

▶ 지금의 시즈오카 일대인 슨푸駿府의 마치부교쇼(『동정대총독관출발도東征大総督御進発絵巻』)

1. 가옥사는 부교쇼 안에 있다. 체포된 자는 일단 가옥사에 들여보낸다. 그 뒤에 남쪽 옥사南牢(부교쇼 내의 남쪽에 있어 그렇게 이름 붙였다)에 수용된다. 또한 본 감옥에서 소환된 죄인도 우선 가옥사에 유치해 둔다. 포승에 묶여 죄수 가마モッコウ[18]에 실려 온 죄인을 가옥사에 들여보낼 때는 손목의 포승을 조금 느슨하게 하여 수용한다. 그리고 재판정 시라스白洲[19]로 불러낼 때도 손목을 느슨하게 해 준다.

---

17 에도 시대 도시 지역의 행정·사법 담당 기관. 각 번藩의 성시城下町에도 있지만 흔히는 에도 마치부교쇼를 지칭. 에도 마치부교쇼는 남·북 두 곳으로 감옥도 그 지배하에 있다.

18 앞·뒤로 메는 나무 멜대에 달린 그물망에 포박한 죄수를 넣어 운반하는 기구.

19 부교쇼 등의 법정. 재판의 공평함을 상징하는 흰색 자갈이 깔린 데서 유래한 명칭.

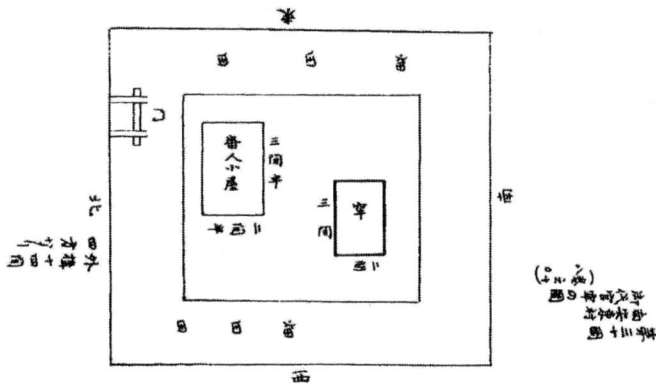

▶ 지금의 시즈오카현 일대인 스루가노쿠니駿河国 미나미안도무라南安東村의 다이칸이 관장한 옥사御代官牢(『슨코쿠잡지駿国雑志 7책』). 마치부교 관할 감옥보다 규모가 작아 2칸~3칸 크기의 옥사牢 하나만 있다.

생각건대 남쪽 옥사도 역시 부교쇼 안에 있는 것이다. 죄인을 부교쇼의 가옥사에 수용하는 것을 흔히 샤모シヤモ[20] 넣기라고 부른다.

〔참고〕

교토京都의 감옥은 에도의 감옥과는 다르다. 『교토관청용대개각서京都御役所向大概覺書 1권』[21]을 보면 감옥 내 옥사의 종류 및 규모 등을 잘 알 수 있다.

---

20 샤모는 샴, 즉 옛 태국에서 수입된 에도 시대 투계. 서민 중죄인 호송용 가마인 도마루카고唐丸籠가 투계唐丸 샤모를 넣는 닭장과 유사한 모양인 것에서 이름이 유래되었듯, 좁은 가옥사에 수감하는 것을 샤모 넣기라고 불렀다.

21 교토 마치부교쇼가 1717년경 직할지의 궁중, 바쿠후 관청, 관리, 신사와 절, 마치의 생활을 기록한 책.

1. 교토 감옥의 부지는 1,102평이다. 시설의 규모는 동서로 38칸間, 남북으로는 29칸의 크기다.

간에이寬永 5년(1628년) 3월의 대화재가 오가와小川 감옥에까지 옮겨 붙어 감옥이 불타버렸다. 그래서 이듬해 1629년 8월에 산죠신치三條新地에 감옥을 새로 지었다.

【교토 감옥의 내부】

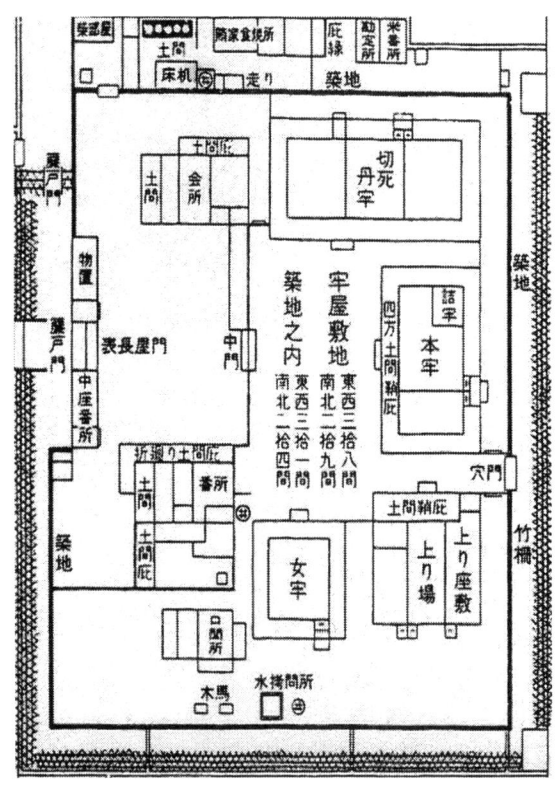

▶ 교토 산죠신치(롯카쿠六角) 감옥 배치도 (교토시 편, 『교토의 역사京都の歷史 7』)

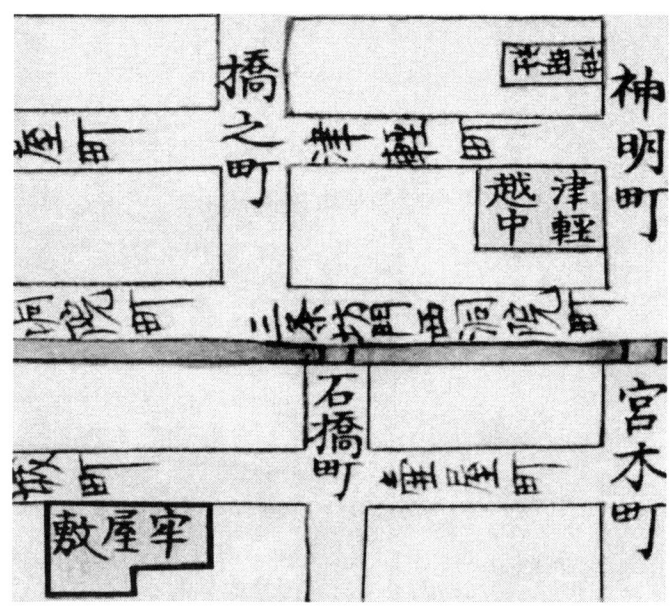

▶ 로야시키牢屋敷(좌측 아래)로 표시된 교토 산죠신치 롯카쿠六角 옥사(『교토 시내 평면도渚中總図』중, 일본국회도서관). 산죠신치三条新地에 신축한 교토 감옥은 롯카쿠 대로에 접해 흔히 롯카쿠六角 옥사로 불렸는데, 부지는 동서 38칸, 남북 29칸, 총평수 1,102평 규모였다.

▷ 본 옥사(3칸~6칸), 연장 부분 포함(5칸 반~8칸)

서쪽 옥사는 2칸~3칸,

동쪽 옥사는 3칸~4칸,

그 안의 협소 옥사는 사방 각 1칸 반 크기

▷ 기독교인切支丹[22] 옥사(3칸~9칸), 연장 부분 포함(5칸 반~11칸)

남쪽 옥사는 사방 각 3칸.

---

22 산죠신치三條新地 감옥에는 다다미 18장 크기의 기독교인 옥사가 있었다.

가운데 옥사는 사방 각 3칸,

북쪽 옥사는 사방 각 3칸 크기

▷여자 옥사女牢(2칸~3칸), 연장 부분 포함(4칸 반~5칸)

▷상위 신분 옥사上り座敷(2칸~3칸반)

▷특별 옥사上り場(동서로 5칸~남북으로 6칸)

▷무의탁자無請(간토關東의 무숙無宿에 해당) 옥사

▷특별 옥사(2칸~3칸 반)

▷특별 옥사(2칸~3칸 반)

▷번소番所[23](동서로 2칸 반~남북으로 5칸 반)

▷중문(너비 5척尺~높이 8척)

▷심문실御詮議所(동서로 2칸~남북으로 4칸 반)

▷고문실拷問所(사방 각 1칸)

▷목마木馬(2개소)(이는 고문 도구다)[24]

▷정문장옥表門長屋(1칸 반~10칸)

▷책호문簣戶門[25](2개소)

▷감옥 조리실牢賄屋鋪(동서로 3칸~남북으로 24칸)

---

23   경비나 망을 보기 위해 설치된 시설.
24   뾰족한 등에 올라타게 하는 목마형 고문 도구.
25   대나무로 짠 사립문.

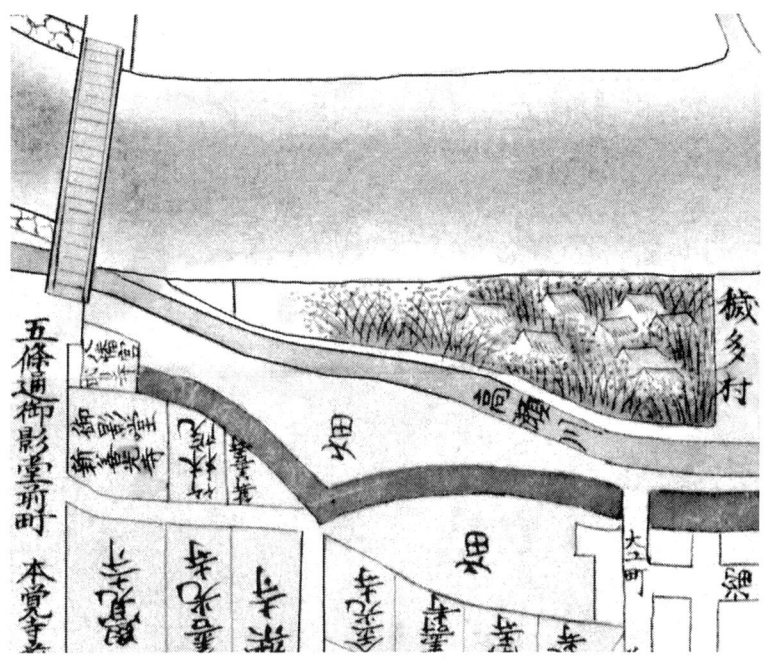

▶ 교토 로쿠죠六條의 에타촌穢多村(가운데)(「교토 시내 형연도洛中絵圖」). 이 지역의 에타들이 교토의 감옥·행형 업무의 말단을 담당한다.

산죠신치의 감옥 시설이 호에이寶永 6년(1709년) 8월에 완공되면서 교토의 쪽염색업자藍染屋와 야마시로山城[26] 지방 및 고슈江州[27]의 에타穢多[28] 무라村들에서 온 자들이 감옥의 소토반外番(외부 순찰자)으로 근무하고 있다. 낮에는 4명, 밤에는 6명씩이 서로 대기하면서 돌고 있다.

---

26   교토 남부.
27   오미近江 즉 시가滋賀현 일대.
28   전근대 천민 신분의 하나. 피혁업 등에 종사하면서 감옥·행형 업무의 말단을 이룬다.

다만 쪽염색업자 및 고슈 일대의 에타는 반시로긴番代銀(금전을 주고 다른 사람에게 대신 순찰시키는 것)의 형태로 근무하고 있고, 아마베무라天部村[29]와 로쿠죠무라六條村[30]의 에타들은 모두 감옥 안에서의 실제 근무를 원하여 그렇게 일하도록 하고 있다.

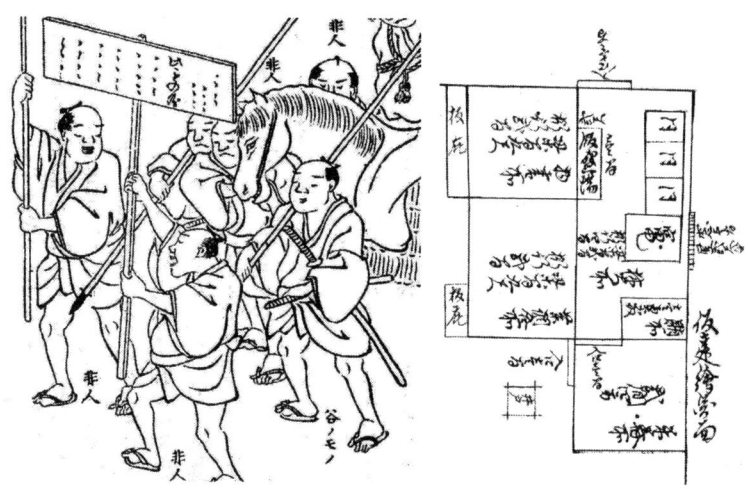

▶ 고덴마쵸에서 출발해 처형장으로 가는 시중 조리돌림 행렬의 히닌非人들(자료「고사류원古事類苑」 법률부 6」 중). 『히닌 우두머리의 가옥사 히닌 경비선지급 신청非人頭仮牢番非人内借願 2권』에 첨부된 도면(우)(일본국회도서관)

---

29   교토에서 비과세 지역인 가와라모노河原者 즉 강변에 거주하면서 예능, 걸식을 하던 자들의 무라村. 마치부교 아래에서 형리刑吏나 행형 업무도 담당한다.

30   교토 스진崇仁 지역 로쿠죠가와라의 에타촌.

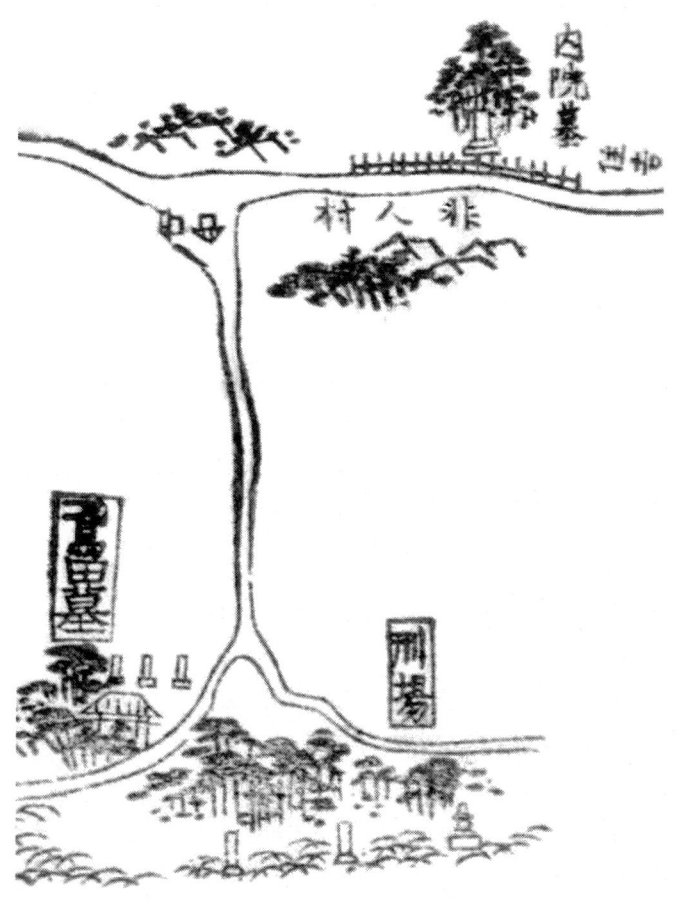

▶ 에도 시대 오사카의 도비타鳶田 형장刑場(「증수개정넷쓰오사카지도增修改正攝州大坂地図」 중, 일본국회도서관). 근처에 도비타묘鳶田墓가 있고 형장 일을 도와주는 히닌의 거주 지인 히닌무라非人村가 있다.

3. 감옥의 화재

3.
감옥의 화재

화재가 발생한 경우, 다른 곳에서도 마찬가지겠지만 특히 수백 명을 감금하고 있는 감옥에서는 수감된 죄수를 보호할 필요가 있다. 설령 죄인이라도 눈앞에서 죽어 가는 것을 보고만 있을 수는 없기 때문이다. 그렇다면 이렇게 화급한 경우에 바쿠후에서는 어떠한 조치를 취했을까. 기록에 의하면 감옥 안으로 불이 옮겨붙으면 모든 죄수를 풀어 주면서 일시 퇴거시켰다. 그런데 풀어 주는 방법은 화재에 따라 그때그때 다소 다른 듯하다.

『뇌옥비록』에서는 죄인을 모두 풀어 주되 그중 사죄死罪[1] 및 유형

---

[1] 시자이. 참수하고 사체를 칼날 시험용으로 베고 재산 몰수 등도 부가하는 형.

遠島²에 해당하는 중죄인만은 정식 포박(손을 뒤로 하여 제대로 묶는 포박이다) 하여 다른 곳으로 옮겼다고 말한다. 한편 다른 책에서는 그러지 않고 중죄인까지도 마찬가지로 풀어 주었다고 적고 있다. 이는 참고해 볼 만한 점이다.

【화재 발생의 경우】

1. 화재가 발생하였을 때는 감옥 안의 죄수 모두를 될 수 있는 대로 도망가게 하였다고 전해지고 있다. 그렇기는 하지만 이는 아주 옛날의 일이다.

당시 문신형入墨³ 및 태형 백 대 정도의 경죄에 해당하는 죄수는 화재가 발생하면 마음대로 퇴거시킨다. 그리고 불이 꺼진 뒤에 감옥으로 돌아오는 자에게는 그 죄를 한 단계 가볍게 감하여 준다.

그러나 유형이나 사죄에 해당하는 중죄인은 어떤 식으로 불이 근접했더라도 정식 포박을 해서 죄수 가마에 태워 내보내고는 식사는 걸식으로 해결하게 했다고 한다. 한편 평상시에 감옥 밖에서 걸식하는 고야가시라小屋頭⁴는 죠베長兵衛라고 부른다(위 중죄인을 죠베의 지배하에서 걸식하게 하는 것이다).

---

2   엔토. 장소·기간을 정해 주변 섬으로 보내는 형.
3   얼굴이나 팔 등에 죄명을 새겨 넣는 자자刺字 형.
4   구루마 젠시치 등의 수하에 있는 히닌非人 우두머리.

1. 불이 근접했을 때는 감옥부교 이시데 다테와키가 열쇠 담당 간수 鍵役(열쇠를 관장하는 간수)를 불러 중죄인手當者(사죄나 유형의 중죄인을 말한다)에 대해 특히 주의를 기울이라고 당부한다. 열쇠 담당 간수는 옥사 밖의 통로そとざや[5]에 들어가서는 사죄나 유형에 해당하는 중죄인을 한 사람씩 그리로 호출해 낸다. 거기서 경비 옥졸張番이 중죄인을 포승으로 묶은 뒤에 감옥 마당으로 끌고 간다.

▶ 정담에 묘사된 감옥부교 이시데 디테와키石出帶刀(『에혼마쓰마에이정담絵本松前屋政談』 중, 일본국회도서관). 정식 직명은 수옥囚獄. 마치부교 지배하에 있으며 하타모토旗本 지만 오메미에御目見 이하 급이라 쇼군을 알현할 수 없는 신분이다.

---

5 소토자야外鞘(옥사 밖 통로)에서 사야鞘는 옥사의 바깥 둘레를 말한다. 바깥 둘레와 옥사 사이의 흙마루를 사야도마鞘土間라 하는데 소토자야는 옥사 밖의 흙마루 통로다(저자주). 즉 옥사의 외격자와 내격자 사이 3척尺 폭의 통로다.

마당에서 중죄인을 죄수 가마에 태우고 걸식 인부乞食人足[6]를 가마에 따르게 한다. 걸식 인부는 걸식을 하면서 곁눈질로 중죄인을 감시(걸식 중에)하는데 죄수 3~4명에 한 사람씩 정도로 붙어 다닌다. 이렇게 인부들이 곁에서 감시하며 따라다니는 사죄나 유형의 중죄인 외에는 모두 포승으로 묶지 않고 도망가게 한다.

▶ 감옥 내 태형(좌)과 처형(우)에 입회한 감옥부교牢屋奉行 이시데 다테와키石出帯刀(一). 그 옆은 감옥순시요리키(二)·검사檢使요리키(三)(『형지상실계刑之上悉階』 중. 일본국회도서관). 수옥囚獄 이시데 다테와키는 형 집행은 물론이고 감옥에서 선고하는 사형 선고나 심문에도 입회한다.

---

6   걸식 등을 하는 히닌은 죄수 호송 중 포승 잡는 일을 담당한다.

1. 불이 근접하면 특별 옥사의 죄수나 중죄인(사죄와 유형)에 대해서는 죄수 가마를 미리 마련해 둔다. 그리고 일용 일꾼이 중죄인을 가마에 태운다. 이런 일은 평상시에 미리 대비해 두는 것(평상시부터 준비해 둔 것)이기에 신속하게 이루어진다.

1. 대체로 감옥 전체로 본다면 죄수들 중에 중죄인의 숫자는 많을 때는 35~36명, 적을 때는 24~25명 정도다.

1. 감옥 내 전체 죄수의 숫자를 보면 대옥사는 89~90명, 두 칸 옥사는 89~90명(동쪽 옥사와 서쪽 옥사가 각각 이 정도다)이다. 특별 옥사는 30~40명인데 적을 때는 24~25명이다. 여자 옥사는 많을 때가 20명 정도다. 따라서 동쪽과 서쪽 옥사 모두의 총 죄수는 400명 정도이고, 적을 때는 300명 정도다. 앞서 말한 바와 같은 가마 준비를 해야 하는 중죄인의 숫자는 많지 않다(준비해야 할 중죄인은 그 비율에서도 적다는 것을 뜻한다).

〔참고〕

감옥 제도가 불완전했던 시대에 화재가 났을 경우 죄수에 대한 피난을 그 이상으로는 할 수 없었을 것이라고도 생각된다. 그런데 죄수 모두를 일제히 밖으로 내보내야 하는 경우 어디로 피난시켰는지 또한 그때의 지시는 무엇이었는지에 관해서 『제례류찬諸例類纂』은 다음과 같이 기록하고 있다.

1. ······감옥에 불이 붙었을 때의 방면(풀어 주는 것)은 혼죠本所의 에코

인回向院[7]까지 가게 하는 것이다. 이시데 다테와키는 그 경우에 죄수들에게 불이 진압되면 돌아오라고 명한다. 그러면서 에코인으로 오지 않고 도망치는 자는 붙잡히면 사죄가 된다고, 또한 본래 죄가 없었던 자조차도 사죄가 된다고 경고한다. 그리고 돌아오는 자는 사죄라면 유형으로, 유형이라면 추방追放형으로 한 단계씩 죄를 감경시켜 준다고 말한다. 화재 때마다 그렇게 포승 잘라내기(풀어 주기 위해 포승을 끊는 것에서 나온 말)를 해서 방면을 하면 거의 대부분의 죄수들은 돌아온다.

▶ 추방형 집행(형죄상실). 추방형 판결 확정 전까지는 고덴마쵸에 미결 구금된다.

---

7   혼죠는 도쿄 스미다墨田구의 마치. 에코인은 감옥에서 멀지 않은 절.

『무사시아부미武藏鐙』도 또한 그때의 광경을 자세하게 기록하고 있다.

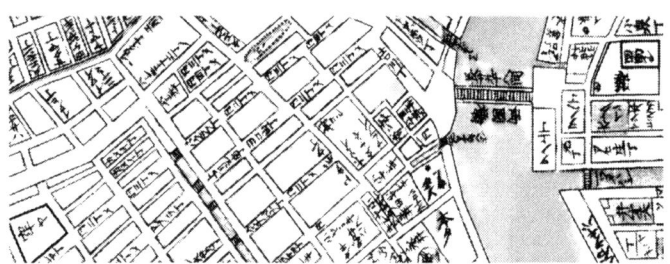

▶ 고덴마쵸 감옥牢ヤ(좌측 하단)에서 화재 시 달아나게 한 뒤 모이는 곳으로 정한 에코인回向イン(우측 상단)까지가 멀지 않은 거리임을 짐작게 하는 에도 시대 지도
『안세이개정에도대절연도安政改正御江戶大絵図』. 출. 일본국회도서관).

이곳 로야籠屋(감옥)의 부교奉行는 이시데 다테와키라고 한다. 끊임없이 거센 불길이 타들어 온다(메이레키明暦 3년 정월의 대화재다). 불은 이미 감옥 가까이에까지 다가왔다. 다테와키는 그 자리에서 모든 죄수에게 말한다.

"너희들은 이제 불에 타 죽을 것이 틀림없다. 참으로 딱하고 가엾은 처지다. 여기서 무참하게 죽게 둘 바에야 차라리 풀어줄 것이다. 일단 발길 닿는 대로 어디로든 도망쳐 가라. 부디 목숨을 건져라. 불이 진압되면 한 사람도 빠짐없이 시타야下谷[8]의 렌케이샤れんけい寺(蓮慶

---

8 도쿄 다이토台東구의 마치. 고덴마쵸 감옥에서 멀지 않다.

▶ 료고쿠兩国 에코인回向院(『에도명소도회江戸名所図会』 18, 일본국회도서관). 고덴마초 감옥에 불이 붙었을 때 수감자들을 피난시켜 모이게 한 장소로도 알려진 에코인에는 1657년의 메이레키 대화재 소사자 10만여 명을 기리는 무덤이 있다. 또한 고덴마초에 수감되었다가 효수된 유명한 도적 네즈미코조지로키치鼠小僧次郎吉 등 형사자刑死者들의 묘소도 있다.

寺인가)로 돌아와야 한다. 이러한 믿음을 저버리지 않고 돌아온다면 내 몸과 바꾸어서라도 너희의 목숨을 살려달라고 아뢸 것이다. 또한 만약 이 약속을 어겨서 돌아오지 않는 자는 구름 속까지라도 찾아가 붙잡아 그 일신은 말할 것도 없고 집안까지도 처벌할 것이다."

그렇게 말하고는 감옥의 문을 열어 주어 수백 명의 죄수가 밖으로 흩어지도록 한다. 모든 죄수는 눈물을 흘리고 손을 모아 은혜에 감사하면서 제각기 달아난다. 화재가 진정된 뒤 약속한 대로 모두 시타야에 모였다. 다테와키는 크게 기뻐한다. 그래서 "너희들은 참으로 의리가

▶ 화재로 임시 방면되는 고덴마쵸 죄수들(『무사시아부미』2권, 일본국회도서관)

있구나, 설령 중죄라도 의를 지키는 자라면 어찌 죽일 수 있겠느냐."
라고 말하고, 그렇게 죄를 한 단계씩 낮추는 사면을 청하는 뜻을 가로
家老(로쥬老中⁹)에게 아뢰어 그와 같은 사면이 내려지도록 했다고 한다.
그런데 방면하여 준 죄수 중 한 명이 달아났다. 더욱이 죄도 무거운
자가 괜찮을 거라고 오판해서 멀리 도망친 것인데, 붙잡히지 않자 자
기 고향으로 돌아갔다. 그러나 그자를 본 고향 사람들은 이 자는 살려
두어서는 안 될 죄인임에도 죽음을 면하고 돌아온 것이 이상하다고
생각한다. 그래서 고향 사람들이 죄수를 붙잡아 에도江戶로 데리고
가서는 부교를 찾아뵈니, 부교가 그 자를 보고 크게 노여워하면서 죽
여야 할 자라고 말한다.

    이러한 기록을 앞서 본 『뇌옥비록牢獄祕錄』과 대조해 보면 조금
다른 점이 보인다. 『뇌옥비록』에서는 사형과 유형에 해당하는 죄인은
정식 포승을 해서 죄수 가마에 태우고, 그 죄인을 걸식 인부가 감시하
면서 옮겼다는 것이다. 그와 달리 이 『무사시아부미武藏鐙』에서는 죄
의 경중을 불문하고 모든 죄수를 동일하게 풀어 주었다고 하는 것이
다. 또한 『남찬요집南撰要集』에서는 에코인回向院에 피난시켰다고
쓰여 있다. 따라서 각기 다르게 기록된 것이다.

---

9   에도 바쿠후 쇼군將軍 직속의 상설 최고위직. 중추방中追放 이상 형의 선고는
로쥬에게 품의해 허가를 받는다.

요약해 보면 앞서 말한 바와 같이 그때그때의 사정에 따라 고려하는 게 달랐던 것이라고 생각된다. 따라서 화급한 경우라도 중죄인만은 정식 포승으로 묶은 채 실어 날랐던 경우도 있었던 것 같고, 모든 죄수를 마음대로 풀어 준 경우도 있었던 것 같다. 하지만 그 경우에도 각자 흩어져 도망가게 한 것은 아니고 대오를 지어 감옥에서 밖으로 나가게 한 것 같다.

감옥 안에서는 화재를 '붉은 고양이赤猫'라고 부른다. 죄수들은 화재를 하늘이 베푼 은혜처럼 기뻐했다. 잠시라도 해방될 수 있기 때문이다. 그러나 넓은 감옥이다 보니 화재가 발생하면 소동이 심했다. 화

▶ 중죄인 이송용 가마 도마루카고唐丸籠(『도쿠가와바쿠후형사도보德川幕府刑事図譜』 중, 일본국회도서관)

재가 나면 옥중의 관리 죄수장名主[10]은 널판キメ板[11]을 겨드랑이에 낀다. 그 외의 죄수들은 나무통을 부숴서 나무쪽을 붙인 것을 계속 내보내며 감옥 마당으로 모인다. 그리고 지시가 떨어지면 일동은 곧바로 대열을 지어 2번 죄수二番役[12]를 선두로 하여 감옥 밖으로 나선다. 즉 관리 죄수장, 상석 죄수頭[13], 은거 죄수御隱居[14]를 제각각 호위하면서 일단 감옥을 나와 에코인 경내로 들어간다.

에코인의 경내에는 이미 감옥의 간수 도신同心을 비롯한 많은 관련 관리들이 출장을 나와 모든 죄수가 들어오기를 기다리고 있다. 여기서 관리들은 들어온 죄수의 머릿수를 세면서 이름을 하나하나 장부에 적는다. 그리고 3일 이내에 아사쿠사淺草의 병감溜り에 자신의 사정을 알리라고 지시한다. 또한 그렇게 알리는 자에게는 은전이 있다고도 말한다. 앞서 본 『무사시아부미』는 이 은전에 관한 말이 감옥에서 전한 것이라고 기록하고 있기는 하다. 그런데 과연 어떤 것이 맞는지

---

10 나누시名主는 에도 시대 촌장으로 주로 간토關東 지역에서 통용되는 호칭. 죄수 중 선출되어 바쿠후가 공인한 옥중 질서 담당자들의 우두머리도 로나누시牢名主라 했다.

11 오동나무를 4분한 판자로 길이는 2척(약 60cm), 폭 5촌(약 15cm) 정도. 모든 죄수의 이름을 기록하기도 하고, 옥사 내에서 물건을 살 때 여기에 적는다. 외부에서 감방 안에 명령을 전달할 때도 이 판자에 적어서 들여보낸다. 송곳의 끝이 없는 밑부분에 손잡이를 단 '기메봉棒'이라는 것으로 널판에 가로 한 문자씩 써낸다. 종종 남용되어 훈도시로 널판 5~6매를 묶어 각목처럼 만들어 신입을 때리는 도구로 쓰이기도 했다(저자주).

12 출입문 옆에서 죄수 출입을 맡는 관리 죄수.

13 관리 죄수장이 소환 등으로 부재중일 시 대리 역할을 맡는 보좌역.

14 임명된 것은 아니고 죄수들 사이에서 은밀히 선정된 관리 죄수. 주요 관리 죄수장에서 물러난 자도 그렇게 불렸다.

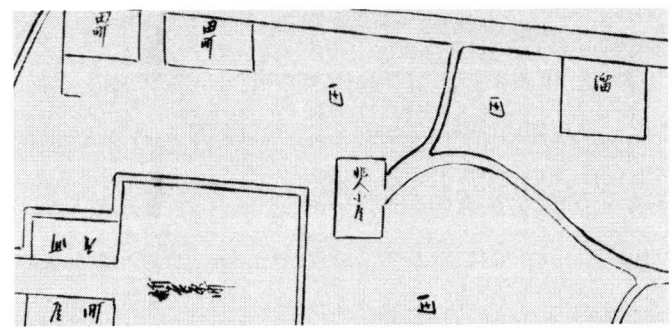

▶ 에도 아사쿠사 센소지浅草寺 뒤의 히닌 거주지非人小屋의 전답 안에 위치한 아사쿠사 병감溜(오른쪽 위)『아사쿠사명변도浅草絵図面』중, 일본국회도서관). 부교쇼의 명을 받아 이곳 거주지 약 900평을 부여받은 히닌 우두머리 구루마 젠시치車善七는 이후 감옥에 수용된 죄수 중 병자들을 이곳 병감에서 관리하게 된다..

는 명확하지 않다.

여하튼 간에 화재가 났을 때 감옥부교 이시데 다테와키가 죄수들을 풀어 주면서 발길 닿는 대로 어디로든 도망쳐서 목숨을 보전하라고 명을 내린 것만은 사실이었던 것으로 보인다. 간분寬文 7년(1667년)의 대화재로 고덴마쵸 감옥에 불이 옮겨붙었을 때에 관하여 기록한 『명량홍범明良洪範』[15]에도 그러한 내용이 기록되어 있다. 또한 교호享保 원년(1716년) 정월의 대화재에서도 죄인을 모두 풀어 주었다고 『오리타쿠 시바노키折たく柴の記 하권』[16]에도 나타나 있다.

---

15 쇼군가와 다이묘 및 무사의 언행과 업적 등을 모은 에도 중기의 일화·견문집.
16 에도 중기 아라이 하쿠세키新井白石가 쓴 수필.

▶ 고덴마쵸의 예와 달리 1864년 교토의 롯카쿠 감옥은 화재가 우려되자 히라노 구니오미平野国臣(사진) 같은 양이파攘夷派 지사 등 30여 명을 즉결 처형한다.

그렇게 화재로 풀려난 후 돌아오지 않아 사형에 처해진 자에 관해서는 『무사시아부미』 외에 『과조류전科條類典 하권 6』에도 다음과 같은 사례가 보인다.

【화재로 감옥에서 풀려난 죄수가 미복귀하여 사죄가 된 사례】

「사죄死罪」

미나미신보리마치南新堀町 진베점甚兵衛店

이치자에몬市左衛門의 하인召使 요헤이與兵衛

위 요헤이는 사소한 절도로 감옥에 들어갔는데, 감옥에 화재가 났을 때 결락缺落(풀려났는데 돌아가지 않았다는 뜻)되었습니다. 이전에 감옥이 불에 타 없어졌을 때 풀려났다가 결락되었던 자는 유형에 처해진 사례가 있기에 이번에도 그와 같이 유형으로 처분해야 하는 것인지에 관하여 질의하였습니다. 그런데 앞으로 이와 같은 일에 대해서는 사형에 처해야 한다는 취지의 분부가 내려졌습니다.

교호享保 3년(1718년) 2월 22일

이와 같이 사소한 절도로 수감된 자였더라도 화재로 인한 방면 뒤 감옥으로 돌아오지 않은 자는 사형에 처해진 것이다. 보건대 그때까지는 유형으로 다스려 왔던 것을 그때 이후부터 더욱 중형으로 처벌한 것이다. 이런 사례를 보면 바쿠후가 신의를 얼마나 중시하였는지를 알 수 있다.

▶ 유형자 전송(『도쿠가와바쿠후형사도보』 중). 유형자는 일 년에 두 번 배가 떠나기 전까지 고덴마초 감옥에 대기 수감된다

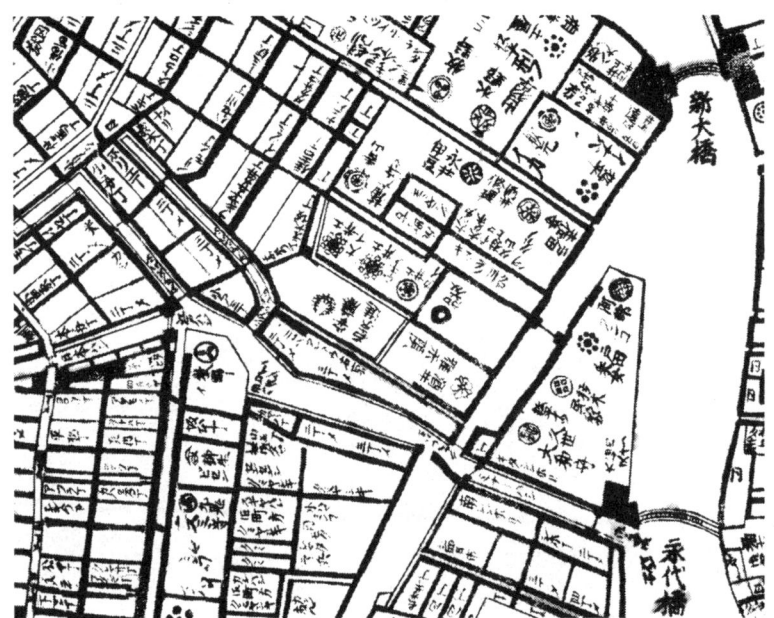

▶ 고덴마쵸 감옥小傳馬囚獄(좌측 위)과 유형수가 출발하고 가족·친지가 전송하는 에이타이교永代橋(우측 아래)(『분간에도대평면도分間江戶大繪圖』중, 일본국회도서관). 유형수는 봄과 가을에 배가 에도에서 출발하기 전까지 고덴마쵸 감옥 동쪽 입구 특별 옥사에 수감되어 대기한다.

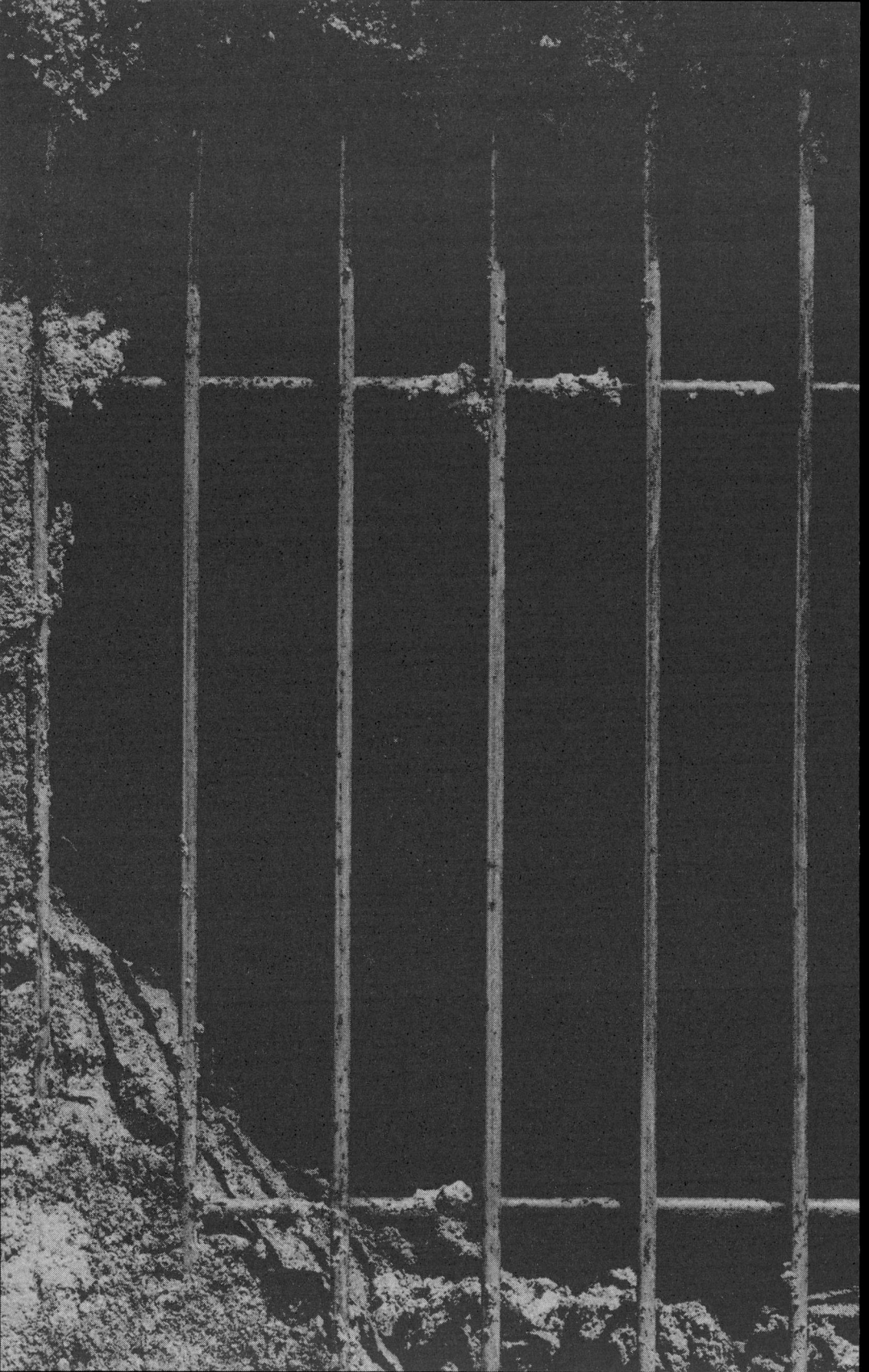

4.
형구

4.
형구

옥사 안에는 같은 죄수들 중에서 선정된 자로서 일정한 역할을 하도록 명을 받은 관리 죄수장牢名主이라 불리는 관리 죄수役人가 있다. 옥사 안에서 이 자의 권력은 거의 절대적이다. 따라서 종종 그 횡포가 극심한 경우도 있다. 그럴 때는 제재도 있다.

【감옥 순찰】
옥사 내 관리 죄수장의 횡포가 가혹하여 (중략) 불법이 극심할 때는 옥사 안에서 수갑(또는 죄에 따라서는 손을 뒤로 하여 수갑)과 양발 차꼬를 하여 다른 옥사로 옮기도록 명한다.

▶ 감옥 도신의 옥사 순찰(『도쿠가와바쿠후형사도보』중)

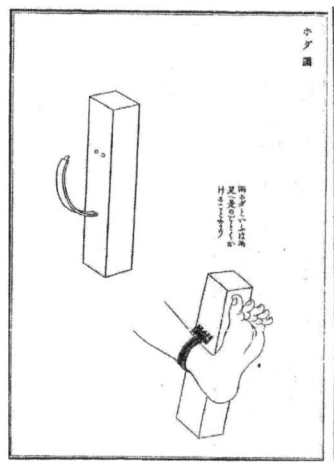
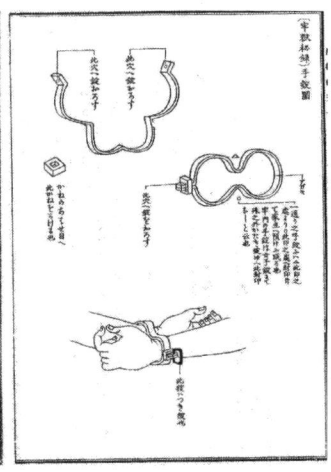

▶ 고덴마쵸 죄수의 수갑과 차꼬(『고사유원 21책』 일본국회도서관)

포승繩은 죄인을 포박하는 끈으로서 포승을 묶는 방법은 죄에 따라 각각 다르다.

4. 형구   055

【옥사 내의 포박】

1. 특별 옥사揚り屋 죄수에 대한 포박은 양 팔뚝을 느슨하게 묶는다. 대옥사와 두 칸 옥사에서는 손을 뒤로 하여 포박한다.

1. 기리나와切繩¹는 사죄에 처해지는 사형수를 묶는 끈이다. 이 기리나와는 짚으로 만든 끈 두 줄을 엮어 꼰 것이다.

▶ 각종 포박술(왼쪽부터 처형할 때의 기리나와切繩, 무사에 대한 니쥬히시나와二重菱繩, 서민에 대한 와리비시나와割菱繩, 신관에 대한 시메나와注連繩(『도쿠가와바쿠후형사도보』 중)

1. 포박의 방식은 네 가지 정도가 있다(단 기리나와는 한 가지뿐이다). 경비 옥졸張番은 네 가지 방식의 포박을 배워서 익혀야 한다. 먼저 특별 옥사의 포박, 허리만 묶는 포박 그리고 한쪽 손 포박이 있다. 한쪽 손 포박은 다른 한쪽 손이 뒤로 돌아가지 않을 때(병이나 어떤 이유로 팔꿈치 관절이 움직이지 않는 자의 경우)에 한쪽 손에만 포승을 묶는 것이다. 한쪽 손만 포박할 때는 한쪽 손을 뒤로 돌려 묶고 한쪽 손은 허리에 붙여 묶는 것이다. 태생적으로 그러한 자는 사죄에 처하기 위해 기리나와로 묶을 때도 마찬가지로 한쪽 손은 허리에 붙여 묶는다.

---

1 적당한 길이로 자른 줄로 단단히 묶는 데 사용.

1. 특별 옥사의 죄수를 포박할 때는 경비 옥졸이 특별 옥사 툇마루에서 포승을 묶는다. 그와 달리 여자 옥사, 대옥사, 두 칸 옥사의 죄수는 흙마루土間 즉 옥사 밖 통로 안에서 묶는다.

▶ 고덴마쵸 감옥 내 특별 옥사揚屋(좌)와 상위 신분 옥사揚座敷(우)「신옥옥도」중)

특별 옥사의 죄수는 신분이 있는 죄수이기에 툇마루에서 묶는 것이고, 그 외에는 옥사 밖 통로에서 묶는다는 것이다. 따라서 포박에도 신분에 따른 차별이 있는 것이다.

1. 사형수를 묶는 방식인 기리나와로 묶을 때는 열쇠 담당 간수와 평당번 간수平當番 모두 칼을 차지 않은 채 옥사 밖 통로에 입회한다. 예전에는 허리에 작은 칼을 차고 입회하였다. 하지만 어떤 무도한 사형수가 기리나와로 포박을 당할 때 평당번 간수의 허리칼을 빼앗아 두 사람에게 상해를 가했기에 그 후부터는 칼을 차지 않고 들어오게 된 것이다.

▶ 방화죄로 고덴마초에 수감되었다가 화형에 처해진 야오야오시치(『에혼야오야오시치絵本八百屋お七』 중, 일본국회도서관)

죄인을 포박하여 감옥으로 보낼 때 포승의 색깔은 보내는 관할 관청에 따라서 각각 다르다. 그래서 이른바 표식줄印繩을 보면 어느 부교쇼에서 보내온 죄수인지를 알 수 있다.

【대옥사 및 두 칸 옥사 입감자의 표식】

1. 북[2]마치부교町奉行 관할하의 도신同心이 붙잡아서 보내는 죄수의 포승은 흰색이다(이는 북마치부교의 표식줄이다). 그리고 남마치부교 관할에서 보내는 경우는 죄수의 포승이 감색이다. 간죠勘定부교[3]가 보내는

---

2 에도 마치부교쇼는 남·북 두 곳 있었다.
3 에도 바쿠후에서 재정이나 직할령 지배 등을 관장. 지샤寺社·마치町와 함께 3부교의 하나.

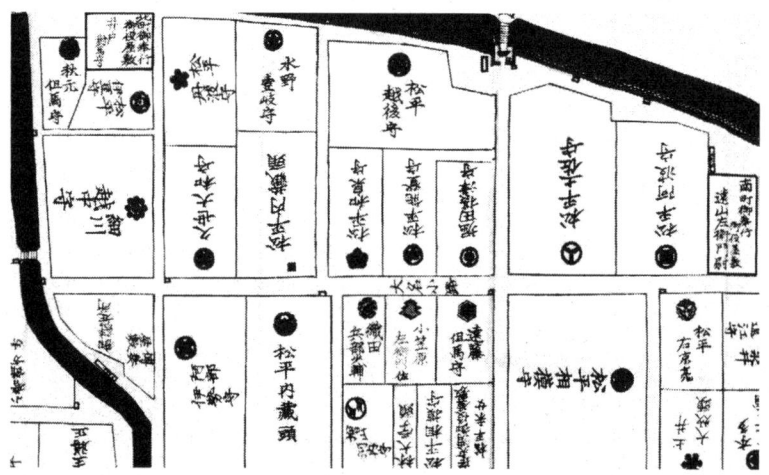

▶ 에도 북마치부교쇼北町御奉行御役屋敷(왼쪽 위)와 남마치부교쇼南町御奉行御役屋敷(오른쪽 위)『에도다이묘소로평면도御江戸大名小路絵図』중, 일본국회도서관). 고덴마쵸 감옥은 이들 양 마치부교가 관장하므로 감옥부교도 마치부교의 지배하에 있다.

경우는 포승의 가운데가 흰색이다. 본역本役[4]과 가역加役(가야쿠)[5] (마치부교 외에 방화 도적 수사대장火附盜賊改役이 있는데, 사키테가시라先手頭[6]가 이를 맡은 것을 본역이라 하고 그를 보조하는 자를 가역이라 하지만, 흔히는 방화 도적 수사대장을 가역이라 총칭했다)의 끈은 가늘고 흰 것으로 정해져 있다. 또한 감옥에서 관청으로 소환되거나 그 외 감옥에서 묶여져 나올 때의 끈은 모두 감색이다. 감색이 감옥의 끈 색으로 정해져 있는 것이다.

---

4   에도 및 주변 치안을 담당한 히쓰케토조쿠아라타메야쿠火附盜賊改役. 방화, 주거 침입 강도, 도박 등 중죄를 수사하고 재판까지 행하는 직.

5   본역의 임시 추가 역직인데 나중에는 추가 역직인 가야쿠가 방화 도적 수사대장을 의미. 한편 사키테가시라의 겸직 자체를 가역이라 말하기도 했다.

6   에도성 경비나 쇼군 호위 및 방화 도적 수사를 맡은 사키테구미先手組의 우두머리.

5.
감옥의 업무 관장

5.
감옥의 업무 관장

　　감옥을 관장하는 관리들 사이에는 계급이 있다. 가장 지위가 높은 감옥부교는 이시데 다테와키石出帶刀로서 오반大番[1] 출신임은 앞서 기술한 바와 같다. 감옥부교는 관할 지역 마치부교의 지배를 받는다.[2] 감옥부교가 '관청으로서 담당하는 부문은 유치留置'다. 감옥부교에 관해서는 다음과 같이 기록되어 있다.

| 1 | 에도 바쿠후 군사부문 직제의 하나로 하타모토들의 상비 병력을 조직한 것. 로쥬老中 아래에서 에도성과 바쿠후의 요지 경호를 담당했다. |
| 2 | 고덴마쵸 감옥은 마치부교의 지배하에 있되 실제 관리는 감옥부교가 담당한다. |

수옥囚獄³ 이시데 다테와키

　녹봉 3백 석石

　담당 시설은 고덴마쵸 잇쵸메 북측 전부

　요네자와쵸米澤町 니쵸메의 다테와키를 유년 고용

가미야 벤노스케神谷辨之助

　녹봉 10인분 쌀 급여扶持⁴

감옥 도신同心　50인

　녹봉 20섬俵⁵ 2인분 쌀 급여

동　8인

　녹봉 20섬 2인분 쌀 급여

감옥 하인下男⁶　38인

이렇게 감옥을 담당하는 감옥 도신은 모두 56인(위에 기재된 것은 58인이다. 따라서 숫자의 오류가 의심되기는 하지만 일단 적어 둔다.)인데, 그 도신들의 주요 역할을 보면 다음과 같다.

3　수옥 장長의 의미. 고덴마쵸 감옥부교의 정식 명칭은 수옥이다.
4　1인분 쌀 급여扶持米는 하루에 쌀 5홉合 꼴. 10인분 쌀 급여는 연 단위로는 약 180석石.
5　1효俵는 쌀 3말斗 5되升.
6　감옥의 취사, 문지기, 망보기, 약방, 운반, 침구 등의 일을 분담했다.

감옥 도신同心[7] 56인 중,

열쇠 담당鑰役　2인

　최근에는 히지카와 도조臂川藤藏와

　다카마쓰 세지로高松淸次郞가 맡고 있다.

동 보조助　4인

계수 담당數役　1인

　감옥에서 가조에야쿠라고 부른다.

　태형敲에서 수를 세는 역이다.

　최근에는 이시에 고이치石江小市가 맡고 있다.

　당시에는 집행 담당打役[8]보다 상위로

　나카야스 헤이스케中安兵助가 맡았다.

집행 담당打役　4인

　고문할 때 때리는 역이다.

　요즘도 집행한다.

　최근에는 나카야스 헤이스케,

　다카노 에이스케高野榮助,

7　도신同心은 부교나 주요직에 소속되어 사무를 집행하는 관사 소속 관리. 그중 마치부교 소속이 가장 권력이 있어 그냥 도신이라 하면 마치부교 소속이라고 생각한다. 그리고 감옥 도신은 곧 간수看守를 의미한다(저자주).

8　우치야쿠打役. 고문이나 태형, 유형, 문신형, 사형 집행 등을 관장하는 도신.

스기모토 하치쥬로杉本八十郞,

요시다 도메키치吉田留吉의 4인이 담당한다.

경비 옥졸장小頭　2인

감옥 전체 경비 옥졸番人의 우두머리다.

최근에는 시노하라 산지로篠原三次郞,

가와라바야시 진시로河原林甚四郞 2인이 맡고 있다.

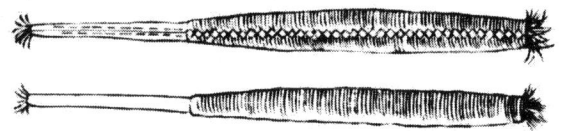

▶ 자백하지 않는 피의자를 정좌시키고 어깨를 때리는 채찍질笞打 고문에 사용된 호키지리箒尻(『감정도쿠가와율법鑑定德川律法』중, 일본국립공문서관)

하당번소下當番所에 밤낮으로 한 사람씩 당번을 선다. 평당번 간수 平當番는 5명이 대기한다. 교대는 매일 저녁 7시에 한다. 이때 감옥의 죄수 숫자를 확인하고 감옥 전체를 살핀다. 일일이 옥사 안에 들어가서 일제 검사도 한다. 그때 옥사의 죄수들 중에도 계수 담당이 있어 한 사람 한 사람 머릿수를 세어 '우리 몇십 몇 명'이라고 말한다. 경비 옥졸장이 이를 확인하면 출입구留め口(마주 보는 방향에서 좌측 입구로서 경계 단속 담당자가 있는 곳)로 나온다.

이때 출입구 밖 통로에, 교대하고 돌아가는 경비 옥졸장小頭 1명과

5. 감옥의 업무 관장　065

평당번 간수 2명, 경비 옥졸張番 2~3명이 대기하고 있다. 감옥 전체의 죄수 숫자를 일제 검사한 결과 틀림이 없다고 확인하면 마무리한다. 그와 같이 마치면 경비 옥졸장은 돌아간다. 그렇게 하면서 매일 저녁 7시부터 다음 날 7시까지 대기한다.

▶ 고덴마쵸 감옥 정문 앞 태형 집행에서 죄수를 잡고 있는 4명의 감옥 하인下男과 물을 들고 대기하는 감옥 하인 우두머리(고사유원 법률부 8, 중)

관리 담당世話役 4인

　평당번과 함께 하당번소에 대기한다.

평번平番

　소환할 때 보내고 맞이하는 담당이다.

　감옥 내에서는 평당번이라 부른다.

하당번소에는 평일에,

평당번 3인, 정리 담당 1인, 경비 옥졸장 1인의

모두 5인이 대기한다.

6.
야간 순찰 및 순시

6.
야간 순찰 및 순시

감옥 내의 야간 순찰은 반드시 해야 하는 것으로서 오늘날의 형무소刑務所에서도 이루어지는 것이다. 다만 오늘날에는 박자목拍子木[1]은 치지 않는다. 그리고 당시 옥사 내의 일제 검사도 엄중한 것이었다.

【감옥 내 야간 순찰】

1. 밤 6시부터 평당번 간수(감옥도신) 1명, 경비 옥졸(초롱挑燈을 들고 있다) 1명, 도고同雇(감옥에서는 덴마テンマ라고 한다. 수고手間[2]한다는 뜻에서 그렇게 부르는 것

---

1 서로 마주쳐 박자 치는 두 나무토막.
2 덴마가 수고를 뜻하는 데마手間에서 와전된 것이라 보는 듯하다.

▶ 에도 시중 마치의 출입문인 기도木戶를 관리하고 박자목을 치면서 야간 순찰을 도는 반타番太(和)『치마타노우의사街能▩ 4』와 고덴마쵸 감옥 기록에 묘사된 초롱挑燈『뇌목牢屋 6권 5』(일본국회도서관)

인가) 1명이 순찰을 돈다. 도고가 박자목 치는 것을 말한다. 이때부터 시작해서 매시간마다 도는데 새벽 6시까지 그렇게 치면서 순찰한다.

【옥사 내 일제 검사】

1. 5~6일에 한 번씩 옥사에 대한 일제 검사를 한다. 그때는 옥사 밖의 통로에 이시데 다테와키 그리고 그와 함께 순찰을 도는 간수들인 열쇠 담당 간수와 평당번 간수 5~6명이 대기한다. 그리고 죄수들을 남김없이 옥사 밖 통로로 내몰아 놓고, 평당번 간수 3~4명, 경비 옥졸 6~7명이 옥사 안에 들어가 옥사 내 일제 검사를 한다. 이는 옥사 안에

▶ 고덴마쵸 감옥 간수 숙소役人長屋와 순찰見廻 대기소(『난옥록도』 중)

반입 금지 품목이 있는지 여부를 확인하는 것이다.

또한 고위 관리가 불시에 감옥을 순시하기도 한다. 이는 지극히 엄중하게 순시를 함으로서 죄수의 불평이 없도록 진력하는 모습이라고 볼 수 있다.

【감옥 순시】(감찰단御目付衆은 한 달에 한 번씩 순시한다.)

1. 매일 한 번씩 밤낮으로 하급 감찰관御徒目付[3]이 순시하러 온다. 시간이 정해진 것은 아니고 불시에 온다. 감찰관은 감옥의 옥사 밖 통로

---

3 오카치메쓰케御徒目付의 메쓰케目付는 검사와 감찰관을 겸한 것 같은 역직이다. 오카치御徒는 하급 무사로 보병대에 속한 무사. 평상시에 오카치메쓰케는 감찰관에 소속된 속관이다.(저자주)

에 들어와 특별 옥사를 비롯한 여러 곳을 순시한다. 그때 감옥의 열쇠 담당 간수가 와서는 순시 중인 하급 감찰단을 말주변으로 설복시킨다. 때로는 관리 죄수장牢內名主이 나서서는 약탕도 자상하게 들여보내 주시어 감사하고 행복하다고 말한다.

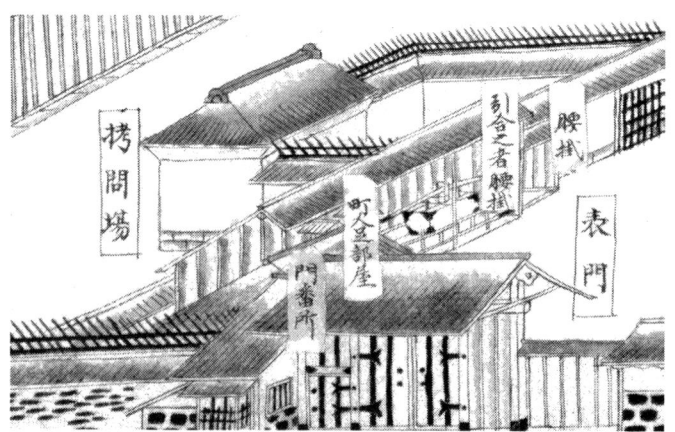

고덴마쵸 감옥의 고문장拷問場(「신옥록도」중)

그때 하급 감찰관이 무슨 말 할 것이 없느냐고 묻는다. 관리 죄수장은 아무것도 말씀드릴 게 없다고 답한다. 그러면 하급 감찰관은 다음 옥사로 이동하는 식으로 순시를 이어간다. 단 하급 감찰관이 밤중(몇 시라고 정해지지 않아 심야에 오는 경우도 있다)에 순시하러 올 때는 옥사 밖 통로 바깥의 열쇠 담당 간수에게 순시하는 이유를 말한다. 밤중이기에 옥사 밖 통로 안으로는 들어가지 않는다.

1. 순시할 때 아뢸 것이 있다고 말하는 죄수가 있으면 하급 감찰관은

곧바로 그자를 감옥의 입구로 불러 내 사정을 듣는다. 그때 죄수가 '저는 본래 방화범 혹은 도적이 아닌데도 고문이 너무나 극심해서 방화를 했노라고 아뢰었지만, 전혀 그런 일은 없었다'라고 사정을 말한다. 그러면 하급 감찰관은 그러한 취지를 수첩에 적어 두고는 감찰단에 아뢴다. '따라서 죄과를 정하더라도 피의자를 조사吟味[4]해야 할 것이 있다'라는 것은 이런 사정 등에 근거한 것이다.

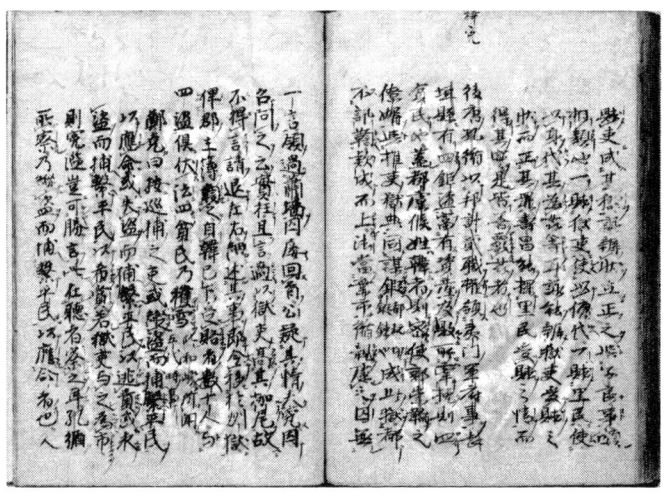

▶ 뇌물을 받은 관리가 재판관 및 감옥 간수와 공모해 백성들에게 도적의 누명을 씌웠다가 현명한 관리가 이를 밝혀내 바로잡았다는 후당後唐 시대 실화가 담긴 『도인히지棠陰比事』(일본국립공문서관)의 부분. 일본에도 전래된 남송南宋의 재판 실화집인 『도인히지』는 에도 시대에도 출간되어 수사의 방식과 주의할 점에 대한 경각심을 일깨워 준다.

---

4 긴미吟味는 주로 형사 조사를 의미.

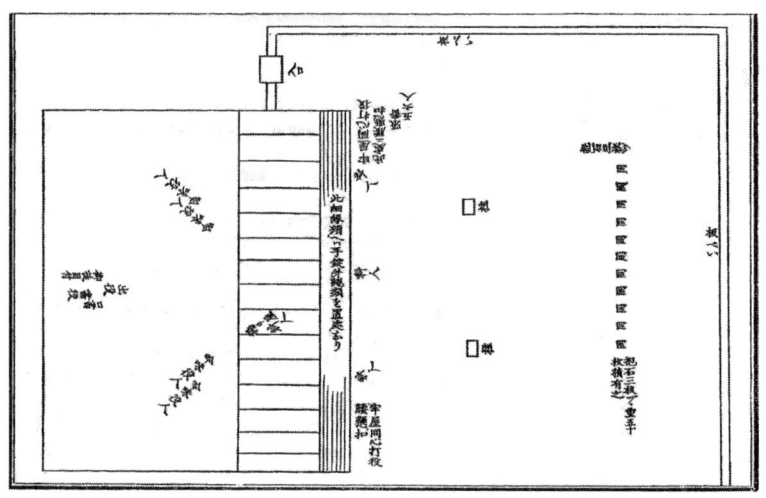

▶ 고덴마쵸 감옥 내 고문실 약도《고사유원 법률부 15》

　생각건대 예전처럼 고문 일변도로 자백을 강요하던 시대에는 억울한 누명冤罪[5]을 쓴 자가 얼마나 많았을지 상상하기가 어렵지 않다. 그래서 일단 죄가 있다고 인정된 자라도 고위 관리가 그것이 불합리한 조사였는지 아닌지를 밝히는 것이다. 고문의 폐해는 말할 필요도 없지만, 그럼에도 고문을 폐지할 수는 없었는데 이는 당시의 시대 사정에서는 불가피했던 것이다.

5　엔자이冤罪. 죄 없음에도 죄로 인정받는 것.

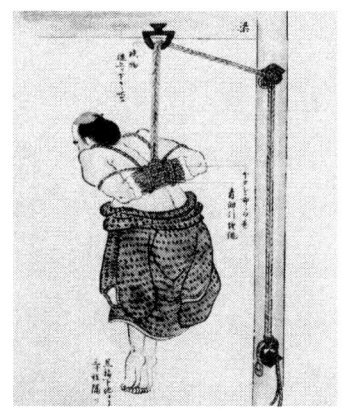

▶ 즈루시제메(釣責) 고문(『도쿠린젠피로쿠(德隣前秘錄)』 중, 일본국립공문서관). 사형 이상에 해당하는 용의자가 자백하지 않을 때 긴미카타 요리키가 부교에 신청해 로쥬의 허가가 나오면 고덴마쵸 감옥 고문장에 출장해 도신에게 지시해 고문을 집행한다

▶ 고덴마쵸 감옥 내 심문·조사실인 천착소穿鑿所(『신옥옥도』 중)

1. 요즈음 감옥에서 아뢰는 자가 있습니다. 옥사 안에서 아뢰는 자가 있으면 우선 그자를 옥사 입구 밖으로 불러내서 어떠한 사정이냐고 물어봅니다. 그랬더니 그자가 관리 죄수장이 가혹하게 자신의 의류를

벗겨서 빼앗아 갔다고 말합니다. 또 아주 심하게 후려 때린다고도 말합니다. 그래서 하급 감찰관이 관리 죄수장을 불러 위와 같은 사실에 대해 조사하니 틀림이 없습니다.

이에 죄수장을 꾸짖고 해당 죄수는 옥사를 교체(동쪽 대옥사였다면 서쪽 대옥사로 바꾼다. 만약 대옥사에 있는 자를 그 옆의 무숙자 옥사로 옮긴다면 관리 죄수장의 동료들이 옆 옥사에 대고 소리쳐 목을 졸라 죽이겠다고 말할 것이기 때문이다.)하도록 명합니다. 관리 죄수장의 불법이 극심한 경우에는 옥사 내에서 수갑(또는 죄에 따라서는 손을 뒤로하여 수갑)과 양발 차꼬를 하여 다른 옥사로 옮기도록 명합니다. 아뢰었던 죄수 쪽이 좋지 않은 경우라도 죄수뿐만 아니라 관리 죄수장의 옥사도 바꾸도록 명하는 것입니다.

이는 횡포를 부리는 관리 죄수장에 대한 징벌인 것이다. 그럼에도 함부로 아뢰는 죄수는 나중에 같은 옥사의 죄수들에 의해 따돌림을 당할 우려가 있다. 그래서 뒤끝이 좋지 않을 것으로 예상해 입을 닫고 아뢰지 않는다는 것이다.

1. 마치부교쇼 소속의 도신에 의한 순찰은 매일 아침 4시에도 이루어지는데, 이때는 감옥 전체에 대한 순찰을 한다.
1. 하급 감찰관이 밤중에 순시 등을 하러 오는 경우는 옥사 내부에 대한 순찰은 아니고 감옥 간수의 근무 상황을 순시하는 것이라 한다.

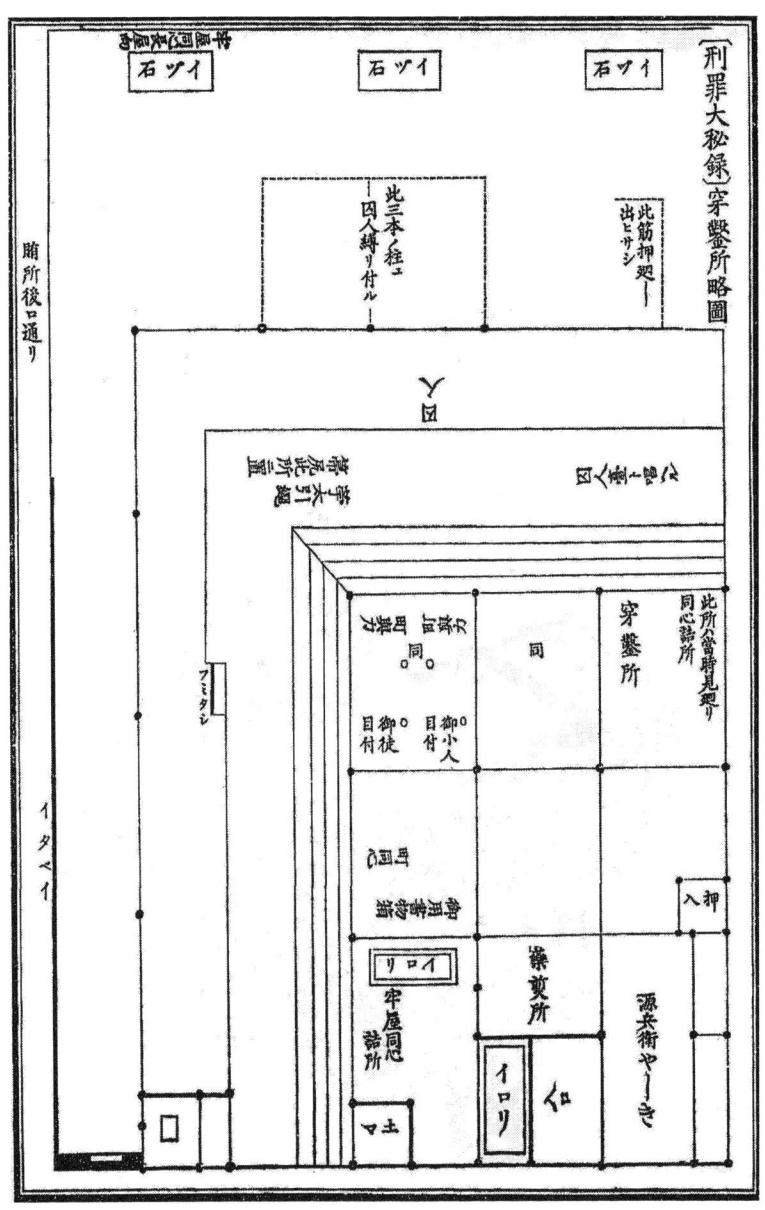

▶ 고덴마쵸 감옥 내 심문실인 천착소 약도(『고사유원 법률부 15』)

죄수가 하급 감찰관의 질문을 받은 기회에 위와 같이 아뢰는 것은 억울한 누명을 호소하려는 것이다. 그런데 죄수가 간혹 당번 간수를 상대로 호소하는 경우도 있다. 그럴 때 관리 죄수장이 소리를 높여 "부탁이 있습니다."라고 말하면, 당번 간수나 경비 옥졸들은 깜짝 놀라 안색이 변한다고 한다. 반입 금지 물품을 구매해 주는 경비 옥졸장의 목을 치겠다거나 뇌물을 받는다는 사실을 알리려는 것인가라는 예감이 가슴에 와 닿기 때문이다. 그래서 남모르는 허물을 지닌 이들 무리가 엉겁결에 관리 죄수장의 얼굴을 마주 보게 된다는 것이다. 그러나 다행히도 그것이 다른 일에 관한 것이면 어이쿠 하고 안심하면서 가슴을 쓸어내린다는 것이다.

7.
입감 방식

7.
입감 방식

죄수를 입감시키는 데도 여러 가지 절차가 있다. 따라서 무턱대고 투옥하는 것이 아니다.

▶ 전근대의 걸인(《가두생활자에마키(街頭生活繪巻)》 중, 일본국회도서관). 걸인은 히닌 신분으로 감옥 일을 도와준다. 감옥에 입감할 죄수가 왔음을 알려주는 것도 걸인이다.

【입감자】

1. (전략) 입감되어야 할 자가 있는 경우에, 먼저 마치부교町奉行의 담당 관할에서 보내올 때는 다음과 같다. 걸인乞食이 고덴마쵸 인근 뎃포쵸鐵砲町 근처에서 감옥의 정문 앞으로 나와서는 감옥에 들어갈 자가 왔음을 알려 준다. 이를 히로마廣間¹(이시데 다테와키의 집무실 현관을 히로마라고 부른다. 그래서 감옥의 간수, 경비 옥졸 등은 온히로마御廣間라고 한다.)에서 대기하던 평당번 간수(감옥 도신)가 듣고 경비 옥졸에게 전해 주게 된다.

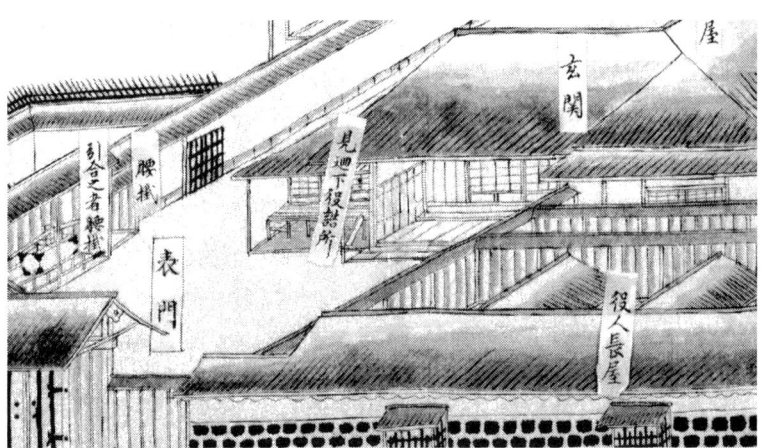

▶ 정문表門 바로 안쪽에 있는 감옥부교 이시데 다테와키의 집무실 현관玄関인 히로마広間(『신옥옥도』, 중). 이곳에 대기하던 평당번이 부교쇼 등에서 보내온 죄수 등을 맞는다. 즉 입뢰증문을 부교쇼에서 발급받은 도신이 오반야大番屋 등에서 용의자를 연행해 오면 감옥의 정문 근처에 있는 걸인이 멀리서 이를 보고 문지기를 향해 '입감'이라고 외치면 히로마에서 대기하던 평당번이 이 소리를 듣고 경비 옥졸에게 알려 준다.

---

1   무가武家 저택의 현관 부분의 넓은 방. 오늘날의 객실.

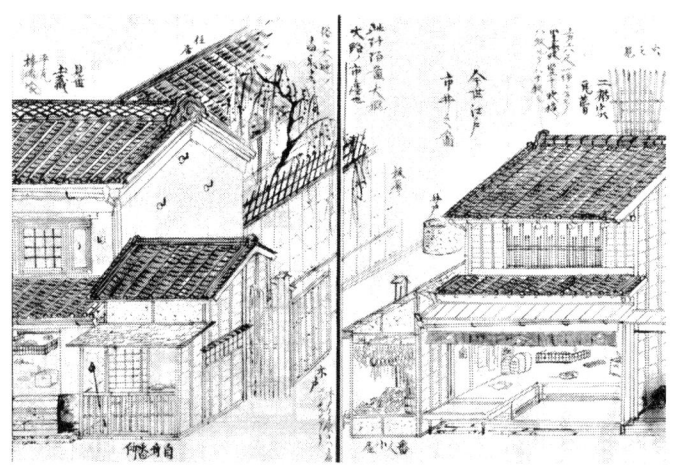

▶ 에도 등에 설치된 자치 방범 조직으로 용의자 연행 및 임시 유치 기능을 하는 지신반쇼自身番所와 마치의 출입구에 설치한 대문인 기도木戶 그리고 마치의 고용인으로서 기도를 관리하고 야간 순찰 등을 하는 기도반木戶番이 거주하면서 상점도 운영하는 반닌고야番人小屋(『모리사다만코守貞謾稿』 중, 일본국회도서관). 규모가 큰 지신반쇼인 오반야大番屋는 용의자의 혐의 및 수감 여부를 판단하는 간략한 수사 및 심문을 위한 유치장의 역할이다.

▶ 방범대 격인 지신반쇼自身番所로 연행되는 죄인(『도쿠가와바쿠후행사도보』 중). 유치 시설이 있는 대형 지신반쇼인 오반야大番屋에서 간략한 조사를 통해 혐의가 인정되면 고덴마초에 수감된다.

그리고 간죠부교勘定奉行의 담당 관할에서 보내는 경우에는 죄수를 곧바로 감옥 안에까지 끌고 온다. 본역本役(방화 도적 수사대장)과 가역加役이 붙잡은 죄수도 마찬가지 방식으로 감옥에까지 끌고 온다.[2]

1. 먼저 입감시킬 자를 감옥 마당까지 끌고 와서 마당의 화재 감시 번소火之番所(이 번소는 다다미 2장 크기로 입구가 아주 작다) 앞에 둔다. 그러면 화재 감시 번소 앞의 폭이 3척인 통로의 오치마落間[3]로 열쇠 담당 간수(감옥 도신)가 온다.

열쇠 담당 간수는 죄인을 데리고 온 사람으로부터 죄인에 관한 기록 (이 기록에는 예를 들면 사카키바라榊原 가즈에노카미主計頭[4]의 담당 관할 죄수, 무사시국武州[5] 사이타마군埼玉郡 가시와바라촌柏原村 출신으로 체포 당시 무숙 가메고로龜五郎 22세라고 한다)을 인계받고는 오치마 앞의 자갈이 조금 있는 곳에다가 죄인을 끌어다 둔다.

---

2 고덴마쵸 감옥에는 최고 법원 격인 효죠쇼評定所, 지방 법원 격인 마치부교뿐만 아니라 특별 법원 격인 간죠부교, 에도와 주변의 치안을 담당한 방화 도적 수사대장火附盜賊改이 보내는 죄수도 수용된다(南和男, 『江戸の町奉行』, 吉川弘文館, 2016, 171).

3 오치마는 흔히 집 가운데의 바닥을 한 단 낮게 만든 곳이다. 고덴마쵸 특별 옥사에서는 물을 두는 장소로 사용되고, 대옥사에도 오치마라 부르는 한 단 낮은 곳이 있다(저자주). 옥사에서 이는 변소로 가는 통로 부분에 해당되기도 한다.

4 율령제하의 민부성民部省 소속으로 그 해의 조용調庸 및 공납貢納을 계산해 다음 해의 수입과 지출 예산을 세우는 관사인 가즈에료主計寮의 장관.

5 부슈武州. 무사시노쿠니武藏國의 다른 이름. 지금의 도쿄도와 그 주변.

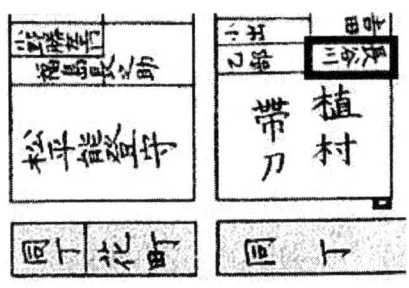

▶ 탁월한 범죄 수사와 체포 실적을 보여주고 무숙 죄수 대책으로 인부 집합장人足寄場 제도를 제안한 유명한 히쓰케토조쿠아라타메카타火付盜賊改方 하세가와 헤이조長谷川平蔵의 에도 혼조 역택(에도구분명면도江戶切繪図) 중, 일본국회도서관). 히쓰케토조쿠아라타메가 체포한 용의자도 에도 고덴마쵸 감옥에 수감된다.

그리고 죄인에게 어떤 분쇼의 담당 관할에 속하며, 출생지는 어디이고 몇 살이냐고 묻는다. 그러면 죄인은 북 부교님의 담당 관할로서 무사시국 사이타마군 가시와바라촌이고 지금은 무숙자로서 22세라고 말한다.

이를 듣고 위 기록과 대조해보고 틀림이 없으면, 히지카와 도조臂川藤藏(열쇠 담당 간수의 이름)가 분명히 들었노라고 답하고는 죄수를 데려온 자를 돌려보낸다(두 마치부교, 간죠부교, 본역, 가역의 담당 관할에서 보내 온 경우 모두 처음에 입감하는 방식은 이와 같다). 죄인이 여럿이 있더라도 한 사람 한 사람 이와 같이 조사한다.

1. 화재 감시 번소에서 열쇠 담당 간수가 죄인 한 사람 한 사람에 관하여 서면과 대조해가면서 청취하고 나서는 옥사 밖 통로로 들어온다. 이때 죄인이 몇 사람이든 간에 순찰 1명(마치부교 소속 도신), 그 보조자 1

명(마치부교 도신), 열쇠 담당 간수(감옥 소속 도신), 평당번 간수 2~3명(감옥 도신), 경비 옥졸(감옥 하인. 죄수가 한 사람이면 2-3명, 여러 사람이면 6-7명이 들어간다. 이들은 옷을 검사하는 역할이다.) 등이 옥사 밖 통로로 들어온다. 그리고는 바깥에서 옥사 밖 통로로 들어오는 입구를 닫는다.

이때 열쇠 담당 간수는 신입 죄수 모두를 향하여 감옥 안에서는 소지가 금지된 품목이 있다고 말한다. 우선 금전, 칼붙이, 서적, 총포 등 불을 내는 도구 등은 허용되지 않는다고 알려 준다. 그리고 경비 옥졸에게 포승을 풀도록 지시한다. 먼저 의류를 검사하고, 음부 가림천(훈도시)[6]을 검사하고, 머리를 풀어 검사하고, 띠도 검사한다. 알몸 상태의 죄수가 그 의류와 훈도시 그리고 조리草履 신발(밑바닥에 가죽을 댄 조리) 모두를 한 데 감아서 안게 하고(대옥사, 두 칸 옥사 모두) 옥사 출입구로 들여보낸다. 금전이 죄수의 의류에 꿰매 넣어져 있으면 손으로 만져지는데도 경비 옥졸은 모르는 채 시치미를 뗀 얼굴을 하고 옥사로 들여보내는 경우가 있다. 특별 옥사에 입감하는 자의 경우에도 그런 식으로 묵인되곤 한다.

죄인이 여러 명인 경우에도 그렇듯 하나하나 검사를 마치면 열쇠 담당 간수가 '대옥사'(두 칸 옥사에도 마찬가지)라고 부른다. 옥사 안에서 관리 죄수장이 '예이'라고 답한다. 그러면 열쇠 담당 간수는 입감자가 있다고 말한다. 사카키바라 가즈에노카미의 담당 관할(앞서 기술한 바와 같은 주소, 성명, 연령 등) 등과 같은 식으로 하나하나 읽는다.

---

6   일본의 전통적 속옷. 띠 혹은 하카마袴 모양.

예를 들면 몇 사람이 같은 건에 해당하는 것이라거나, 또 몇 사람 중에 문신형入墨이 두 사람이라고 말하는 식으로 있는 그대로 말한다. 열쇠 담당 간수가 그와 같이 다 읽으면 관리 죄수장은 '감사합니다'라고 답한다.

▶ 감옥 내 문신형 집행(좌)(『도쿠가와바쿠후형사도보』) 에도의 문신형과 재범의 추가 문신(우)(『고사유원 법률부 8』 준)

문신형을 받은 자가 포함되어 있으면 옥사 안에서 관리 죄수장(출입구 안에서 죄수장과 1번 죄수―番役[7]가 양쪽에서 대기하고 있다)이 "문신형 어서 와, 봐줄 테니."라고 말한다. 그때 문신형을 받은 자가 먼저 옥사에 들어간다. 신입으로 입감하는 자가 옥사 출입구로 들어갈 때 안에서는 '어서 와'라고 하고, 들어가면 양쪽에서 입감자의 엉덩이를 때린다.

처음 감옥에 들어오는 자는 이렇게 맞게 되면 심하게 두려워 간이 떨어질 정도라고 한다. 그런데 문신형을 받은 자는 봐준다고 하는 것은

---

7   관리 죄수장이 부재중일 시 대리 역할을 수행하는 상석 죄수頭. 옥사 내의 금전을 관리하기도 한다.

그렇게 엉덩이를 양쪽에서 때리지는 않는다는 것이다. 한 사람 한 사람 '어서 와, 어서 와'라고 말을 건다. 다 들어가면 평당번 간수가 옥사의 출입구를 닫는다.

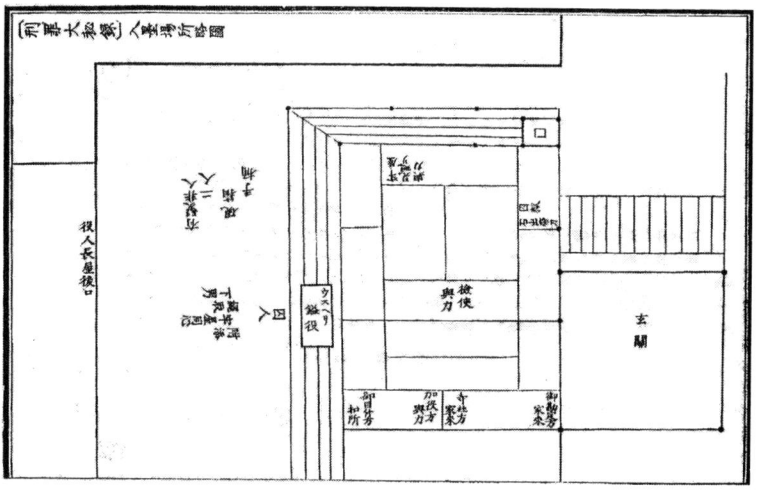

▶ 감옥 내 문신형 집행장 약도(『고사유원 법률부 3』 중). 죄수囚人 주변에 이를 돕는 감옥 하인下男과 하닌非人 등이 있다.

1. 입감자는 대체로 저녁 무렵에 들어간다. 낮에 들어가는 경우는 드물다.

1. 입감할 때 옥사 밖의 통로에서 열쇠 담당 간수 또는 평당번 간수가 죄수를 향해 옥사 안에서 소지가 금지된 품목(앞에서 본 것과 같음)을 만약 지참하였다면 꺼내 놓으라고 한다. 그때 평당번인 자가 술주정을 하면서 엄하게 꾸짖는다. 저기 관리 죄수에게 주려고 옥사 안에 금전 등을 지참해 들어가는 건 쓸데없는 일이니, 만약 지참했다면 빨리빨리

자신에게 제출해야 한다고 말한다. 만일 나중에 발각되게 되면 좋지 않을 거라고도 말한다.

이 사람은 실은 술주정으로 시시덕거리는 것일 뿐이다. 그럼에도 감옥에 처음 들어오는 경우에 이 말에 놀라 지참한 금전을 내놓는 자도 있다. 그때에는 그와 같은 물건이 없다고 말하면 별일 없이 지나간다. 그럼에도 어리석은 자는 평당번 간수가 시시덕거리면서 위협하는 것을 진심으로 받아들여 이곳에서 금전을 제출하기도 하는 것이다.

이때 그렇게 금전을 제출해 버리면 옥사 안에 들어와서는 한두 대쯤 맞게 된다. 그럼에도 감옥 도신과 평당번 간수 중에는 참으로 금전을 엄하게 단속한다는 식으로 시시덕거리면서 말하는 자도 있는 것이다. 이는 평당번 간수의 천성에 따라 다르기는 하다. 술주정을 하더라도 그런 식으로 말하지 않는 자도 있다. 그런데 이 평당번은 의류 검사에서는 입회하지 않았기에 그 보상으로 지금 이와 같이 죄수의 심정을 이용해 놀리는 것이다. 다만 이렇게 시시덕거리는 것을 열쇠 담당 간수가 간혹 제지하기도 한다. 그렇게 하면 신입 죄수가 놀라기 때문에 그리하지 말라고 말하기는 한다.

하지만 평당번 간수는 실로 시시덕거리며 그렇게 말하고는 웃는다. 정말로 죄가 된다면서 시시덕거리며 놀리는 것이다. 처음 입감하는 죄수에게는 이런 일에 관하여 특별히 분부를 내려야 하는 것이라고도 말한다. 그런데 그 말을 믿고 금전을 내놓음으로써 옥사 안에서 상

▶ 대옥사 입감(『김정도쿠가와율법徳川律法』 일본 국립공문서관)

납할 금전이 없게 되면 그 신입 죄수들은 옥사 내에서 곤란에 처하게 되는 것이다.

보건대 금전은 옥사 내로의 반입 금지 품목에 속하기에 금전을 지참하는 것이 금지되어 있기는 하다. 하지만 금전을 지참해 들어가는 것은 공공연한 비밀이기도 하다. 입감자가 옥사 내로 쓰루가네つる金[8]라고 하는 상납금을 의류 속에 꿰매 넣어 가거나 항문에 삽입(목화에 씨를 빼고 넣는다)해서 지참해 가는 것이 보통이었다. 이는 관리 죄수장에게 선물로 하는 것이기에 금전을 내놓지 않으면 안 되는 것이다.

---

8   돈줄이라는 뜻의 쓰루가네蔓金.

그 금액의 많고 적음에 의해 옥사 내에서의 대우가 크게 달라지기에 죄수는 감옥에 가는데도 금전이 없으면 안 되는 것이다. '지옥의 재판도 금전이 있으면 유리하다'라는 게 이런 것이다. 돈이 없는 자는 어딜 가더라도 비참한 꼴을 당하지 않을 수 없는 것이다. 그래서 입감할 때 간수의 위협을 받고는 금전을 간수에게 제출하여 버리면 옥사에 들어온 이후 두들겨 맞게 된다는 것에 관해서는 앞서 본 바와 같다.

▶ 에타(좌)(『에도직인가합』(『江戸職人歌合』 하), 일본국회도서관). 간토関東를 포함한 광범한 지역의 에타·히닌 우두머리 아사쿠사단자에몬浅草弾左衛門의 13대 단 나오키弾直樹(우). 에타 죄수의 식사는 에타 거주 지역의 단자에몬이 제공한다. 에타는 피혁의 생산·관리를 하는 직업이지만 고덴마쵸 감옥의 청소를 하고 시중 조리돌림 행렬에 참가하거나 사죄, 화형, 하리츠케 등의 집행에도 입회한다.

1. 싸움을 해서 감옥에 들어온 자들은 서로 분리하여 일방은 동쪽(대옥 사나 두 칸 옥사 안) 그리고 상대방은 서쪽(대옥사나 두 칸 옥사 안)의 옥사로 들여보낸다.

1. 걸식의 죄로 입감할 때는 두 칸 옥사에 들어간다. 이들에게도 역시 보통의 죄수와 마찬가지로 못소밥이 주어진다. 에타穢多가 입감할 때도 두 칸 옥사에 들어간다. 에타의 경우 식사는 신마치新町(에타가시라穢多頭⁹ 단자에몬彈左衛門의 저택을 신마치라고 한다)에서 매일 지참해 와서 경비 옥졸에게 부탁해 옥사 안으로 들여온다. 찬합에 가득 채워 가지고 온다고 한다.

1. 여자 죄수가 입감할 때는 여자 걸인(여자 옥사에 속하는 자로서 걸인 여자 한 사람씩 1개월마다 교대로 여자 옥사 안에 있다)이 의류를 검사한다. 그럼에도 열쇠 담당 간수가 여자 옥사 밖의 통로 (이 부분에 결락된 글자가 있다) 여자실女部屋이라고 한다.

여자 옥사 안의 여자 관리 죄수장이 '예이'라고 답하면 입감이 이루어진다. "후카가와深川의 무숙자다."라고 말하면 옥사 내의 여자 관리 죄수장이 '네, 감사합니다'라고 답한다. 이때 열쇠 담당 간수가 열쇠를 평당번 간수에게 건네고 여자 옥사의 입구를 열게 한다.

그러면 옥사 안에 있던 여자 걸인이 나와 툇마루 위에서 먼저 신입 여자 죄수의 훈도시(허리에 감는 것)를 검사하고는 다시 묶게 한다. 그리고 의류를 하나하나 검사하고, 띠와 머리를 풀어 검사한다. 모든 검사를 마치면 옥사 안으로 들어간다.

---

9   바쿠후가 간토 8주 등의 에타 통솔을 위해 임명한 아사쿠사 단자에몬淺草の彈左衛門.

공단繻子, 주름 비단縮緬, 순백 광택 비단羽二重 등의 품목은 옥사 내로의 반입이 금지되어 있다. 하지만 비단이라고 말하면서 줄무늬 주름 비단島縮緬을 섬비단島絹이라고 말한다든가, 흑공단도 흑비단 이라고 말하면 가령 벨벳이라도 반입될 수 있다. 이를 검사하는 여자 걸인이 그렇게 말해 주면 되는 것이다. 어떤 때는 눈치 없는 여자 걸 인이 나와 검사하면서 흑공단 따라고 말하기도 한다. 그러면 열쇠 담 당 간수가 "아니 아니, 흑비단일 거야. 손으로 잘 만져 봐."라고 말한 다. 그런데도 역시 공단 느낌이라고 여자 걸인이 말하면, 열쇠 담당 간수는 "이런, 좀 서툰 여자구나. 잘 만져 보라구."라고 말한다. 그러 면 옥사 내에 있는 여자 관리 죄수장이 작은 소리로 흑비단이라고 말

▶ 여자 죄수를 검사하고 시중드는 여자 걸인(좌)『에도직인기할 회』과 고덴마쵸에 수감 되는 여죄수(우)『에도의 꽃江戶の花』(일본국회도서관)

하라고 가르쳐 준다. 그러면 이 여자 걸인은 '흑비단이 맞다'고 말하게 된다.

1. 젖먹이가 딸린 여자 죄수가 입감할 때는 그 아이도 같이 입감시킵니다. 그 경우에는 옥사에 들어갈 때 아이에 대해서도 같이 검사를 합니다.

1. 임신한 상태에서 입감하게 된 여자는 산달이 되면 옥사 안에서 출산시킵니다. 이런 경우에는 보살피는 여자가 출산을 돕도록 합니다.

1. 몇 해 전에 에도 거리의 여자 게이샤藝者들을 잡아들여 2백 명 넘게 입감시켰을 때가 있었는데, 그때는 여자 옥사에 모두 수용하지 못하였습니다. 그래서 유형자실遠島部屋에도 들여보냈습니다. 그 여자

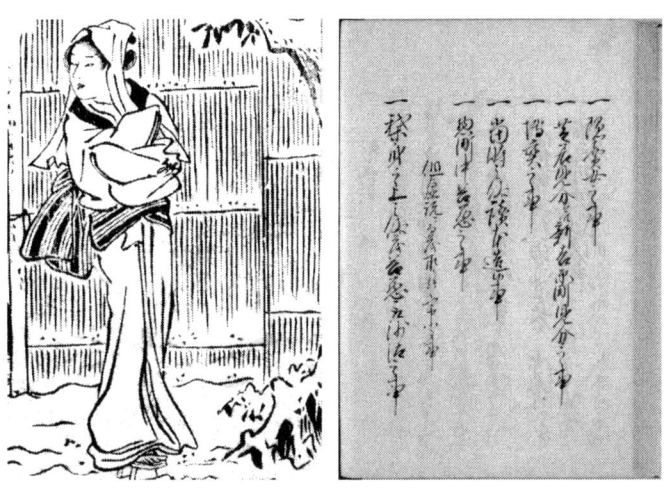

단속되면 고덴마쵸에 1일 수감되기도 했던 사창私娼(죄)『간난노유메마쿠라かんなんの夢枕 2권』. 에도 시중을 매일 순회하는 죠마치마와리 도신定町廻り同心의 업무 방식 대강을 기록한 책(우)『요리키도신근방대개与力同心勤方大概』(일본국회도서관). 그중에 사창 즉 가쿠시바이죠隱賣女에 대한 단속(첫 번째)도 포함되어 있다

들을 여자 걸인이 하나하나 검사하였습니다. 그리고 유형자실에는 여자 관리 죄수장 대신에 여자 걸인이 들어가 있었습니다. 그런데 그 여자 관리 죄수장도 상당히 상납금을 걷었다고 합니다.

이 게이샤들은 다음 날 감옥에서 나왔습니다. 이때 경비 옥졸인 자가 여자 게이샤들의 잠자리에 짐짓 무심한 체하며 가보았습니다. 그런데 수많은 입감자가 있었던 것이기에 경비 옥졸의 검사는 해 질 무렵에 시작되어 밤 8시가 지날 때까지 이어졌습니다.

여자 게이샤를 입감시킨 일은 '덴포天保 개혁'[10]의 일환으로 유흥 영업 정화를 계획하면서 당시에 은밀한 매춘부라고 불리던 애매녀曖昧女[11] 즉 오늘날의 사창私娼을 줄줄이 잡아들였던 것이다. 또한 게이샤라 하더라도 매춘을 한 여자는 사창과 마찬가지로 체포해서 감옥에 보냈던 것이다. 위의 일은 그때의 모습을 기록한 것인데, 한 번에 2백 명이나 적발했다는 것에서 당시 여자 게이샤들 사이에 그런 은밀한 매춘이 얼마나 만연해 있었는지 알 수 있다. 또한 이를 통해 바쿠후의 검거가 얼마나 철저했는지도 알 수 있을 것이다.

---

10 덴포天保 시기(1841~1843) 바쿠후 및 각 번의 재정 재건을 위한 개혁. 기강 바로잡기를 위한 유흥 영업 단속도 이루어졌다.

11 일반 여성을 가장해 은밀히 매춘하거나 비밀리에 매춘 점포에 드나드는 여자.

다만 그러한 경우의 수감 기간은 단지 하루뿐으로 다음 날 감옥에서 풀어 주는 것이었다. 따라서 오늘날의 1일 구류와 같은 것이다. 그럼에도 이는 실로 따끔한 맛을 보여주는 것이라고 봐도 좋을 것이다. 더욱이 재미있는 것은 출감한 게이샤들의 잠자리에 여자 옥사 담당 경비 옥졸이 짐짓 모른 체하며 가보았다는 것이다. 그리고 여자 옥사 담당자가 얻는 직업적 부수입이 쏠쏠하게 많았다는 이야기가 전해진다.

1. 여자가 옥사에 들어갈 때도 그 여자 죄수를 감옥으로 데리고 오면 우선 감옥 마당의 화재 감시 번소 앞으로 오도록 정해져 있다. 그러면 열쇠 담당 간수가 여자 죄수를 데리고 온 자로부터 기록을 받아서는 하나하나 이름, 주소, 나이를 듣고 확인한다. 그 뒤에 여자 옥사에 들여보내는 것이다.

▶ 여자를 범한 승려 등 죄인을 묶어 두고 공개해 수치를 주는 사라시장晒場(『도쿠가와바쿠후형사도보』)

8.
죄수에 대한 차입 물품

8.
죄수에 대한 차입 물품

　미결수에게 물건을 전달하는 것을 오늘날의 용어로 차입差入이라 부른다. 그런데 옛날에도 차입은 있었다. 그러나 당시의 차입은 기결수에게도 가능했다. 다만 그것은 감옥 위문품牢見舞이라 이름 붙여도 지장이 없을 만한 물건에 한해서만 가능한 것이었다. 지장이 있는 물품은 유치해 두었는데 결국 나중에는 경비 옥졸이 혜택을 보았다고 한다. 거기에서도 부수입이 생기는 것이다.

　【차입 물품】
　1. 차입 물품을 보내는 일을 흔히 감옥 위문이라 한다. 즉 지역에서 어떤 입감되는 자가 있으면 그곳의 죠닌町人 모두가 감옥 안에 밥, 생

선 등을 위문품으로 보낸다. 감옥 안에서는 이를 차입 물품届け物이라 부른다. 죄를 지어 감옥에 들어간 자에게 위문품見舞이라는 것은 도리에 맞지 않는 까닭이다. 그렇기에 차입 물품 목록 증서에서도 이를 차입 물품으로 인정하는 것이다.

1. 차입 물품을 지참해 온 자는 먼저 감옥의 현관 옆에 지붕을 덧댄 달개집이 있는 곳에다 물건을 가져다 둔다. 그리고 히로마의 당번廣間番 간수에게 차입 물품이 무엇무엇이라고 적어 준다. 그러면 그 자리에 있는 평당번 간수가 무슨 마치의 무슨 상점의 누가 옥사 안의 죄수 누구누구에게 주는 것이라고 경비 옥졸에게 지시한다. 경비 옥졸이 물품을 받아 감옥 마당으로 운반한다. 그리고 감옥 안에 있는 그릇

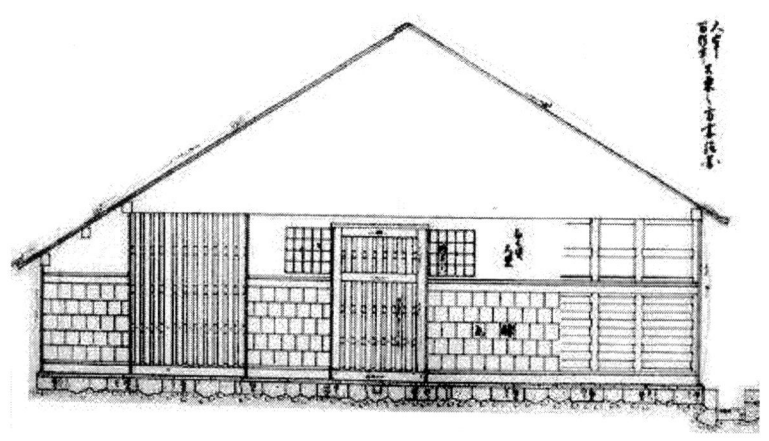

▶ 고덴마쵸 감옥 대옥사大牢·백성 옥사百姓牢로 추정되는 도면(도쿄 츄오구립향토천문관中央区立郷土天文館 소장)

8. 죄수에 대한 차입 물품 101

(차입 물품 등을 넣을 수 있는 큰 소쿠리다)을 마당에 가지고 온다(경비 옥졸이 가지고 온다). 그리고는 밥도 생선도 그릇에 붓도록 한 뒤에 그 그릇을 옥사로 보낸다.

그러면 평당번 간수는 적어 놓았던 목록 증서를 가지고 옥사 밖의 통로에 와서 목록대로 읽어 주고는, 위 차입 물품을 받는 죄수를 옥사 안의 가운데로 호출해 둔다. 그리고 위 내용을 하나하나 들려주고 누구로부터의 차입 물품이라고 말한다. 그 죄수는 '고맙습니다'라고 답한다. 그러면 경비 옥졸이 차입 물품들을 옥사 안으로 들여보내 준다. 단 이렇게 옥사 안으로 건네주게 되기까지 밥을 담아 온 용기(혹은 생선 등을 담는 반절통半切り 또는 너 말들이 통四斗樽이나 간장통)나 떡집의 멜대로 나르는 큰 통은 차입 물품이 아닌 별도의 물건으로 취급된다. 따라서 밖에서 들어온 그릇이나 나무통 같은 것이 있으면 유치해 두었다가 경비 옥졸의 부수입이 된다.

(다음의 조항을 보자. 뭔가 재미있지 않은가.)

1. 차입 물품인 밥은 오늘날의 밥의 형태인 경우에는 차입이 안 된다. 오늘날의 밥이라면 위에 야채 반찬을 조금 얹기만 하면 나물밥(나메시菜飯)이 되는 데 지장이 없다. 그런데 오늘날의 그런 밥은 옥사 안에서도 주는 것이기에 그런 형태로는 차입이 안 되는 것이다(못소밥도 그냥 밥?). 그래서 차입 물품으로서의 밥은 우선 팥찰밥赤の飯(강두와 팥으로 만든), 차밥茶飯, 나물밥, 김밥海苔めし 종류가 좋다.

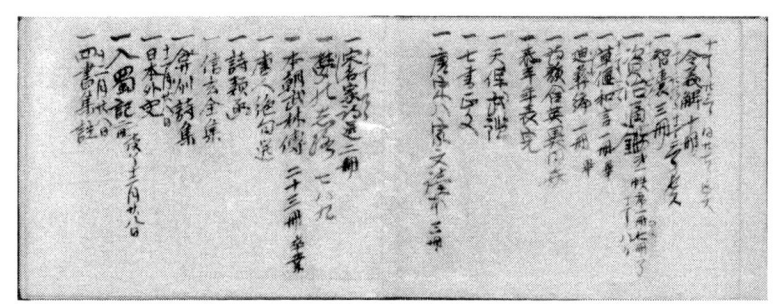

▶ 고덴마쵸 감옥에서 죠슈로 압송되어 하기의 노야마옥에 수감된 요시다 쇼인吉田松陰의 독서 목록 일부(「노야마옥독서기 21회맹호野山獄讀書記 二十一回猛虎」, 중, 일본국회도서관). 노야마옥은 고덴마쵸에 비해 의료 시설 등은 열악하지만 도서 반입이 금지된 고덴마쵸와는 달리 도서 반입이 자유로웠던 것으로 보인다.

그러한 밥을 가지고 가서는 감옥 간수에게 인계하면 그 간수 도신이 경비 옥졸에게 (감옥 내에 있는) 큰 소쿠리에 옮겨 담도록 지시한다. 그 과정에서 순찰 도신, 감옥 도신, 평당번 등 3~4인이 입회해서 이를 검사한다. 그때 경비 옥졸이 그 밥을 열십자로 나누어 갈라서 그 속에 어떤 다른 것이 없는지 검사한다. 그리고는 이상이 없으면 옥사 안으로 들여보내 준다. 또한 주먹밥(참깨를 없는다)이라면 속을 두세 번 갈라서 검사한 뒤에 그 상태대로 들여보낸다.

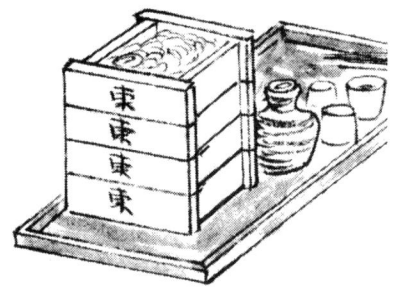

▶ 고덴마쵸 감옥[囚獄] 옆 뎃포쵸鉄砲町(『에도구분형면도江戸切絵図』 중)와 매일국수(『모리사다만코』 5권』 중)

1. 차입 물품 중에 팥밥(팥을 섞어 찐 밥이다) 및 고추[1]는 금지 품목이다. 팥밥과 떡 종류는 위에 부담을 주는 것으로 열병이 나는 것이어서 금지되는 것이다. 다만 이를 지참해 가면 실은 어떻게든 안으로 들여보내 준다고는 한다. 그렇더라도 지참한 사람에게 이후에는 안 된다는 뜻

---

1   중남미 원산의 고추는 콜럼버스가 1493년 스페인에 들여와 유럽에 퍼지고, 실크로드를 거쳐 인도, 중국에 전해진다. 일본에는 1592년 도요토미 히데요시의 조선 침략 때 종자가 도입되었다는 설과 1542년 포르투갈인에 의한 담배·고추 전래설이 있다.

을 알려 준다.

1. 차입 물품으로 메밀국수 등을 건네주기도 한다. 이는 붇는 음식이기에 고덴마쵸 인근 뎃포쵸鉄砲町² 근처의 메밀국수집에 주문해서 너 말들이 통에 넣고 또 맑은 장국(간장의 일종)은 들통에 넣어 들여보낸다.

▶ 에도 시대의 각종 통(『모리사다만코 6』). 감옥 차입 물품을 담아 온 용기들은 경비 옥졸의 부수입이 되었다.

---

2 철포鉄砲를 다루는 아시가루足軽가 집중적으로 거주하던 데서 유래한 지명. 각 지에 그 지명이 있는데, 고덴마쵸 바로 옆에도 있다.

9.
죄수의 생활 모습

9.
죄수의 생활 모습

이제부터는 죄수의 생활 모습을 볼 것이다. 감옥에서도 식사나 이발月代[1]은 물론이거니와 목욕도 불완전하기는 하지만 할 수가 있다.

【옥사 안의 식사】

1. 옥사 내 죄수에 대한 식사는 감옥 안에 있는 조리실臺所에서 마련해서 옥사를 차례차례 돌면서 제공한다. 식사 제공은 경비 옥졸이 담당한다. 못소밥(둥근 소반은 그대로 빼지 않고 그릇으로 사용한다. 다만 젓가락은 따로 있다.)을 죄수들 수만큼 제공한다. 국은 들통에 넣고 조금 작은 못소 소

---

1 사카야키月代. 남자가 이마부터 머리 가운데까지 머리털을 깎는 일.

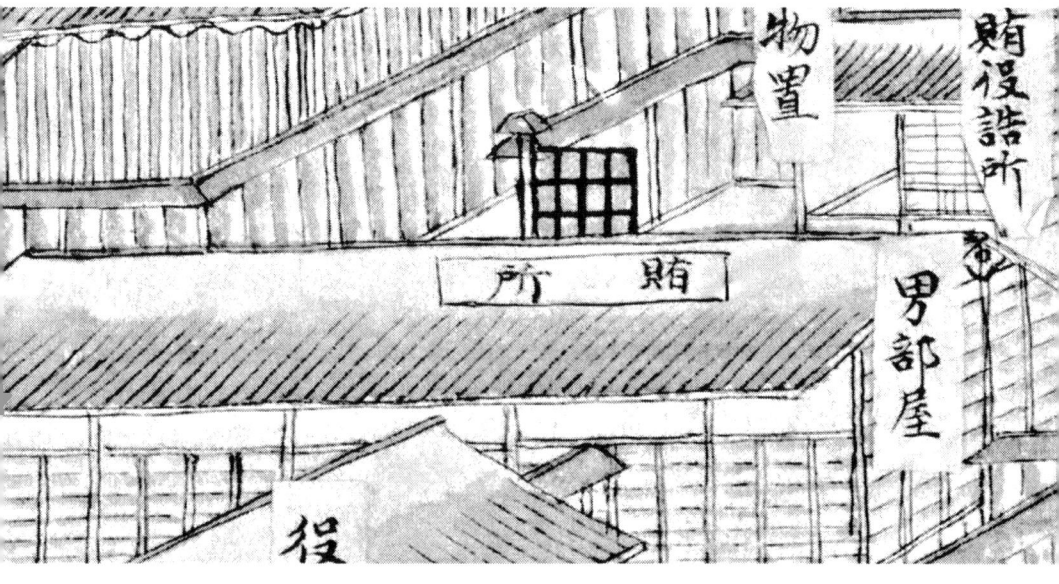

▶ 고덴마초 감옥 취사장賄所과 취사 인부賄役 대기소(「신옥옥도」중)

반(이를 시루カ못소라고 부른다)과 함께 준다. 쌀겨에 담아 절인 무로 만든 야채 절임도 준다. 이를 아침 5시와 저녁 7시^{2}에, 총 두 번 옥사 안으로 들여보내 준다. 이때 찻물도 함께 준다. 단 음식을 넣어 줄 때는 하급 관리(마치부교 소속 도신이 감옥에 출장 온다) 1명, 평당번 간수(감옥 도신) 1명이 입회한다(그리고 차입 물품으로 건어물 등이 들어갈 때는 부엌 경비 옥졸 중의 구이 담당이 이 건어물을 구워서 옥사 안으로 들여보낸다).

---

2 에도 시대 아침 5시는 지금의 오전 8시, 저녁 7시는 오후 5시.

1. 물도 들여보내 주지만 한도가 있다. 옥사 안에도 물이 들어 있는 너 말들이 통이 대여섯 개나 있기 때문이다.

【감옥 내 죄수의 이발】

1. 매년 7월에는 한 번씩 감옥 내의 죄수를 빠짐없이 이발月代시킨다. 요즘에는 특별 옥사인 여자 옥사(여기에는 비구니가 있다)에서도 이발을 한다. 이발을 할 때는 감옥 마당의 상좌에 이시데 다테와키가 나와 앉는다(걸상에 걸터앉아 있다). 그리고 순찰(마치부교 소속 도신인데 같이 온다) 1명, 감옥 도신인 열쇠 담당 간수 및 평당번 간수 모두 25~26명, 경비 옥졸 10명이 같이 나온다.

▶ 에도의 이발사(『키마타노우와사(木侯噂)』 4, 일본국회도서관)

옥사의 죄수를 한 사람씩 세워서 수갑을 채우고는 30명 정도씩 감옥 마당의 멍석을 깔아 둔 곳으로 불러낸다(수갑이 부족하기 때문에 포승으로 손목 포박을 하기도 한다). 큰 대야에 물을 넣고 머리(경비 옥졸이 한 사람 한 사람씩 머리를 비비게 한다)를 적시고 이발사髮結[3](한 달에 한 번씩 에도 안에 있는 한 마치 당 한 명씩의 이발사를 점포 주인에 딸려서 감옥으로 보낸다)가 그 죄수들 뒤로 돌면서 이발한다.

이발이라고는 해도, 머리를 묶거나 미는 것 정도다. 같이 따라온 점포 주인은 이발을 마친 뒤에도 대기한다. 병자 죄수가 아직 옥사 안에 남아 있기 때문이다. 이렇게 이발하는 날은 에도 안의 이발사가 이른 아침부터 감옥의 정문 앞에서 대기한다. 그리고 이발사 한 사람마다 점포 주인 한 사람씩도 따라 나와 있는 것이다.

생각건대 죄수들에게 이발을 시킬 때 일일이 수갑을 채우는 것은 많은 수의 죄수들이 있고 그들이 난폭하게 굴지 않으리라고 예상할 수만도 없기 때문이다.

1. 평상시의 이발은 옥사 안에서 서로 묶어 주는 정도다. 그럼에도 관리 죄수장과 1번 죄수一番役 두 사람 정도는 한 달에 한 번씩 머리를 미는 이발을 할 수 있다. 왜 그렇게 하는지 그 이유는 모르겠다.

---

[3] 가미유이髮結. 에도~메이지 시대의 이발사. 도코야床屋라는 점포를 가지기도 했다. 무사는 이발을 하인召使에게 맡기고 서민 남성은 가미유이에 맡긴다.

【감옥 내 죄수에 대한 목욕물 제공】

▶ 고덴마쵸 감옥 내 동쪽 무숙자 옥사東貳間牢 옆 목욕실湯遣所(『신옥옥도』 중). 이렇듯 옥사 바깥에 있는 목욕실에 욕조를 두고 겨울에는 한 달에 3~4회, 여름에는 한 달에 6~7회 혹은 8~9회 정도씩 죄수를 내보내 목욕시킨다

1. 20일에 한 번 정도는 목욕탕(옥사 밖 통로 안에서부터 바깥으로 내붙여서 만든 온수 급수장)을 만드는데, 감옥의 부엌에서 물을 데워 그곳으로 들여보내면 큰 목욕탕이 만들어지는 것이다. 그리고는 그곳에 죄수 한 사람씩 5~6명을 들여보낸다. 탕이 미지근해지면 다시 온수를 들여보내 준다.

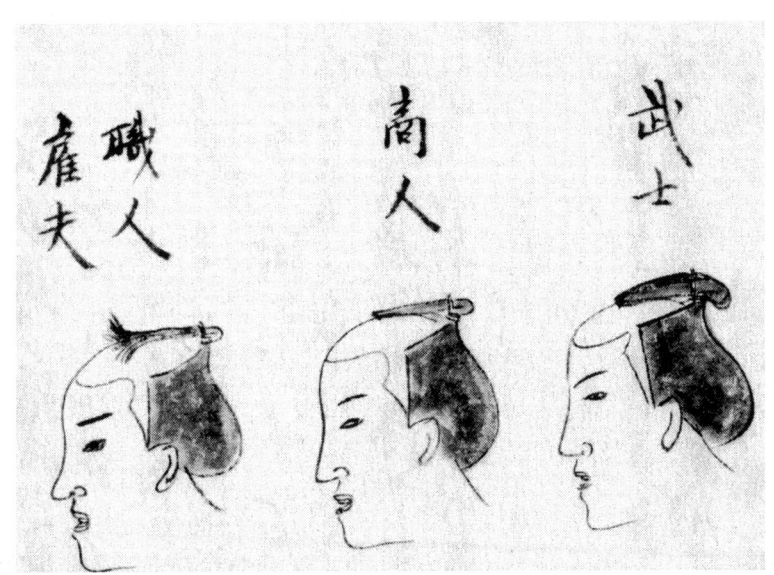

▶ 에도 시대에는 신분 및 시기와 지역에 따라 머리 모양이 달랐다. 그림은 왼쪽부터 장인·고용인과 상인 그리고 무사의 머리 모양(『모리사다만코 9』). 고덴마쵸 감옥에서도 평소 죄수들끼리 서로 머리를 묶어 주는 정도는 허용되었고, 마치의 이발사가 감옥 안에 들어오는 경우에는 머리카락을 밀어 주거나 끈으로 묶어 주는 수준의 이발이 이루어졌다.

10.
옥중 법도와 관리 죄수

10.
옥중 법도와 관리 죄수

옥사 안에는 옥중 법도牢法라고 하는 묘한 관습이 있다. 예를 들면 순찰을 돌 때 부르는 소리에 화답하면서 죄수 일동이 모두 함께 외치는 것 같은 것이다. 옥사 내의 함성이라는 게 그것이다.

【옥중의 법도】

1. 대옥사, 두 칸 옥사 모두 옥중 법도가 있다. 이를테면 대옥사에서는 매일 아침 7시 반[1]에 순찰을 돌 때 한 사람이 큰 목소리로 지샤寺社부교[2] 및 간죠勘定부교의 담당 관리에게 아뢸 때 가락을 붙여 길게 말

---

1   에도 시대의 아침 7시 반은 지금의 오전 5시, 아침 6시는 오전 6시.
2   마치町·간죠勘定와 함께 에도 바쿠후 3부교의 하나. 전국의 신관, 승려 등을 지배하고 각 영지의 사령私領 관련 소송을 재단한다.

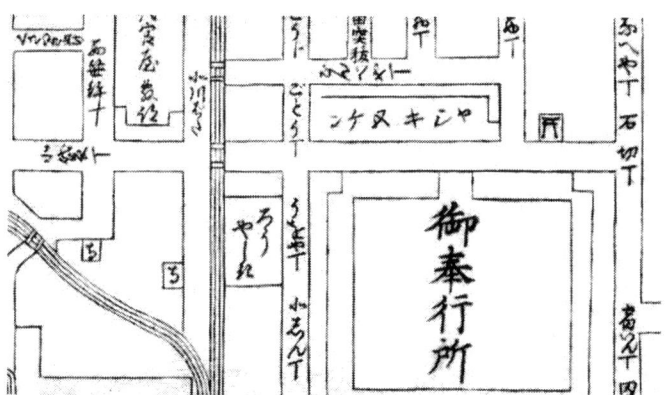

부교쇼御奉行所 좌측 길 건너에 로야시키ろうやしき로 표시된 나라奈良의 감옥(『와슈나라지도和州奈良之図』 중, 일본국회도서관). 부교쇼가 관장하는 감옥의 경우 출장, 순시, 소환 등의 편의를 위해 부교쇼 근처에 두는 경우가 많다.

하면 옥사 안의 죄수 일동이 '예이'라고 일제히 소리를 낸다. 또한 두 칸 옥사에서 아침 6시에 순찰을 돌 때 한 사람이 큰 소리로 '분부대로 하겠습니다아'(이것이 무엇이고 왜 하는지는 모르겠다)라고, 가락을 붙여 길게 네 번 외치면 옥사 안에서 일동이 그 소리를 맞춰 '예이'라고 일제히 말하는 것도 그렇다.

매일 아침 대옥사에서는 7시 반 순찰 때, 두 칸 옥사에서는 6시 순찰 때 이렇게 큰 소리로 답한다. 이와 같이 대옥사와 두 칸 옥사에서 매일 아침 차례로 번갈아 외치는 것이다. 동쪽 옥사도 서쪽 옥사도 모두 그렇다. 반면 특별 옥사의 여자 옥사는 그런 게 없다. 옥중의 일에 대해 잘 모르는 사람은 이를 흔히 일컫듯 함성을 올린다고 말한다.

1. 아침과 저녁의 식사 때도 일동이 '고맙습니다'라고 말한다. 이것도

같은 소리로 말하기에 함성을 올리는 것처럼 들린다.

1. 처형御仕置을 위해 죄수를 호출한 뒤에, 열쇠 담당 간수가 그 밖의 다른 분부는 없다고 말할 때도 일동은 '예이'라고 답한다. 죄수들이 모두 함께 말하기에 감옥 근처에서는 늘 함성을 올린다고 말하면서 그것에 익숙해져 있기는 하다. 그런데 실은 함성을 올리는 게 아닌 것이다.

1. 처형되는 죄인을 불러낼 때는 죄수 두 사람이 사형수의 양손을 쥐면서 '쉿쉿'이라고 말하며 출입구에서 나온다. 그것이 옥중의 법도다.

1. 옥사 안에서는 세쓰인雪隱(변소)에 가는 것을 '쓰메ツメ'라고 한다. 따라서 대변은 오즈메大ツメ, 소변은 고즈메小ツメ[3]라고 한다. 이것도 옥중의 법도다.

옥사 안에는 죄수를 지배하는 옥중의 관리 죄수牢內役人라는 자들이 있다. 그래서 자치제가 이루어지고 있다. 자치제란 좋은 것이기는 하지만, 관리 죄수의 권력이 강해서 아무리 흉악한 인간이라도 이곳에 들어오면 관리 죄수를 따르지 않으면 안 된다. 그래서 하급 감찰관御徒目付이 순시를 왔을 때 죄수가 하급 감찰관에게 관리 죄수장牢名主이 너무나 난폭하다고 호소하는 경우도 있다는 것은 앞서 기술한 바와 같다.

---

3   오즈메大詰, 고즈메小詰.

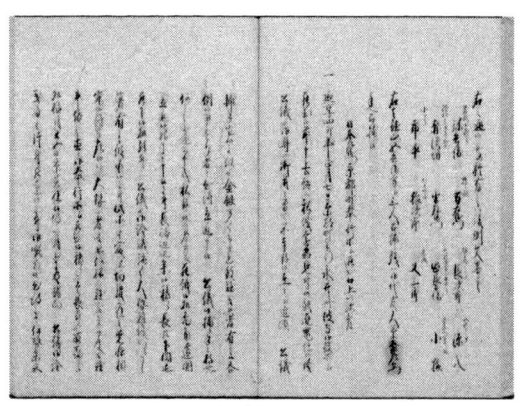

▶ 에도 시대 도적 중에 첫 지명 수배 되고 1747년 교토 마치부교쇼에 자수해 고덴마쵸에 수감되었다가 처형되고 효수된 닛폰자에몬日本左衛門 관련 교토 마치부교쇼 기록(『잡사기雜事記』 중, 일본국립공문서관)

다음에 기록한 것은 그들 관리 죄수의 각 역할과 죄수를 다루는 방식에 관한 것이다. 참고로 보건대 그 당시 세간에서 심하게 미움을 사고 있던 오캇피키岡引[4]나 메아카시目明[5]가 죄를 범해 감옥에 들어오게 되면 죄수들에 의해 잔혹한 방식으로 곤욕을 당하게 된다는 이야기도 있는 것 같다.

---

4   에도 시대 마치부교쇼나 방화 도적 수사대장火付盜賊改方 등의 업무와 관련해 경찰 끄나풀 혹은 정보원 등의 기능을 했던 비공식적 협력자. 에도 치안을 담당한 도신은 사적으로 오캇피키를 고용했는데 이들이 약 500명이었고, 그들이 시탓피키下っ引라는 부하도 두어 합치면 3,000명이나 되었다.

5   오캇피키와 메아카시는 모두 형사 순사刑事巡査의 부하로서 이른바 첩자의 일종이다. 이들 모두 공식적 관리는 아니지만 실제로는 탐정 관리로서 장점도 많지만 폐해도 적지 않았다. 메아카시는 수사, 그리고 오캇피키는 비공식적 포박에서 유래된 명칭이다. 본래는 마치부교 계통에 있는 자가 메아카시이고, 방화 도적 수사대장의 계통에 있는 자가 오캇피키라 불렸는데, 나중에는 모두 섞여 한 가지인 양 사용되게 되었다.(저자주)

▶ 에도 시대 백과사전 속의 죄수(『왜한삼재도회(倭漢三才図会 11)』와 뇌옥(『회한和漢삼재도회 63』) (일본국회도서관)

【옥중 관리 죄수(대옥사·두 칸 옥사 공통)】

1. 옥사 안에서 관리 죄수牢內役人라고 불리는 자들로는 관리 죄수장 名主, 1번 죄수一番役, 2번 죄수二番役[6], 구석 은거 죄수すみの隱居 (전에 수감되었을 때 관리 죄수장을 경험한 자다. 감옥 법도를 잘 알고 있는 수감자의 경우에도 그렇게 인정된다.), 변소 은거 죄수ツメの隱居(변소 가는 길에 있다), 구멍 은거 죄수穴の隱居[7]가 있다.

---

6   출입문 옆에서 죄수 출입을 관리하는 죄수. 신입에게 법도를 가르치는 역이기도.
7   관리 죄수의 지인이나 입감할 때 금전을 많이 소지해 온 자는 하좌 견습下座見 쩝 혹은 구멍 은거 죄수라 불리면서 옥내의 공유 금전을 맡는다.

또한 다음으로는 3번 죄수三番役[8], 4번 죄수四番役[9], 5번 죄수五番役[10](이 외에 계수 담당 죄수頭かぞへ役[11]가 있다. 이 자는 저녁에 경비 옥졸장小頭이 와서 옥사 내의 인원수를 검사할 때 옥사 내 죄수 한 사람 한 사람 머릿수를 세서 '저희 몇십 명'이라고 말한다. 또한 아침과 저녁의 식사인 못소밥이 들어올 때 이를 죄수 한 사람 한 사람에게 나누어 주는 역할도 맡는다.)까지를 옥중의 관리 죄수역人라고 부른다. 옥중 관리 죄수장牢內名主의 임명은 죄의 경중에 의해 결정되는 것이 아니다. 단지 관리 죄수장의 역할을 하도록 명받는 것이다.

다음은 관리 죄수장의 역할에 관한 기본적인 내용이다.

〔참고〕
옥중 관리 죄수에 관해서는 『남찬요집南撰要集』에 다음과 같이 기록되어 있다.

관리 죄수장, 보좌역 죄수添役[12], 모퉁이 죄수角役[13], 2번 죄수, 3번 죄

8	병자를 위로하고 약 등을 전해 주는 역.
9	의류를 맡아 틀리지 않도록 조치하는 역.
10	음식을 들이는 못소盛相를 검사하는 역.
11	오후 4시에 하당번下當番이 교체할 때 경비 옥졸장小頭이 와서 옥중 인원수를 검사할 때 보고하는 역.
12	병자나 수고한 자에 대해 조치하는 역. 죄수장 부재 중에는 그 대리역.
13	옥문 입구에서 죄수 출입을 체크하는 역.

수, 4번 죄수, 5번 죄수, 본역 죄수本役[14], 본역 보조 죄수本役助[15], 변소 담당 죄수詰之番[16], 변소 담당 보조 죄수詰之助番[17], 식기 담당 죄수五器口番(오기五器란 식기를 말한다. 식기를 들이고 내보내는 입구를 맡는 역)에게는 감독자 침상親方帳代이 있다. 이로써 관리 죄수 중에 3번 죄수부터 5번 죄수까지를 모두 중좌中座라고 부르는 이유도 알 수 있을 것이다. 또한 은거 죄수에는 대大은거 죄수[18], 차석若 은거 죄수[19], 은거 죄수 대우隱居並[20]의 구분이 있다. 그들은 하나하나의 역을 담당하면서 죄수들을 마음대로 다룬다. 그래서 옥사 안은 완연한 하나의 관청처럼 되어 있다.

1. 옥중의 관리 죄수장을 비롯한 관리 죄수들은 모두 한 사람당 다다미疊 한 장을 차지한다. 3번 죄수와 4번 죄수 등은 두 사람에게 다다미 한 장이 주어진다. 그리고 신입 죄수는 관리 죄수들을 마주 보는 통로에서 다다미 한 장에 7~8명 정도가 들어간다.

옥사 안은 마루방으로 되어 있다. 그럼에도 마루방에서 다다미를 위

---

14 식사를 운반하는 역.
15 뒷소 등을 씻는 역.
16 변소를 지키는 역.
17 변소를 지키고 병자를 돌보는 역.
18 옥문 담당을 쉬고 있는 자.
19 중좌中座 관리 죄수(3번, 4번, 5번)를 쉬고 있는 자.
20 하좌下座 관리 죄수(본역, 본역 보조, 식기 담당)를 쉬고 있는 자.

▶ 대옥사 수감 생활(『도쿠가와바쿠후형사도보』)

로 포개 놓고 또한 다다미와 다다미 사이를 바싹 죄어 놓고 수감자들을 그곳에 들어가게 하는 것이다. 관리 죄수장의 개인적 기질에 따라 밤중에는 죄수 모두를 넉넉하게 재우는 경우도 있다. 반면 끊임없이 괴롭히는 경우도 있다.

그리고 차입 물품 등이 차츰차츰 들어오는 경우에는 점차로 자리를 위로 격상시켜 주기도 한다. 그러면 다다미 한 장에 4~5명 정도가 들어갈 수 있도록 대우해 준다. 또한 침구나 이불 등이 차입 물품으로 들어오면 곧바로 덮게 해준다.

보건대 다다미 한 장에 7~8명씩 몰아서 들어가게 하는 것이기에 죄수들은 몸을 움직일 수도 없다. 따라서 그 갑갑함이 가히 짐작된다. 그런데 차입 물품이 들어오는지 여부에 따라 그 상태에서 조금씩 편하게 만들어 주는 것이다.

1. 쓰루가네つる金라는 상납금을 옥사 안으로 지참하고 들어가 관리 죄수장에게 내밀면 죄수장은 이를 받아서는 구석 은거 죄수나 1번 죄수에게 건네준다. 관리 죄수장은 이런 방식으로 금품을 상당히 많이 모았기에, 관리 죄수들 중 5번 죄수까지 이를 나눠 가지도록 해 준다.

1. 실과 바늘, 밥을 뭉갠 풀, 수건, 붓글씨용 종이, 상투 끈元結, 빗, 기름(머릿기름) 등은 옥사 안으로 들여보내 준다.

1. 먹, 붓, 벼루, 가위, 바둑돌, 장기, 담배 도구 등은 옥사 안으로의 반입이 엄격히 금지된 품목이다. 하지만 경비 옥졸에게 부탁해서 몰래 옥사 안으로 반입시켜 다들 가질 수 있는 것이기도 하다. 다만 그렇게 들어온 바둑돌은 흙으로 된 것이고 바둑판은 종이다. 5~6일에 한 번씩 옥사 내부에 대한 검사가 있을 때 죄수들은 이러한 금지 물품을 감춰 둔다.

1. 대옥사에 들어간 죄수라도 감옥부교 이시데 다테와키石出帶刀 쪽에 제대로 손을 써서 부탁한다면 특별 옥사로 들어갈 수 있다. 그렇게 손을 써 놓으면 열쇠 담당 간수가 대옥사에 와서 그자를 불러낼 것이다. 그리고 특별 옥사에다 대고 '특별 옥사'라고 부른다. 그러면 관리

죄수장이 '예이'라고 답할 것이다. 그때 열쇠 담당 간수는 "이 자는 누구라고 하는 자인데 사정이 있어 특별 옥사에 맡길 테니 아주 정중하게 대해야 할 것이다."라고 분부한다.

그리고 죄수에게는 "너도 제멋대로 행동해서는 안 된다."라고 분부하고는 특별 옥사로 들여보낸다. 그런 식으로 대옥사에 있던 자가 특별 옥사에 들어가는 것은 감옥의 수장인 이시데 다테와키와 열쇠 담당 간수의 책략에 의한 것이다. 다만 그렇게 옥사가 변경되었더라도 본래는 대옥사에 있어야 될 자이기에 피의자 조사吟味에 불려 나갈 때는 어쩔 수 없이 대옥사 죄수의 경우와 마찬가지로 정식 포박을 해서 끌고 가게 된다.

1. 입감자가 있었던 잠자리에는 경비 옥졸張番이 짐짓 아무 생각 없이 들른 양 가 본다(이는 공공연한 비밀로 앞서 보았듯 게이샤가 입감했을 때도 다음 날 그 잠자리에 무심한 척 가서 본 예와 같은 것이다. 그러한 까닭에 경비 옥졸은 급료는 적은데도 수입은 많다. 이에 관해서는 뒤에 기술할 것이다.). 애초에 경비 옥졸은 감옥에서 부르는 말로 하면 감옥 하인下男인 자다. 감옥 하인의 급료는 1년에 1량兩 2푼分[21]이다. 그런데 입감자가 있었던 잠자리에 가면 수입이 생긴다. 그렇게 반년을 지나면 이 감옥 하인에게 20~30량의 금전이 생기는 것이다. 물론 부정하게 얻은 돈이기에 여하튼 이리저리 놀러 다니게 되어 금전이 남아나지 않는다고 한다(흔히 하는 말로 나쁜 일로 번 돈은 자꾸 써버리

---

[21] 1량은 4푼으로 오늘날의 10만 엔 정도. 따라서 1량 2푼은 150만 원 정도.

게 되어 결국 모을 수 없다는 것이다). 지난해에 소방부火消人足[22]가 하코자키箱崎 레이간도靈嚴島[23]의 소방부와 큰 싸움을 한두 번 해서 입감자 수가 많아졌을 때는 경비 옥졸 4명이 1인당 30량씩이나 벌었다고 한다.

▶ 소방부 간의 싸움과 그로 인해 고덴마쵸에 수감되는 사건의 발단이 된 삽화(てんた 아헤어키무코히키마키(天保記何繪巻 3), 일본 국회도서관)

---

22   에도 시대 소방 조직의 하나인 마치비케시町火消에 속한 소방 인부.
23   도쿄도 스미다가와隅田川 하구 우안. 에도 시대 초기에는 하코자키와 함께 하중도로 수운水運에 유리해 창고와 목재·청주 도매상이 많았던 거리.

『남찬요집』(간세이寬政 12년(1800년) 정월)에는 이런 내용이 실려 있다.

고덴마쵸 옥사 안에서 그리고 아사쿠사淺草와 시나가와品川의 병감 溜 죄수들 사이에서는 죄수에게 원한을 산 자가 들어오게 되면 불법적인 처분이 이루어지고, 그로 인해 신입 죄수들이 곧바로 병에 걸려 옥사하는 자가 많다고 합니다.

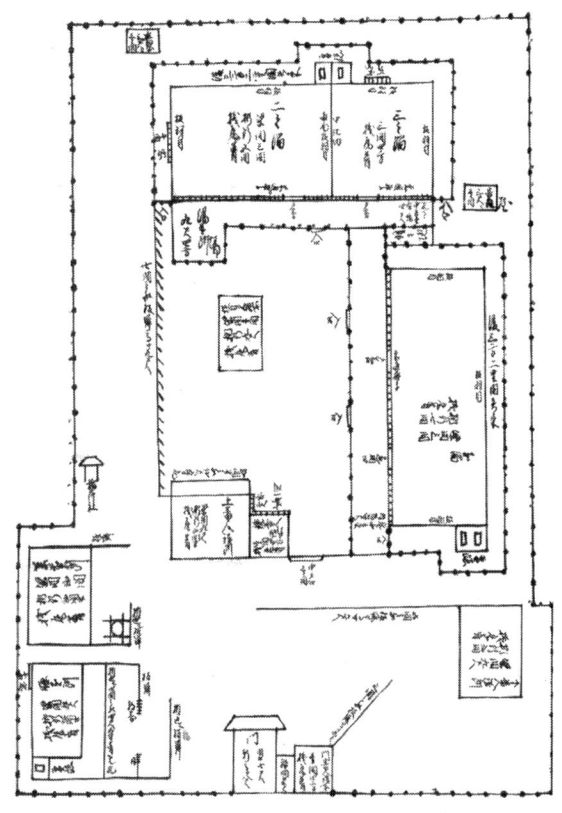

▶ 아사쿠사 병감 평면도(『아사쿠사다메에즈淺草溜繪図』, 일본국회도서관)

1. 신입 죄수가 들어오면 의류 및 훈도시下帶까지 벗겨내 검사한 뒤에 입감시킵니다(이는 일반적인 법도입니다). 그런데 벌거벗은 죄수를 흙바닥土間에 둔 채로 옥사 안에 놓아둔 겨미소된장糠味噌의 위에 뜬 물을 신입 죄수의 전신에 발라 붙이고는 밤중에 옷도 입히지 않고 그대로 둡니다. 그러면 혹한기의 밤 같은 경우 몸에 병이 있는 자는 사경을 헤매게 됩니다. 그리고 다음 날 옷을 입히면 곧 부스럼이 나서 종기가 되는 것입니다(이뿐만 아니라 다음과 같은 인분 먹이거나 소금 먹이기塩責め[24]도 있습니다).

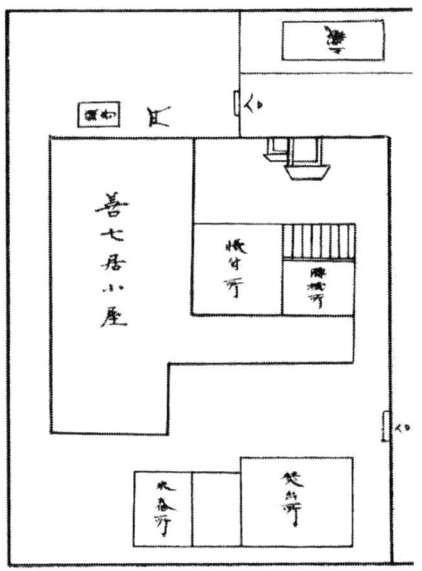

▶ 아사쿠사 여자 병감女溜 북동쪽에 있는 히닌가시라非人頭 구루마 젠시치의 소옥善七居小屋(『도쿠린겐피로쿟徳隣厳秘錄』, 일본국립공문서관)

---

24 시오제메塩責め는 상처에 소금을 바르는 고문법이지만 여기서는 내용상 소금 먹이기.

보건대 대변을 주는 경우가 있다고 합니다(준다는 것은 먹게 한다는 것입니다). 대변을 먹게 된 자는 대개는 부증이 나서 죽게 된다고 합니다. 생소금을 많이 먹이기도 하는데, 그러면 이후 물을 삼키지 못하는 경우도 있습니다. 이들은 병자가 되지는 않더라도 심하게 고생하게 된다고 합니다. 그 외에 등을 가른다고 하는 것도 있는데 이는 죄수들 여럿이서 후려 때리는 것이라고 합니다.

그렇게 몸을 때리는 일은 해서는 안 되는 것이기에 감옥의 담당 간수로부터도 엄하게 경고받는 것이긴 합니다. 그렇기는 하더라도 밤중에는 담당 간수도 들어오지 않는 것이 규칙이므로 대개는 밤중에 그

▶ 무숙 죄수로 인한 폐해 등을 막고 죠닌과도 분리해서 농민만을 수용하고자 신설한 백성 옥사百姓牢(「신옥옥도」중)

런 일이 이루어진다고 생각됩니다. 그리고 무숙자 옥사無宿牢 쪽에서 아마도 그런 일이 일어나고 있는 것 같습니다. 백성 옥사百姓牢[25]는 단속이 잘 되고 있다고 합니다. 유숙자 옥사 쪽도 우선은 괜찮다고 보입니다. 신입 죄수를 떼어놓기는 하고, 옥사 내의 모습을 자세히 확인하고는 있지만 짐작할 수 있듯이, 우두머리에게 엄하게 분부해 놓지 않는다면 언제라도 그와 같은 일을 그만두지 않고 저지를 것이라는 말이 들리고 있습니다.

3월 3일 셋쓰攝津[26] 지방 장관님守殿[27]께 알립니다.

　　　오다기리小田切 도사土佐[28] 지방 장관
　　　네기시根岸　　히젠肥前[29] 지방 장관

위 책(『남찬요집南撰要集』)에 의하면 완전히 벌거벗은 몸으로 검사를 받은 뒤에 옥사로 들어오는 신입 죄수에게는 겨미소된장의 뜬물을 전신에 바르거나, 또한 인분을 먹이거나 소금을 핥게 한다는 것이다. 혹은 죄수들 여럿에서 때려눕히기도 한다는 것이다. 그런 일이 있기는 하지

25 　1775년에 에도 쵸닌町人과 지방 농민百姓을 분리 수용하기 위해 독립시킨 옥사.
26 　오사카부大阪府 북중부와 효고兵庫현 남동부.
27 　가미守는 지방 행정 단위인 구니國를 지배하는 행정관으로 중앙에서 파견한 국사國司의 하나. 4등관 중의 가장 높은 장관. 중앙으로 치면 중간급 귀족.
28 　고치高知현 일대.
29 　사가佐賀현·나가사키長崎현 일대.

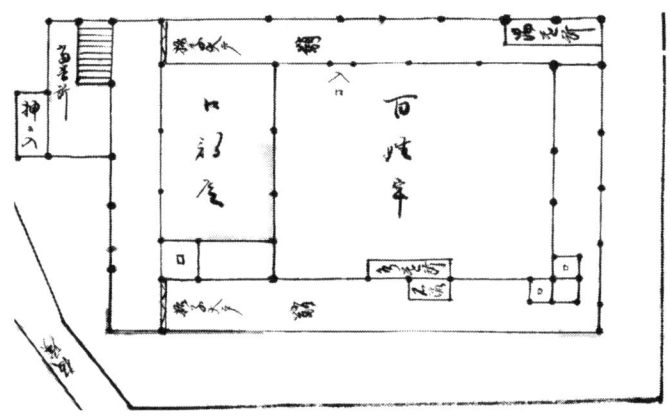

▶ 무숙 죄수의 폐해 등을 막고자 분리시킨 백성 옥사百姓牢의 평면도(『뇌옥주물』 6권 4), 일본국회도서관)

만 이것이 일반적으로 이루어지는 것은 아니다.

즉 원한을 사던 자가 죄수가 되어 감옥에 들어왔을 때 복수로서 이루어졌던 것 같다. 다만 완전히 벌거벗고 검사하고, 또한 출입구로 들어올 때 엉덩이를 때리는 것은 일반적인 옥사의 관습이었던 것 같다. 이에 관해서는 앞서 본 입감자에 관한 항목을 참조하면 모두 쉽게 알 수 있을 것이다. 원한을 샀던 신입 죄수에 대한 복수적인 사형私刑은 다음의 기록에서도 분명하다.

▶ 오캇피키 등이 체포할 때 지니는 '고요御用' 초롱과 쇠막대기 짓테十手(『간에이산바쥬쓰寛永三馬術』 중, 일본국회도서관)

1. 입감을 명받은 자들 중에 관리 죄수(옥중의 관리 죄수)의 마음에 들지 않는 자는 후려 맞게 되는 등으로 극히 난폭하게 다뤄진다.

그에 관해 보건대 죄수가 새로 들어올 때 어느 마치町의 누구라는 자가 신입 죄수라면 그 자에게 원한이 있는 자가 없는지를 확인한다. 즉 관리 죄수장은 옥사 안에 있는 죄수들에게 다 조회하게 하여 그에 관해 알아낸다. 그 옥사 내에 신입 죄수에게 원한이 있는 죄수가 없을 때는, 관리 죄수장은 옆 옥사의 관리 죄수장에게 신입이 있다면서 먼저 편지를 보내 문의하면서 조회한다.

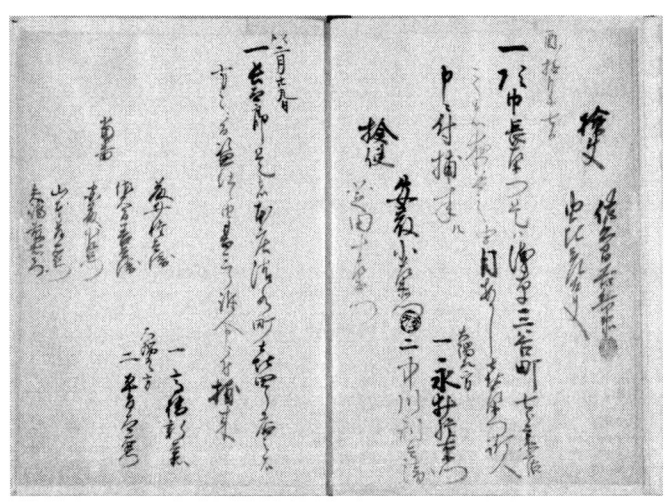

▶ 체포할 죄인과 죄상에 관해 수사보조자 메아카시 등의 보고를 적어 마치부교쇼 집무실에 비치한 장부(『도리모노효捕者帳 8권 5(1670.1.11.)』 일본국회도서관). 부교의 명을 받고 출동한 도신이 지시하면 메아카시·오캇피키가 체포에 나서기도 한다.

만약 옆 옥사에 있는 죄수 중에 신입 죄수에 대한 원한 등이 있는 자가 있다면 그자가 관리 죄수장에게 그 원한의 이유를 올린다고 한다. 그러면 그 죄수장이 신입이 들어 온 옥사의 죄수장에게 그와 같은 이유를 알린다. 그렇게 되면 죄수장이 모퉁이 죄수角役, 2번 죄수 등을 소리쳐 불러서는 그 자들에게 분부하여 신입 죄수를 후려 때리는 등으로 난폭하게 다루도록 한다고 한다.

심하게 후려 때리면 소리가 나는 경우도 있다. 그러면 경비 옥졸이 와서 왜 소란스럽냐고 꾸짖는다고 한다. 그때는 감옥의 법도를 어기는 자가 있어서 처벌을 하는 것이라고 답한다고 한다. 관리 죄수장이 그렇게 답하면 경비 옥졸은 오히려 감옥의 법도를 어기는 발칙한 자가 있으니 엄하게 처벌하라고 분부하고는, 후려 맞고 있는 자에게 수갑을 채우는 경우도 있다고 한다. 그리고는 위와 같이 후려 맞게 되는 것이라 한다.

그리고 오캇피키岡引에 관해서는 앞서도 조금 언급했지만, 『남찬요집』에는 다음과 같이 기록되어 있다. 아래에서 볼 바와 같이 오캇피키가 학대당하는 모습은 완전히 복수 그 자체인 것이다.

……위와 같은 신입 죄수 중에 오캇피키라고 불리는 자가 있다고 하더라도 우리는 그자가 오캇피키인지를 알 수가 없다. 그런데 옥사 안에는 그에 관해 아는 죄수가 있다. 그자로부터 고통을 받은 경우(고통

스러운 일을 겪은 경우)도 있다. 오캇피키라고 하는 자는 대체로 악당惡黨[30] 같은 자로서, 소리를 지르는 것은 부끄러운 일이라고 생각하기 때문에 옥사 내에서 고통을 받더라도 큰 소리를 내지 않는다.

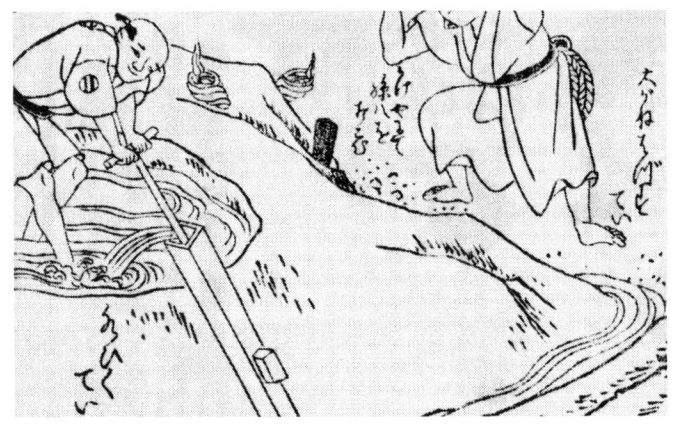

▶ 무숙 죄수 대책으로 1777년부터 무숙자를 보내 갱내 물빼기 작업에 종사시킨 사도佐渡 금광과 유사한 모습으로 추정되는 갱내 배수 작업(『일본산해명물도회日本山海名物圖會』, 중, 일본국회도서관)

오캇피키도 죄를 범해 감옥에 들어오면 절차대로 검사를 마친다. 그런 뒤 앞서 본 바와 같이 관리 죄수장의 명에 따라 2번 죄수의 지시가 있으면 옥사 내 통로에서 한 사람 혹은 두 사람의 하소연을 듣게 된다. 그 경우 두 죄수 모두 손을 모으고는 "2번 죄수님, 이 녀석은 오캇피키로 저희 두 사람은 이 녀석 때문에 포박되어 쓰라린 일을 당하게 되었습니다. 부디 잘 부탁합니다."라는 식으로 호소한다.

30 　중세 일본에서 지배층 혹은 체제에 반항해 사변·소요를 일으킨 자나 집단. 악인.

이런 호소에서는 반드시 그 오캇피키의 손에 의해 체포된 죄수만의 일에 한정되는 것이 아니라, 죄수 모두가 체포된 당시의 모습을 진술하는 관습이 있다. 흔히 '개똥으로 원수 갚기犬の糞仇'[31] 라는 게 이런 것일까. 그렇긴 하더라도 오캇피키를 보면 누구나 다 증오하게 된다. 그것은 자기들이 포박되었을 때의 일을 떠올려서 자신의 원한인 듯 모든 죄수의 일에서 동병상련을 느끼기 때문일 것이다.

▶ 에도 시대 마지막 요리키 중의 한 사람으로 메이지 시대 출옥자 보호 운동가인 하라 다네아키原胤昭의 저서에 게재된 체포 담당 요리키·도신捕者方与力同心 분장(『전과자는 왜 또 죄를 짓나前科者はナゼ, 又, 行るか』 중, 일본국회도서관). 오캇피키는 도신이 사적으로 고용한 비공식적 협력자로서 정보원 역할을 수행하거나 체포의 일선에 나서기도 한다.

---

31   비열한 수단으로 복수한다는 뜻.

10. 옥중 법도와 관리 죄수   135

그러면 2번 죄수는 그 호소를 받아들이고 관리 죄수장과 상석 죄수頭에게 그러한 뜻을 올려 승낙을 받은 뒤 엄청나게 큰 소리로 '변소 담당 죄수詰の本番'를 고함쳐 부른다. 그러면 변소 담당 죄수가 '오오'라고 대답하면서 나온다. 2번 죄수는 변소 담당 죄수에게 눈짓해 이 신입 죄수를 잘 대접해 주라고 명령한다. 그러면 변소 담당 죄수는 명령을 받들어 통로에서 가장 사납고 악독한 죄수 한 사람을 선발해 데리고 와서는 대접을 잘 도와주라고 명한다.

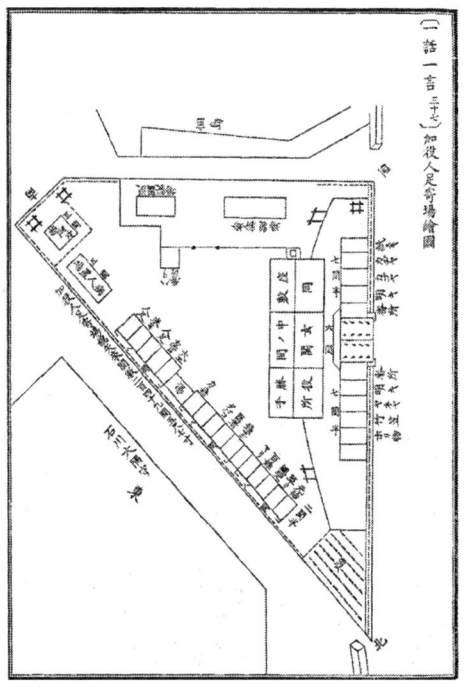

▶ 무숙 죄수의 폐해를 막고자 에도 시대 후기부터 무숙자나 전과자를 수용해 사역시킨 에도 이시카와지마石川島 인부 집합장(고사우원 법률부 8). 인부 집합장의 인부들은 기름 짜기, 농기구·건축 도구 제작 등에 종사했다.

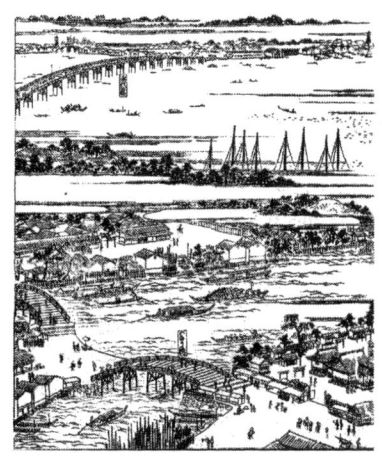

▶ 에도 말기에 무숙 죄수 범죄 예방과 자활을 위한 인부 집합장이 설치되는 이시카와지마石川島(우측 중앙 바로 위의 섬). 유형 죄수를 실은 배가 출발하는 에이타이교永代橋(좌측 위)(『에도명소도회江戸名所図会 2』 중, 일본국회도서관).

그 도우미 죄수는 곧바로 그릇을 가지고 변소로 간다. 그리고 돌아와서는 "밥상이 다 차려졌습니다."라고 보고하고는 되돌아간다. 변소 담당 죄수는 '그럼 안녕'이라고 말하고 오캇피키를 오치마落間로 끌고 간다. 거기에는 그 악독한 죄수가 그릇에 대변을 산처럼 쌓아 올려 담아 놓고 삼나무 젓가락까지 갖춰 놓고는 그 옆에서 소매를 걷어붙인 채 대기하고 있다.

이를 보면 누구라도 놀라지 않을 수 없는데, 변소 담당 죄수가 사정 봐주지 않고 덤벼든다. 금세 신입 죄수인 오캇피키의 옷을 벗겨 내고 훈도시를 잡고 알몸에 어깨띠를 걸어서는 띠를 등 뒤에서 묶는다. 변소 담당 죄수는 띠를 양손으로 단단히 잡고 오캇피키의 무릎을 차서 꺾

10. 옥중 법도와 관리 죄수 137

어 아래로 앉히고 조금 뒤로 젖혀 위를 보게 만들어 놓고는 대기한다. 이때 변소 담당 보조 죄수가 관리 죄수장으로부터 널판을 빌려 와서는 오캇피키의 뒤에 선다. 그러면 곧바로 그 악독한 도우미 죄수가 먼저 오캇피키 앞으로 젓가락을 가지고 와서는 팔을 벌려 내민다.

변소 담당 죄수는 "이걸 순순히 드셔. 사양하면 한 번 더 줄 테다. 빨리 그걸 드셔."라고 재촉한다(변소 담당 죄수도 도우미 죄수도 종이로 코를 막고 있다). 이리되면 어떻게 해도 벗어날 도리가 없기에 오캇피키는 자기도 모르게 마침내 한 입 먹게 된다. 바로 그때 뒤에 서 있던 변소 담당 보조 죄수가 느닷없이 오캇피키의 등에 일격을 가한다. 그러면 엉겁결에 오캇피키의 목구멍이 열리면서 입안에 있던 게 저절로 목구멍으로 미끄러져 들어간다.

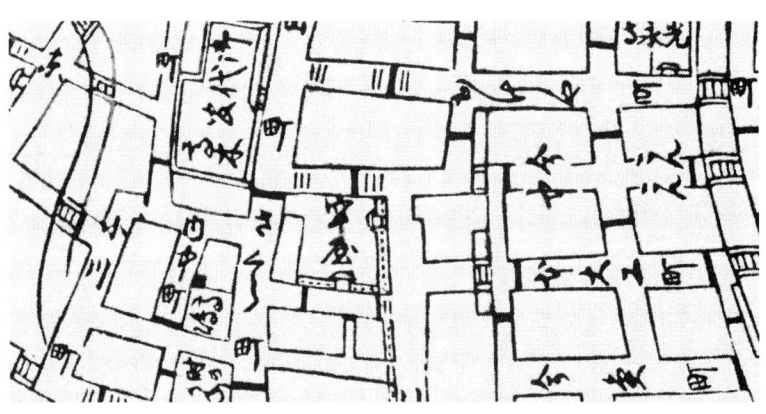

▶ 에도 고뎬마쵸 감옥처럼 중요도가 높고 규모도 큰 바쿠후 직할 나가사키長崎의 사쿠라마치さくら町 감옥牢屋(중앙 좌측)(「비젠나가사키도肥前長崎圖」 중, 일본국회도서관)

이렇게 해서 한 그릇의 대접이 끝나면, 변소 담당 죄수는 '한 그릇 더' 라고 주문한다. 그러면 도우미는 또 새로운 먹을 것을 만들기 시작한 다. 이 모습을 지켜보면서 중지시킬지 계속할지를 결정하는 것은 구 석 은거 죄수다. 이제 됐다고 생각하면 구석 은거 죄수가 조용히 다가 간다.

그리고는 "손님에게 충분히 대접한 것 같으니까 한 그릇 추가는 그만 둬."라고 말한다. 그렇게 되면 한 그릇 추가는 면한다. 하지만 만약 은 거 죄수가 모르는 체하는 얼굴을 하고 있다면 두 그릇도 세 그릇도 추 가로 먹지 않으면 안 된다(세 그릇까지가 규칙이라고 한다). 이를 마치면 대접 한 것에 대한 답례 인사라는 게 있어서 관리 죄수장을 비롯한 그 외 각 관리 죄수에게 인사를 하지 않으면 안 된다고 한다.

▶ 가부키 <시센료코반노우메노하四千両小判梅葉>에 묘사된 고덴마쵸 감옥 서 쪽 대옥사西大牢 장면(『연극계演劇界』1983년 3월호). 바쿠후의 금은 화폐 저장 출납소 御金藏를 턴 도둑 도미구라富藏와 후지오카 도쥬로藤岡藤十郎의 실화를 바탕 으로 한 이 가부키는 고덴마쵸 대옥사 죄수의 모습과 감옥 법도를 리얼하게 묘 사한 것으로 유명하다.

그 정도까지라면 그런대로 괜찮을 것이다. 그러나 오캇피키를 증오하는 죄수들의 앙심으로 인해 마침내 그의 목숨을 끊어놓지 않고는 끝나지 않는다. 아침저녁으로 또 오캇피키를 끌어내서 양손을 옥사에 걸고 양발을 조금 뒤로 끌어내려 도우미가 그 머리를 꽉 누르고 다른 도우미는 양발을 눌러서 오른쪽 넓적다리에 젖은 걸레를 놓고 널판의 옆 부분으로 계속 때린다.

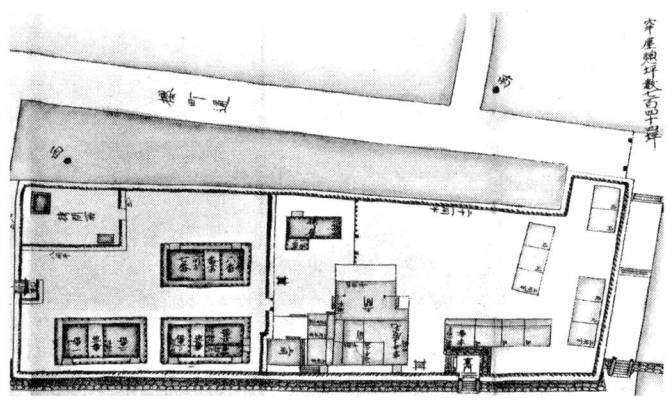

▶ 나가사키 사쿠라마치 감옥의 평면도(「사쿠라마치로아에즈桜町牢屋絵図」 중, 일본 국립공문서관)

오캇피키는 그 고통을 견딜 수가 없어 비명을 지른다. 그런데 딱 그 시점이 여러 죄수들이 감옥 규칙에 따른 함성을 다 같이 지르는 때다. 그래서 옥사 바깥으로는 비명 소리가 들리지 않는다. 그렇게 해서 3일이 지나면 오캇피키의 안쪽 허벅지에 크고 검은 멍이 생겨난다. 그래도 그런 식으로 아주 잔혹하게 학대하는 것은 10회 정도쯤으로 그친다.

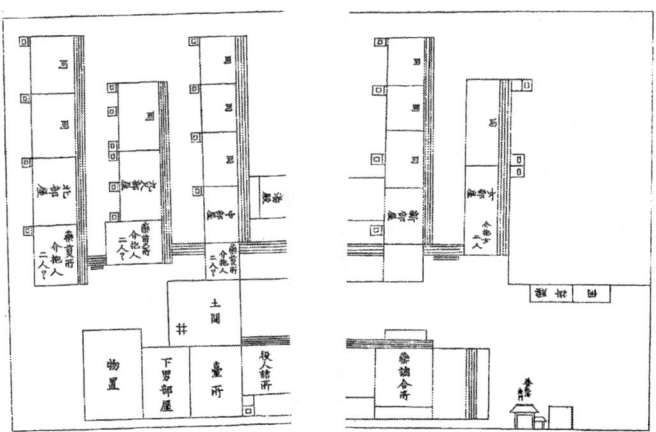

「고이시카와양생소지도小石川養生所之圖」(『법규분류대전法規分類大全 29 감옥』, 일본국회도서관). 무숙 죄수 증가로 인한 치안 대책으로 1722년 마치부교 지배하의 빈민 구제 의료 시설인 고이시카와 양생소가 개설되어 빈민이나 행려병자 등을 수용한다. 따라서 사실상 무숙자에 대한 대체 감옥이자 범죄 예방 시설로서의 성격도 지녔다.

이번에는 손을 뒤로 묶어 오치마로 끌고 가서 네 번 기게 한다. 그때 젖은 걸레를 얼굴에 대고 변소 담당 죄수가 뒤에서 오캇피키의 고환을 걷어찬다. 대개는 '끙' 하고 눈이 돌아가면서 죽어 버린다. 그럼에도 완전히 죽지 않는 경우에는 머리나 등의 급소를 힘을 다해 가격해 마침내 죽여 버린다. 말로 표현하기 어려울 정도로 잔혹한 광경이다. 이것으로 오캇피키에 대한 죄수들의 원한은 풀렸다고 할 수 있을 것이다. 그런데 어떤 원한이나 앙갚음할 일도 없는 옥사 내의 죄수에 대해서도 이렇게 학살하는 경우가 있다. 이를 '새로 만들기作造り'라고 하는데, 좌석을 넓히기 위해서 행해졌다.

10. 옥중 법도와 관리 죄수 141

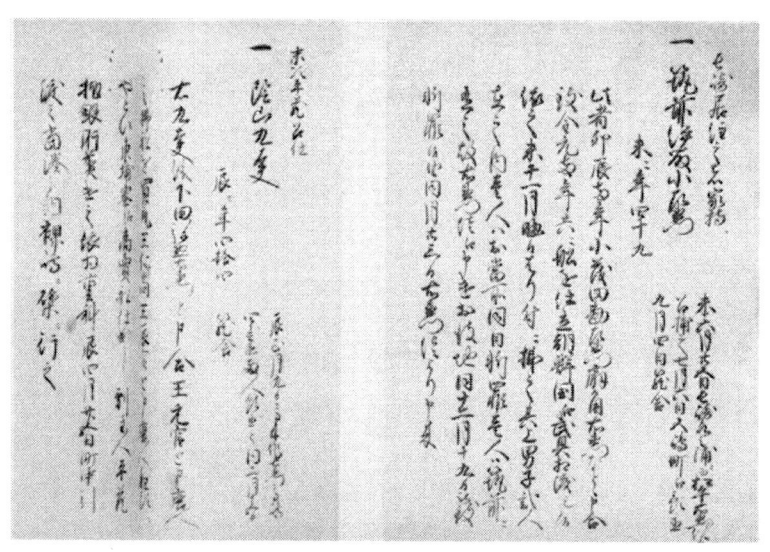

▶ 나가사키 마치부교의 형사 재판 기록인 「범과장犯科帳」의 일부(「남방도해고문헌도록南方渡海古文献図録」 중, 일본 국회도서관)

앞서 말한 것처럼 옥사 안의 죄수는 다다미 한 장에 보통 7~8명이 들어가게 된다. 그런데 간혹 그 이상으로 채워 넣는 경우가 있다. 그러면 죄수들은 잠을 잘 수도 없는 것은 물론이거니와 앉을 수도 없게 된다. 그러나 관리 죄수장 및 그 아래 관리 죄수들은 공간이 넉넉하기에 편하게 잔다. 반면 일반 죄수들은 자신이 배정받은 자리가 비좁다. 게다가 자기 자리 말고는 가령 옆에 빈자리가 있더라도 멋대로 손발을 뻗을 수가 없다. '새로 만든다'는 것은 이런 상황에서 일어나는 일이다.

새로 만들기의 방법이라는 게 무엇인지 보건대, 2번 죄수가 관리 죄수장의 은밀한 허락을 받아 중간급 관리 죄수들과 협의해서는 먼저 일반 죄수 중에서 희생될 자를 선정해 낸다. 그 경우에도 역시 관리 죄수들에게 다소라도 미움을 받고있는 자라든가 혹은 그들이 좋아하지 않는 녀석이 선정된다.

▶ 고덴마쵸 감옥 문 앞의 태형 집행에 입회한 감옥 의사醫師(『고사유원 법률부 8』중)

밤이 되면 그렇게 선정된 자를 질질 끌어내서 한 사람이 목을 졸라 소리를 내지 못하도록 하고 다른 한 사람이 널판으로 때리거나 혹은 고환을 걷어차 살해한다. 한 사람을 마치면 또 다른 희생자를 끄집어내서 같은 수법으로 살해해 버린다. 그렇게 하룻밤에 3~4명을 정리하는 경우도 있다. 새로 만들기에 선택된 자로서는 그야말로 재앙인 것이다. 이렇게 살해한 채로 놔두었다가는 2~3일이 지나서 "급병으로 죽은 자가 생겼습니다."라고 당번 간수에게 신고하는 것이다. 그러면 당번 간수인 도신同心이 감옥 의사牢醫에게 명해서 검시檢死를 하게 한다. 감옥 의사는 지체 없이 감옥으로 출장을 오는데 돗자리에 싼 시체를 검사한다는 것이 실은 형식적인 것이다.

그래서 "아무래도 급병으로 죽은 것이다."라는 말을 내뱉고는 돌아가려 한다. 딱 그때 은거 죄수御隱居가 의사를 붙잡고는 "목욕비를 드리겠습니다."라고 말하면서 의사의 옷소매 밑으로 종이에 만 금전 2푼을 넣어 준다. 이것이 관행이 되어 있다. 그 끔찍하게 살해된 시체를 보고는 의사도 두려워서 아주 서둘러 도망치듯 돌아간다고 한다. 충분히 그랬으리라 짐작된다.

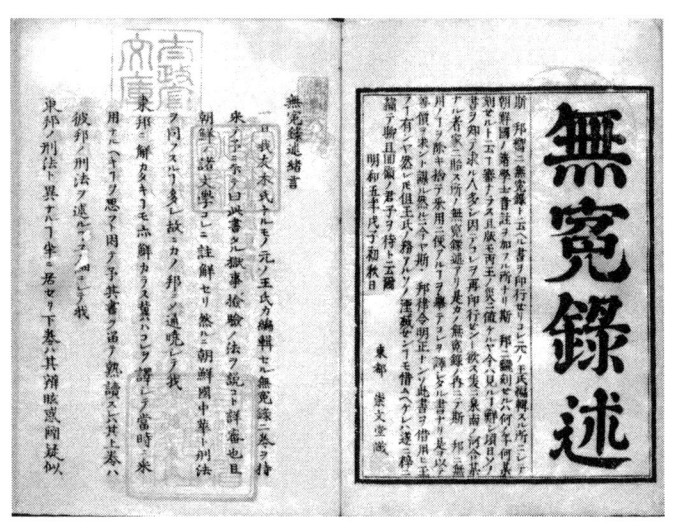

▶ 중국 명대明代에 조선을 거쳐 일본에 전해져 가와이 나오히사河合尙久에 의해 1736년 일역된 일본 최초의 법의학서로서 검시 방법 등이 수록된 『무원록술無寃錄述』(일본국립공문서관)

이런 일이 5일 간격, 6일 간격으로 이루어지기에 죄수들 모두는 견뎌낼 수가 없다. 언제 자신의 차례가 될지 짐작할 수 없기 때문이다. 그래서 평온한 마음을 유지할 수가 없어 전전긍긍하게 된다. 이치로 볼 때 당연히 그러했을 것이다.

11.
죄수 소환과 사형수

11.
죄수 소환과 사형수

　　수감 중인 자의 죄를 조사하기 위하여 소환할 때의 규칙 즉 포승을 묶는 방식이나 호송 방법은 옥사의 종류와 죄상에 따라 각각 다르다. 그러한 소환 방식이 죄수에게 후카아미가사深編笠[1]를 씌워 자동차로 호송하는 오늘날과 비교하면 큰 차이가 있음은 물론이다.

【소환】

1. 특별 옥사의 죄수는 소환할 때 팔뚝을 느슨하게 묶어 가마乘物에 태운다. 또한 대옥사, 두 칸 옥사의 죄수는 손을 뒤로하여 묶어 죄수 가마モッコウ에 태워서 보낸다. 본역本役과 가역加役 즉 방화 도적

1　얼굴을 감추는 깊은 갓. 무사나 승려 등이 썼는데 근대에는 죄수에게도 사용된다.

▶ 죄수 가마로 병감 이송되는 죄수(도쿠가와바쿠후형사도보)

수사대장에 의한 소환은 단지 묶는 것뿐이고 태우지는 않으며 죄수를 걷게 하여 데려간다. 그러나 유형遠島과 사죄死罪에 해당하는 죄수의 경우는 본역과 가역이 소환하더라도 죄수 가마에 태워서 간다. 발에 차꼬를 채워 죄수 가마에 태우는 죄수는 상당히 중죄인 경우다 (야간주거침입절도夜盜·주거침입강도押込를 저질러 사죄 등이 된 중죄다). 한쪽 발 차꼬만 채운 채 소환하는 경우도 있고 양쪽 발에 모두 차꼬를 채우고 소환하는 경우도 있다. 그렇게 차꼬를 한 채로 죄수 가마에 태운다. 그때 차꼬는 의복의 옷자락 아래에 보이지 않게 감추도록 해준다. 죄수 가

11. 죄수 소환과 사형수 149

마를 짊어지는 걸인 혹은 감시 인부에게 부탁해서 그와 같이 감추게 해주는 것이다.

1. 옥사 안에서 소환해 갈 때는 아침밥 전에 감옥 도신(평당번 간수)이 옥사 밖 통로의 바깥에서 '대옥사'(두 칸 옥사, 여자 옥사, 특별 옥사에도 마찬가지)라고 부른다. 옥사 안에서 관리 죄수장이 '예이'라고 답한다. 그러면 평당번 간수는 소환이 있으며, 어느 마치町 무숙자 누구를 몇 시에 소환한다고 말한다.

밥을 먹은 뒤에 경비 옥졸과 평당번 간수가 옥사에 들어와 소환되는 죄수 모두를 일일이 호출해서 포승으로 묶는다. 이때 평당번 간수는 작은 허리칼을 차고 있다. 이들 소환되는 죄수는 감옥 마당에서 죄수 가마에 태워진다.

▶ 밀항 기도 및 안세이 대옥으로 고덴마쵸에 두 번 수감되고 그곳에서 처형된 지사 요시다 쇼인(좌)(도쿠토미이치로德富猪一郎, 『요시다 쇼인吉田松陰』 중). 쇼인의 밀항 상담을 받아 수감된 유학자 사쿠마 쇼잔佐久間象山(우)(『근세명사사진近世名士写真』)(일본국회도서관).

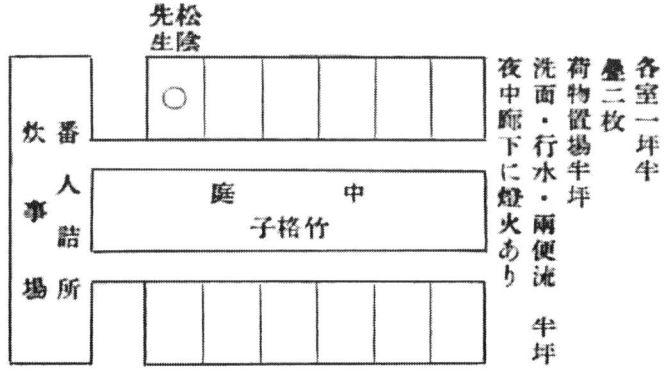

▶ 요시다 쇼인이 수감되었던 죠슈 하기 노야마옥의 평면도(『교육의 신 요시다 쇼인教育の神吉田松陰』 중, 일본국회도서관)

위와 같이 호출해서 포승으로 묶을 때도 경비 옥졸은 죄수의 옷을 조사하고 묶는다. 또한 감옥으로 돌아올 때도 마찬가지로 옷을 조사한다. 다만 소환에서 돌아와 옥사로 들여보내는 경우에는 옥사 안에 들어가는 것이기는 하더라도 처음에 입감할 때 정도로 자세히 조사하지는 않는다고 한다.

세상에서 사죄가 될 정도의 죄보다 더 큰 죄는 없다. 그 대죄를 지닌 채 사형에 처해지는 죄인은 이 세상과 작별하게 된다. 도쿠가와 바쿠후德川幕府에서도 사형에 대해서는 가장 엄밀하고 또한 신중한 태도로 접근했다. 그래서 사형에는 여러 가지 법도와 형식이 있다. 감옥에서 소환하거나 선고를 내리거나 집행을 위해 포승으로 묶는 방법이나 끌어내는 것 등에 관한 절차가 있는데, 우선 이를 기록하면 다음과 같다.

11. 죄수 소환과 사형수 151

【사죄형을 받은 자의 참수가 있을 때】

1. 사죄형을 선고받은 자의 형 집행이 있을 때는 집행 전날 밤에 마치 부교町奉行로부터 감옥 내 이시데 다테와키石出帶刀의 거처 현관으로 통지가 온다. 참수打首 1명이면 반지半紙 1장, 2명이면 반지 2장으로 사람 수만큼의 반지가 온다(이 통지서는 참수될 때 죄인의 얼굴에 대는 것이다). 반지는 어느 지방의 무숙자 누구라고 기재되어 온다.

약방을 담당하는 경비 옥졸(약방藥部屋 담당 경비 옥졸은 히로마廣間의 뒤에 있다)이 그 반지를 필사해서 다음 날 아침에 약을 옥사 안으로 들여보낼 때 필사한 종이를 접어 관리 죄수장에게 보낸다. 반지가 오면 알려달라고 죄수장으로부터 미리 부탁을 받아 둔 것이기에 그렇게 보내 주는 것이다.

▶ 바쿠후의 반대파 탄압 사건인 안세이 대옥安政の大獄으로 고덴마쵸에 수감되었다가 감옥 내 형장에서 처형된 지사 하시모토 사나이 橋本左內(좌)(『하시모토 게이가쿠진집橋本景岳全集』 상권)와 함께 처형된 유학자 라이 미키사부로賴三樹三郎(『고에이조덴高名傳佐』)(우)(일본국회도서관)

1. 열쇠 담당 간수가 옥사 밖 통로 안에 들어와 '대옥사'(혹은 두 칸 옥사)라고 부른다. 죄수장이 '예이'라고 답한다. 그때 처형되는 죄인이 있다는 것과 어디의 무슨 지방 장관님守殿(사카키바라榊原 가즈에노카미님主計頭殿인지, 즈츠이筒井 이가伊賀² 지방 장관님인지)의 담당 관할로서 무사시국武州 사이타마군埼玉郡 가시와바라촌柏原村 무숙자 가메고로龜五郎 21세, 8월 26일 입감자라고 말한다.

그러면 죄수장은 "있습니다아(이 대답은 가볍게 말하는 게 감옥의 법도다), 어디의 무슨 지방 장관님 담당 관할로 무사시국 사이타마군 가시와바라촌 무숙자 가메고로 21세, 몇 월 며칠 입감, 그자 말고는 같은 지방의 같은 이름을 지닌 자는 없습니다."라고 말한다. 그러면서 널판(이 널판에 그것이 적혀 있다. 이를 읽으면서 죄수장이 그렇게 말하는 것이다. 널판에 적힌 것은 아침 식사 전에 평당번 간수가 처형되는 죄수라고 문서에 상세히 적어 붙여 공식적으로 죄수장에게 보낸 것이다.)으로 옥사 안의 판들 사이를 세게 친다.

그때 다른 죄수 두 사람이 처형되는 죄수의 양손을 잡고 '쉿쉿'이라고 말하면서 출입구로 밀어 낸다(관리 죄수장 본인이 처형되는 경우에는 자세한 내용을 자신에게 소리 내어 읽고, "그자 말고는 같은 지방에 같은 이름은 없습니다, 저입니다."라고 말하고는 옥사에서 나온다).

경비 옥졸이 사형수를 묶는 방식인 기리나와切繩로 처형되는 죄수를 포박한다(이때는 감옥 간수 도신과 다른 감옥 관리들 3~4명이 대기하고 있다). 포박이 끝나면 특별 옥사 앞 툇마루에 앉히고는 경비 옥졸이 포승을 붙잡고 있

---

2 미에三重현 북서부.

다. 이 죄수처럼 한 사람씩 불러낸다. 몇 사람일지라도 위와 같은 방식으로 불러내서 묶는다. 모든 사형수를 불러내서 포박을 마치면 열쇠 담당 간수는 대옥사와 두 칸 옥사 외에는 통지할 게 없다고 말한다. 그러면 두 옥사의 관리 죄수장은 '예이'라고 답한다. 이어 두 옥사 안의 모든 죄수들도 '예이'라고 답한다.

▶ 고덴마쵸 감옥 내 처형장 출입문死罪場口大引戶과 처형장處刑場(『신옥옥도』 편)

1. 사죄에 처하는 죄인을 옥사 밖 통로로부터 끌고 나와서는 요리키 與力³가 대기하고 있는 화재 감시 번소(마치부교 요리키가 그곳에 앉아 있다)로 데리고 간다. 요리키 앞에서 열쇠 담당 간수가 죄수의 이름을 부른다.

---

3   요리키與力는 도신同心의 상관으로 부교에 소속되어 있다. 지샤·간죠·마치 각 부교에 요리키와 도신이 있는데, 마치부교에 속한 요리키와 도신이 가장 권력이 있다. 따라서 단지 요리키와 도신이라고 하면 마치부교에 속한 자라고 속단하게 된다. 그러나 정확히 말하면 마치부교에 속한 자는 마치카타町方 요리키(줄여서 마치요리키), 마치카타 도신이라 부른다(저자주).

그러면 요리키는 죄수에게 담당 관할이 어느 분이며 언제 입감했는지를 묻는다. 죄수는 "저는 북마치부교 당신御前樣(죄수들이 해당 마치부교町奉行를 북마치부교 당신이라고 존칭해 부르는 말이다)의 담당 관할로서 몇 월 며칠 입감된 자입니다."라고 말한다. 그러면 열쇠 담당 간수도 죄수에게 물어 확인하고는 '맞다'는 뜻을 말한다.

▶ 고덴마쵸 감옥 등에서 집행 도신을 대신해 사형 집행인 역할을 맡은 야마다 아사에몬가의 마지막 9대 야마다 아사에몬 요시후사山田浅右衛門吉亮. 그의 활동 시기는 정확히는 아직 참수형이 잔존하던 메이지 초기에 해당한다.

그때 요리키는 어디의 어느 지방 장관님의 명령을 받들어 무슨 무슨 죄에 관해 사죄를 선고申渡[4]한다고 말한다(매달 돌아가면서 맡는 당번 로쥬老中의 이름 혹은 미즈노水野 데와出羽[5] 지방 장관님의 명령을 받들어 라고 말하고 그 뒤를 말하는

---

4 일반적으로는 부교가 부교쇼의 시라스에서 직접 판결문을 읽지만, 사형 판결만은 부교의 안전을 고려해 출장 나간 요리키가 감옥 내에서 부교의 명을 받들어 선고한다.

5 야마가타山形·아키타秋田현 일대.

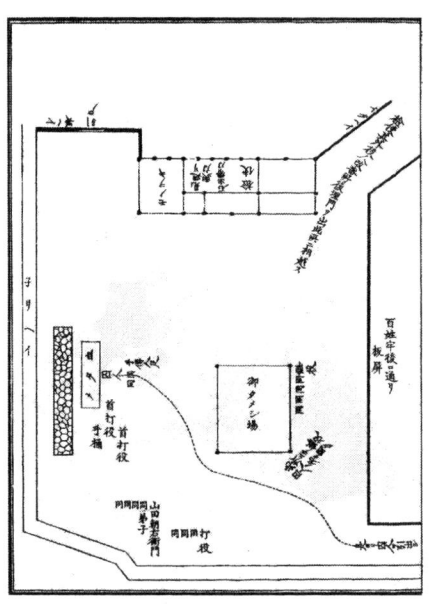

▶ 고뎬마쵸 감옥 내 형장 출입문에서 집행장까지의 길(점선)(『고사유원 법률부 6』). 사형수 囚人와 집행인 首打役 뒤에 에도 시대 처형에서 칼날 시험용 사체 베기 試し斬り 혹은 참수까지 대행하던 야마다 아사에몬 山田浅(衛)右衛門도 보인다.

식이다). 그리고 집행 담당 간수 打役가 옆에서 '알겠습니다'라고 말한다. 그러면 경비 옥졸이 포승을 들어 걸식 인부에게 건네준다(경비 옥졸은 이 때까지만 포승을 잡고 있을 수 있다). 걸식 인부는 이를 받아 흔히 말하는 지옥문 쪽으로 데리고 간다. 지옥문 안에서 걸식 인부가 죄수의 얼굴에 통지서를 댄다(이 통지서는 전날 밤에 부교가 이시데 다테와키에게 보낸 반지 半紙다—위의 관련 부분을 참조할 것—. 반지를 세로로 세워 죄수의 얼굴에 대고는 이마에서 묶는다. 반지를 묶는 줄은 짚으로 된 가는 끈이다. 반지의 절반을 앞으로 뒤집는다. 즉 눈가림 目かくし[6]이 된다.). 그

---

6 다만 무사 계급에 대한 참수형에서는 눈가림을 하지 않는다.

렇게 통지서를 댄 뒤에 그 앞에 위치한 저 피가 솟구치는 도탄바ドタ
ン場[7](참수하는 장소. 이를 목대首의 臺라고도 한다.)로 데리고 간다.

▶ 사형 집행 전의 시중 조리돌림(『도쿠가와바쿠후형사도보』)

1. 처형될 자는 옥사 안에서도 미리부터 마음의 준비를 하고 흰 천으로 각반脚半 등을 준비해 둔다. 옥사 안에 백목면, 실, 바늘 등을 반입할 수 있기에 그런 준비가 가능하다.

---

7 도탄바土壇場. 참수형 집행을 위해 흙을 쌓고 앞에 구덩이를 판 곳.

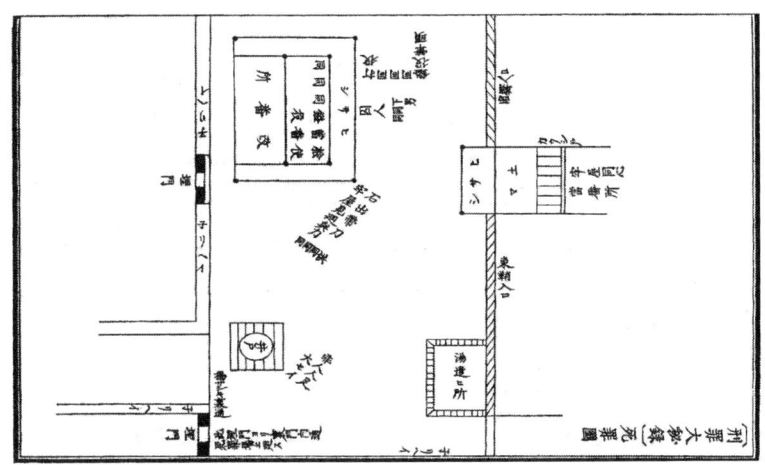

▶ 형 집행되는 사형수囚人와 입회한 관리들(고사유원 법률부 6)

1. 옥사 안의 죄수 중에서 처형된 자가 있을 때는 처형된 그날 저녁부터 옥사 안의 모든 죄수에게 다이모쿠題目[8]를 소리 내어 읽게 한다. 그리고 옥사 안에서는 염불을 하는 것이 금기다(이는 염불을 하면 왕생往生하고, 다이모쿠를 하면 살아난다고 하는 설에 따른 것이다. 니치렌쇼닌日蓮上人이 유이가하마由比ヶ濱에서 살아났다고 하는 고사[9]를 근거로 다이모쿠를 소리 내어 읽는 것은 죽음에서 구제해 주고 싶다는 마음일 것이다.).

8 　불교 종파 니치렌슈日蓮宗에서 법화경法華經의 표제表題에 '나무南無'라는 두 자를 붙여 읽는 '나무묘호렌게쿄南無妙法蓮華經'.

9 　니치렌 성인이 1261년 바쿠후의 박해를 받아 유형지로 보내진 일과 관련된 고사.

▶ 다이모쿠題目를 읽는 승려(좌)와 염불念佛 승려(우)『에도직인가합』하.)

1. 사죄死罪로 처형되는 자 중에서 시중 조리돌림引廻し[10](옥사 안에서는 타다마와시只廻し라고 한다), 효수獄門[11], 참수死罪[12]를 당하는 것은 죄인 쪽에서 보면 기쁜 것이다. 그것은 감옥 바깥의 속세娑婆[13]를 볼 수 있도록 눈을 떠 한 번 세상을 본다는 점에서 기쁜 일이다.

---

10 사죄 이상 판결을 받은 사형수를 말에 태워 죄상을 적은 팻말 등과 함께 형장까지 공개하며 데리고 가는 일종의 부가형.

11 고쿠몬. 참수 뒤 사체는 칼날 시험용 시신 베기試し斬り에 쓰고 머리는 효수대 獄門대에 올려놓고 3일간 보여주는 공개 처형.

12 시자이. 서민에게 부과되던 형으로 참수하고 사체를 칼날 시험용 시신 베기에 쓴다. 부가형으로 재산이 몰수되고 매장이나 장사는 불허.

13 감옥 등 구속된 생활을 하는 곳에서 바깥의 자유로운 세계를 가리키는 말.

12.
감옥 내의 물품 구입

12.
감옥 내의 물품 구입

오늘날의 형무소에서 차입이 자유로운 것은 미결감뿐이다. 기결수에 대해서는 관급 외에는 차입이든 뭐든 일체 할 수 없게 되어 있다. 그런데 옛날에는 그것이 은밀하게 이루어졌다. 따라서 죄수들은 각자가 원하는 물건을 구하는 것이 가능했다. 다음은 그러한 은밀한 일들에 관해 기록한 것이다.

【옥사 내 죄수의 은밀한 물품 구입 방식】

1. 옥사 안에서 약이나 과자, 술 등을 구하려고 할 때는 경비 옥졸에게 부탁한다. 그 경우 극히 내밀하게 부탁한다. 그런데 이런 물품을 옥사 안으로 그냥 들여보낸다면 평당번 간수가 이를 쳐다볼 것이다. 따라

서 대단히 어렵다. 더구나 같은 경비 옥졸조차도 들여보내는 것을 제지한다.

그렇기에 부탁을 받은 경비 옥졸은 낮에 물건을 구해 두었다가 밤에 들어가서는 옥사 밖 통로에서 대나무 끝에 물품을 달아 옥사 안으로 들여보낸다. 낮에는 감시하는 간수가 있기에 그렇게 할 수가 없기 때문이다(그렇게 들여보내기 위해 구입한 모든 물품은 마땅히 둘 수 있는 곳이 없기에 처형장切り場에 감춰 둔다).

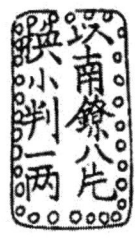

▶ 은화 난료의 앞면과 뒷면
(『유희근세풍속기類聚近世風俗誌 7편』중, 일본국회도서관)

1. 그렇게 하면 어떤 물품이라도 구매해서 건네줄 수 있다. 단, 이런 때는 어떤 물품의 경우에도 밀반입을 돕는 대가로 1푼分을 경비 옥졸에게 준다고 한다. 이를 한 아름一抱이라고 한다. 가령 100문文[1]짜리 물건을 사든 500문짜리 물건을 사든 한 아름을 준다.

옥사 안에서 난료南鐐[2](옛 은화로서 2주은朱銀)는 극히 적은 것이기에 모두

---

1 에도 시대 화폐 단위로 1량両= 4 푼分=16주朱=4,000문文.
2 에도 시대 화폐의 일종. 1량의 8분의 1.

▶ 치마분齒磨粉(좌)『모리사다만코 6』, 고급 과자 장수(우)『에도직인가합 서』

1부반分判³으로 통용한다. 그렇게 주고 받으면 일이 잘 처리되었다고 말한다(옥사 안에서 소환될 때는 감시를 맡는 걸식 인부에게 그 일을 부탁한다. 그래서 과자, 치마분齒みがき⁴, 죠목鳥目⁵ 등을 구매시켜서 이를 받아가지고 들여오기도 한다. 구매한 물품을 소맷자락이나 옷 속에 넣어서 가지고 오는 것이다.).

1. 술 등을 넣어 줄 때는 술을 작은 술병에 담아서는 옥사 밖의 통로 바깥에서 작은 소리로 부른다. 그러면 옥사 안에서는 종이를 가늘고 길게 찢어 끈 것의 끝에 수건을 붙여서(수건을 둥글게 뭉쳐서 붙여 옥사의 격자를 통해 던진다) 옥사 밖의 통로로 던진다. 그러면 통로에 있는 경비 옥졸이

---

3   1푼分은 1량兩의 4분의 1이다. 1푼은分銀에 대비되는 금화金貨의 푼분을 1푼 금分金 혹은 1부반分判이라 한다. 흔히 고쓰부小粒라고도 한다. 장방형으로 세로는 5푼分 5리厘 전후이고 가로는 3푼 5리 전후로서 무게는 1돈匁 2푼 전후다. 주조 연대에 따라 게이쵸慶長 1부반, 겐로쿠元祿 1부반이라 부르는 식으로 종류가 많다(저자주).

4   구운 소금이나 쌀겨 등으로 이를 닦다가 1643년 죠지야키자에몬丁字屋喜佐衛門이라는 상인이 조선인에게서 치마분齒みがき粉을 배워 와 사용하게 된다. 이후 치마분의 사용 여부로 에도 사람江戶っ子인지를 판별했다.

5   구멍 뚫린 돈.

이 수건에 술병(입구를 막아 놓아 술이 새지 않게 한다)을 묶어서 들여보낸다.

1. 옥사 안의 죄수가 어떤 물품을 받고 싶어 자기 집에 부탁할 때는 그 물품의 이름을 적은 작은 종이쪽지를 경비 옥졸에게 건네준다. 다만 죄수가 직접 건네주다가는 평당번 간수에게 들킬 수도 있다. 그래서 들키지 않도록 소환되어 나오는 죄수에게 이 종이를 맡겨서 가지고 있게 한다. 그리고 경비 옥졸이 소환되는 죄수를 포승으로 묶을 때 은밀히 손에서 손으로 이 종이를 건네주는 것이다.

위와 같은 것은 옥사 안에서 은밀하게 반입 금지 물품을 사들일 때의 방식이다. 그런데 옥사 안에서 자신의 집 등으로 금전을 보낼 때도 방식이 있다.

【출감자가 금전을 자기 집으로 보내기】

1. 출감하는 자가 관리 죄수장 등을 맡았던 자라면 거두어 모아 둔 금전을 옷의 등 부분에 꿰매 넣어 가지고 나간다. 또한 소환되었을 때 마치부교의 가옥사假牢에서 감시인橫目(결식 인부)에게 부탁해서 금전 등을 자기 집으로 보내는 경우도 있다.

그런데 앞서 본 바와 같은 내밀한 구입과는 별개로, 감옥 안에서는 매일 공식적으로 물품을 구입하기도 한다.

▶ 감옥에서 출발한 조리돌림 행렬의 감시 인부橫目(『고사유원 법률부 6』중). 이들은 은밀한 감옥 내의 물품 구입이나 금전 반출에도 이용된다.

【옥사 안에서의 일상적인 물품 구입】

1. 아침 4시경에 평당번 간수 1명, 경비 옥졸 1명이 옥사로 와서는 옥사 밖의 통로에서 오늘의 물품 구입이 있다고 말한다. 그러면 동쪽과 서쪽의 모든 특별 옥사, 여자 옥사, 대옥사, 두 칸 옥사에서 구매하고자 하는 물품을 널판에 글로 적어 낸다. 먼저 실과 바늘, 백목면, 감주[6], 짚신 종류를 널판에 적어 낸다. 그 구매할 물품의 대금에 해당하는 금전은 수감자들에게 차입품이 있을 때 모아 둔 것이다. 즉 집이 있는 죄수들에게 이 사람 저 사람의 집에서 금전 200문씩을 보낸 것으로 그 대금을 충당한다.

이 200문은 매일 모아 두는 금전으로 물건을 구입하는 데 쓴다. 그 금전은 너나 구분 없이 보태서 모든 죄수 일동의 물품 구매를 위한 금

6　흰 쌀의 질긴 죽에 쌀누룩을 섞어 발효한 아마자케甘酒.

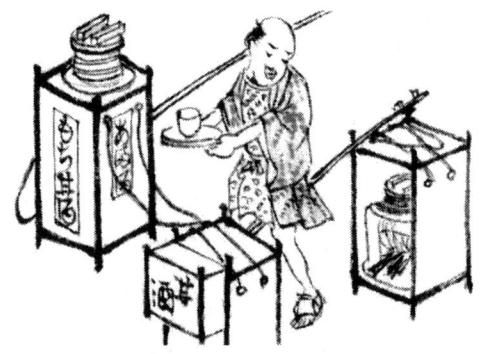
▶ 죄수들의 기호식품인 감주를
파는 감주 장수(『모리사다만코』 5권.)

전이 되는 것이다. 그래서 집이 없는 자나 병자나 그 외의 자들이라도 감주 등 원하는 것이 있으면 당장에 마련해 준다. 집이 없는 자는 차입 물품이 들어오지 않기에 구매에 사용할 금전이 없다고 하더라도 충분히 물품 구매가 가능한 것이다.

매일 이와 같이 한 번씩 옥사 안에서 정식으로 물품 구매를 하고 있다. 옥사 안의 모든 죄수는 다 같이 입을 모아 이것이 고마운 자비라고 말하고 있다.

1. 소환이 있었던 죄수는 소환으로부터 돌아오는 길에 모든 물품을 구매해서(결식 인부 감시인에게 부탁함) 자신의 옷에 감추어서 옥사로 가지고 들어온다. 이때 검사하는 경비 옥졸에게는 옥사 안에 남아 있는 관리 죄수장이 미리 부탁한다고 한다. 즉 오늘 누구누구가 소환되었는데 구매한 물품이 조금 있으니 감옥에 돌아와 검사받을 때 단단히 검사해 주시라고 부탁한다. 경비 옥졸은 주의해서 검사하겠다고 말한다. 그런데 처음에 입감할 때의 경우와는 달리 엉성하게 조사하는 것이다.

13.
태형과 탈옥

13.
태형과 탈옥

다타키敲[1]는 형刑의 이름으로 메이지明治 시대 이후에도 태형笞刑이라는 형명으로 남아 있었다. 그 방법은 죄인을 벌거벗기고(훈도시만은 걸치도록 허용한다) 손과 발을 누르고는 그 엉덩이를 때리는 것이다. 에도 고덴마쵸 감옥에서는 감옥 문 앞에서 행해졌다. 그런데 어떤 번藩의 경우에는 마치町의 번화한 네거리 등에서 사람들의 시선을 꺼리지 않고 시행한 경우도 있다. 그러나 여자 죄수의 경우에는 문신入墨형에 처하는 죄인일지라도 태형에는 처하지 않았다. 그 대신 감옥에 입감시켰다. 다음은 그러한 일에 관하여 기록한 것이다.

---

1   가장 가벼운 형벌로서 대나무 채찍으로 등, 엉덩이, 넓적다리 등을 때린다. 무사에게는 집행하지 않았다. 고덴마쵸에서는 감옥 문 앞에서 집행한다.

➤ 고덴마쵸 감옥 문 앞의 태형 집행(『형죄상설』 중)

【태형 수형자】

1. 여자의 경우는 문신형이더라도 태형을 부과하지는 않고, 50대 태형인 죄라면 문신을 한 뒤에 50일간 감옥에 수감시켜 둔다. 따라서 100대 태형인 죄는 100일간 수감하는 것이다.

이는 「오사다메가키御定書」의 규정에 따른 것이다. 그런데 어떤 번의 경우에는 여자 죄수에게도 남자 죄수와 마찬가지로 공개적으로 태형을 집행했던 곳이 있기는 했다. 또한 태형은 메이지 시대 이후에도 남아 있었다.

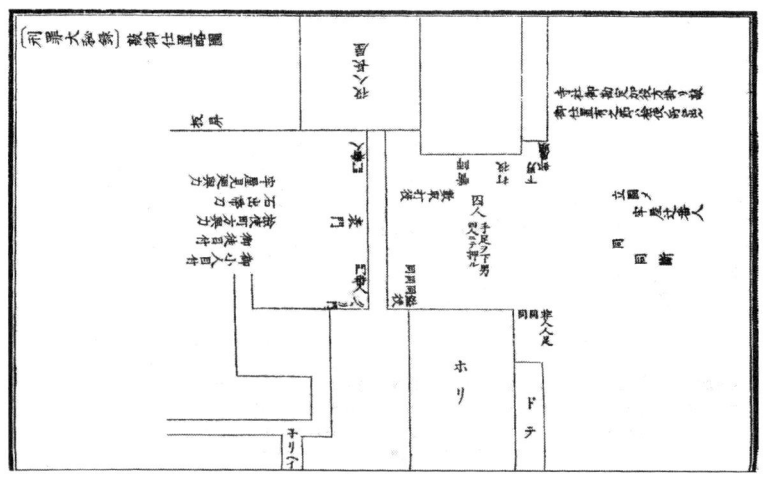

▶   고덴마쵸 태형 집행 약도(『고사유원 법률부 8』)

이제 탈옥破牢에 관해 언급하지 않으면 안 된다. 탈옥은 감옥 부수기牢破り와 감옥 빠져나오기牢ぬけ(또 다른 이름은 포승 빠져나오기繩ぬけ)로 구별된다. 감옥 부수기라는 것은 감옥의 기둥을 자르고 벽에 붙인 나무판자를 부수고 나오는 것이다. 그러나 경비가 엄중해서 그렇게 하다가는 도중에 들키고 만다. 그래서 고덴마쵸 감옥에서 그런 식으로 완전히 기둥과 판자를 부순 자는 일찍이 이제까지 한 사람도 없었다고 한다.

감옥 빠져나오기 즉 포승 빠져나오기는 소환되어 가거나 감옥으로 돌아오는 도중에 포승을 벗고 도망치는 것인데, 그런 경우는 자주 있었다. 그 예로 다음과 같은 사실을 들어보는데, 감옥 부수기든 감옥 빠져나오기든 붙잡히면 사죄死罪가 된다. 또한 탈옥한 자를 몰래 감춰

▶ 메이지 초기 요코하마항 매립 사업 등으로 '요코하마의 아버지'로 불린 실업가로서 바쿠후 말기 고덴마쵸에 수감된 적이 있었던 다카시마 가에몬(『돈쇼 다카시마 가에몬옹전존焞高島嘉右衛門翁伝』중, 일본국회도서관). 다카시마는 수감 중 병이 들어 아사쿠사 병감에 있을 때 4명의 죄수가 가위로 창을 만들어 탈옥을 시도하면서 경비 옥졸들을 죽이고 동료 죄수들도 찌르는 소동 속에서 구사일생으로 살아난다.

준 자와 탈옥을 도와준 옥졸도 모두 사형에 처해졌다. 아래의 사례에서 사죄가 된 자는 3명이고, 탈옥수를 은닉시켜 준 자는 여자였다.

```
탈옥수      사죄
            무숙자    다이지로大次郎
탈옥수 은닉  사죄
            담배 가게  담배 가게의 처
톱 제공자    사죄
            경비 옥졸  헤이하치平八
```

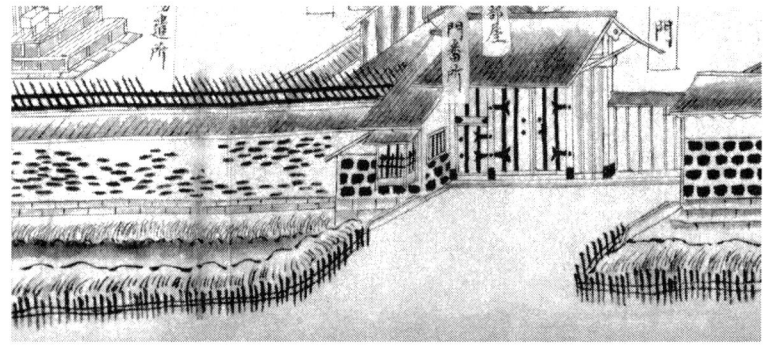

▶ 고덴마쵸의 탈옥 방지 담장과 해자(『신옥옥도』 중)

【오미야 출신 무숙자 다이지로의 처형】

1. 이 무렵 오미야大宮[2] 출신의 무숙자 다이지로라는 도적盜賊[3]이 입감했다. 그는 옥사 안에서 병이 있는 척 거짓으로 말해 놓고는 5~6일 동안 밥을 먹지 않았다. 그러면서 병감溜에 자신을 위탁해 주기를 바란다는 의견을 냈다.

돌이켜 보건대 이 다이지로에게 소환이 있을 적에 여자 옥사 앞에서 대기하고 있을 때 여자 옥사 안에 있던 시로가네다이쵸白銀臺町[4]의 담배 가게(이름은 모르겠다) 처에게 말을 걸었었다. 그 여자는 공중목욕탕에서 옷을 훔친 죄로 수감되었는데 다이지로가 그렇게 말을 건 것을

---

2 도쿄 인근 사이타마埼玉시 중북부.
3 타인의 금전·재물을 빼앗는 데 폭력·협박을 쓰는 강도의 의미도 포함.
4 도쿄 미나토港구의 지명.

▶ 유명한 도적 역을 연기한 가부키 배우를 그린 1856년의 우키요에浮世繪. <이나바코조지로키치稻葉小僧次郎吉>라는 제목에도 불구하고 실은 이나바코조와 쌍벽을 이루는 에도 시대의 대도적 네즈미코조지로키치鼠小僧次郎吉를 연기한 배우를 그린 것이라 한다. 이나바코조는 체포된 뒤 탈옥하지만 네즈미코조는 체포 수감된 뒤 재판을 받고 처형된다.

계기로 어떠냐고 하면서 서로 말을 주고받았다. 그 기회에 아무쪼록 다이지로가 병감에 들어갈 수 있는 방안을 궁리하게 했다고 한다.

그렇게 궁리해 낸 결과로 다이지로가 식사 등을 하지 않게 된 것이다. 관리 죄수장은 곧바로 다이지로의 상태를 보고했다. 그래서 시나가와品川의 병감에 위탁되었다. 병감에 와 있으면서 소환되었을 때 다이지로는 걸인 감시 인부에게 뇌물을 주어 다카나와高輪⁵의 찻집에서 쉬다가 변소에 간다고 하고는 변소에 들어와서 포승을 벗겨냈다(포승도 걸인 감시 인부에게 뇌물을 주어 느슨하게 묶여 있었다. 그래서 끈을 아래로 벗겨낼 수 있었다.). 그리고 변소의 청소 구멍으로 빠져나와 도망쳤다.

그리고는 시로가네다이쵸의 담배 가게 처(감옥 안에서 담배 가게 처의 출감을 어떻게 해서 알아낸 것으로 보인다. 알고 보면 이 여자도 겁이 없는 대담한 사람이었기에 앞서 여

---

5 도쿄 미나토구 시나가와 옆.

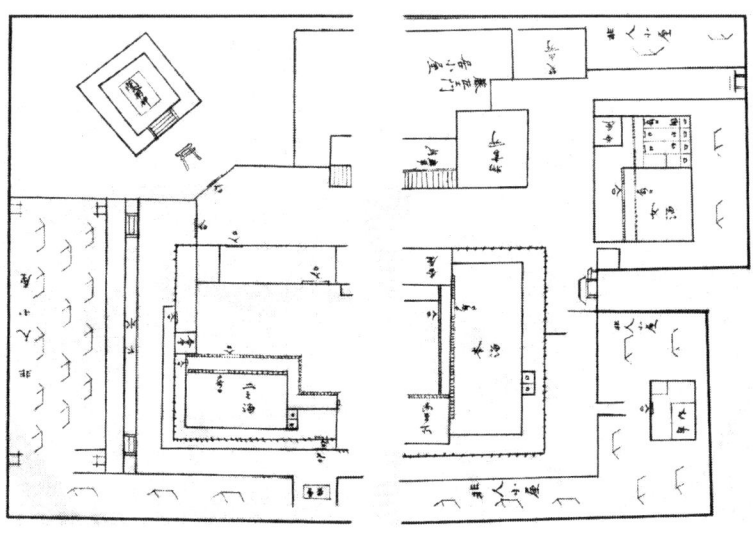

▶ 에도 시나가와 병감溜의 평면도(『도쿠린켄파로쿠』)

자 옥사 밖 통로에서 다이지로와 서로 이야기를 나눈 그런 일도 있었던 것이다.)를 찾아갔다. 그리고는 그 여자를 데리고 고슈甲州[6] 쪽으로 도망쳐 행방을 감추었다.

밤에는 걷고 낮에는 자면서(혹은 절이나 신사에서 묵은 모양이다) 고슈의 군나이료郡內領에 이르러 무슨 무라村에 들어갔다. 그곳은 이 여자와 연고가 있는 곳이다. 하룻밤을 넘기니 어느새 이곳까지 도망쳐 온 것이다. 이제부터는 낮에도 걷는다. 그러던 차에 짚신을 구하려고 짚신이 있는 곳을 물어보니 건너편 울타리 안에 있다고 한다.

---

6 야마나시山梨현 북동부. 에도~고후甲府 간 고슈가도甲州街道가 통과하는 길이다.

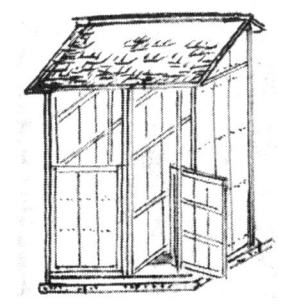

▶ 에도의 변소(우)(『모리사다만코』3권). 도적 이나바코조가 소환 도중 탈옥해 뛰어든 에도의 연못 시노바즈노이케(좌)(『에도명소도회江戸名所圖會 14』(일본국회도서관)). 도적 이나바코조도 본문의 일화와 유사하게 용변이 급하다고 말하고 가까운 찻집 변소에 들어가 포승을 벗고 연못에 뛰어들어 도주했다 한다.

▶ 에도 시대 고슈甲州 군나이료郡内領와 에도로 가는 길의 다카오산高尾山 방향이 분기되는 지점에 간세이寬政 7년(1795년) 설치된 이정표

다이지로는 짚신을 마련하기 위해 그 집에 갔다. 그런데 에도에서 탈옥수를 체포하러 나선 마치부교의 도신同心이 곧이어 이곳에 도착했다. 도신은 담배 가게 여자를 보고는 체포해서 다이지로가 있던 집으로 찾아갔다. 물어보니 다이지로는 맞은편의 집에 짚신을 마련하러 갔다고 한다. 그때 그늘진 곳에 서 있던 도신이 맞은편을 쳐다보니 다이지로가 짚신을 마련해서 돌아온다. 논길을 어슬렁어슬렁 걸어온다.

▶ 에도에서 서쪽 고슈가도甲州街道 등으로 통하는 곳으로 통행인이 많아 큰 관문이자 검문소 역할을 한 요쓰야四谷의 대형 통문인 오기도大木戸(『에도명소도회 2』중). 인근에 법령 게시판들을 세워둔 고사쓰바高札場도 보인다

아무 생각 없이 이 집으로 들어오는 것을 도신이 불러서 체포한다. 그래서 다시 감옥에 수감된다.

그리고 다이지로가 데리고 도망친 여자도 다시 수감된다. 다이지로는 감옥 안에 상당히 오래 수감되어 있었기에 관리 죄수장이 되어 있었다. 그래서 경비 옥졸에게 톱을 구해달라고 부탁했다. 다이지로는 그렇게 받은 톱을 이용해 옥사 안의 기둥을 한 토막 잘랐다. 하지만 한 토막 정도 잘라서는 그리 간단히 옥사를 빠져나갈 수가 없었다. 그래서 다음 날 밤에 또 기둥을 자르려고 계획하고 있었다.

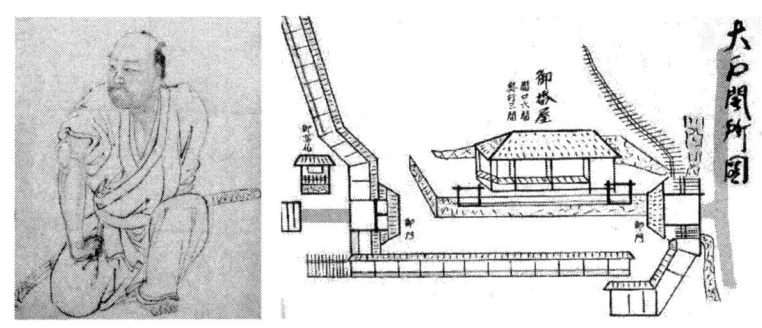

▶ 관문불법통과죄로 수배된 뒤 체포되어 고덴마쵸에 수감되고 자신이 불법 통과한 오도 관문大戸関所(우) 근처의 오도 형장에서 하리쓰케형에 처해진 협객 구니사다 쥬지国定忠治(좌)(다가키 쇼운田崎草雲 작)

그런데 다음 날 하급 감찰관御徒目付이 순시할 때 1번 죄수인 자가 옥사 안에 탈옥하려는 자가 있는 것 같다고 아뢴다. 이에 하급 감찰관은 비로소 사실을 알게 되고 놀라서 곧바로 다이지로를 불러냈다. 그의 손을 뒤로하여 수갑을 채우고 양발에 차꼬를 채우고는 서쪽 두 칸 옥사로 수감 옥사를 교체했다. 그 뒤에 다이지로는 사죄死罪에 처해졌다. 담배 가게 처도 탈옥수를 은닉시켜 주고 신고하지 않은 죄로 마찬가지로 사죄에 처해졌다.

또한 그때 다이지로가 기둥을 자르는 데 사용한 톱은 감옥 하인下男 헤이하치平八(다른 이름으로는 가라스카라す 헤이하치라고 한다)라는 자가 금전 15량兩을 받고 들여보낸 톱이었다. 그런데 톱으로 옥사 기둥을 자른 사실이 발각되어 다이지로가 옥사를 교체당할 때 헤이하치는 감옥에서 도망쳐 행방을 감추었다. 그러나 엄밀한 수색이 이루어져 곧바로 에

▶ 화형·하리쓰케형이 집행된 스즈가모리 형장(『도쿄기와비후후회/도보』). 에도 남쪽의 출입 통로인 시나가와의 대로변이라 보여주기를 통한 위하 효과를 극대화한다.

도 교바시京橋 주변에서 체포되어 수감된다. 그 뒤 헤이하치도 마찬가지로 사죄에 처해졌다.

탈옥에 관해 살펴보고 있는 터이기에 다음 사례도 들어보고자 한다. 고덴마쵸 감옥에서 탈옥에 성공한 자는 일찍이 없었다 한다. 그러나 탈옥을 계획했던 자는 여러 차례 있었다.

안세이安政[7] 시기 무렵 동쪽 두 칸 옥사에 관리 죄수장으로 레이자부

---

7   1854~1860년.

로禮三郎라는 자가 있었다. 요시와라吉原[8] 제방의 미카에리야見返り屋라는 음식점의 아들로 태어났기에 별명으로는 미카에리라고도 불렸다고 한다. 이름으로만 치자면 온순한 자인 듯도 들리겠지만 레이자부로는 방탕한 무뢰한이었다. 손쓸 도리가 없는 자였다. 결국 방화를 저질러서 수감되는 몸이 되었다.

▶ 부교를 대신한 요리키에 의해 감옥에서 효수형 선고되는 도적 네즈미코조지로키치(『에혼네즈미코조실기絵本鼠小僧実記』 중, 일본국회도서관)

그런 녀석이기에 감옥에서도 잠자코 있을 생각이 아니었다. 기회만 있으면 탈옥하려고 생각하고 있었다. 어느 날 밤 모두 잠들어 고요할 때 레이자부로는 두 칸 옥사로부터 옆으로 이어져 대옥사와의 경계를 이루는 판을 똑똑 두드린다. 그리고는 "오늘 밤에 조금 소리가 날

---

8 에도 센소지淺草寺 인근 니혼즈쓰미日本堤의 요시와라吉原 유곽 지역.

▶ 레이자부로가 탈옥에 사용한 것과 같은 종류의 빗톱(『칠십일번가합七十一番歌合』, 일본국회도서관)

지도 모르겠는데 좀 봐 주게."라고 작은 소리로 말한다.

그러자 대옥사의 죄수장이 "괜찮아. 알아들었네."라고 대답한다. 이 한마디로 두 죄수장 사이에 약속이 이루어진 것이다. 레이자부로는 미리 준비해 둔 톱(빗을 만들기 위해 나무를 켤 때 사용하는 가는 톱)을 꺼내 옥사 기둥을 톱으로 켜기 시작한다. 다른 죄수들도 이를 도와서 켰다. 가까스로 6촌寸[9] 두께의 각 기둥 두 토막을 잘라 떼어 냈다. 그런데 그때는 이미 날이 새고 있었다. 그래서 오늘 밤에도 이어서 그와 같이 손을 댈 생각이다. 잘라낸 기둥을 제대로 맞춰 아침 식사 때 밥알로 서로 붙여 놓고는 모르는 체하며 시치미를 떼고 있었다.

이윽고 아침에 감옥 관리가 순찰을 나왔다. 하지만 관리는 이 밥알로 잔꾀를 부려 놓은 것을 눈치채지 못하고 옆의 대옥사로 이동한다. 그때 대옥사의 관리 죄수장이 갑자기 '아룁니다'라면서 말을 한다.

"지난밤에 옆 옥사 안에서 톱 소리가 들렸습니다. 무슨 일인지 한 번 검사해 보시기를 청합니다."라고 말한다. 관리가 놀라 검사해 보니 과연 기둥이 두 토막 잘려져 있다. 그래서 일대 소동이 벌어진다. 곧바

---

9   약 18cm.

로 관리 죄수장 레이자부로를 비롯해 다른 관리 죄수들도 포박되어 서쪽 옥사로 옮겨진다. 그리고 레이자부로는 탈옥을 시도한 죄로 다음 날 사죄에 처해졌다.

레이자부로를 배신한 대옥사의 관리 죄수장은 염라대왕 요시치閻魔[10]의 與七라고 불리는 강도였다. 그렇기에 위와 같이 레이자부로가 탈옥을 시도하고 있는 사실을 신고하면 사죄에 처해질 수밖에 없는 자신의 죄가 은전을 받아 한 단계 낮은 형으로 감형될 것이라고 생각했을지도 모르겠다. 그런데 레이자부로와 옆 대옥사 관리 죄수장 사이에 암묵적 약속이 있었던 것이 알려지게 되면서 요시치는 은전은 고사하고 3일 뒤에 자신도 마찬가지로 사형에 처해졌다.

『오키나구사翁草』 제66권에도 탈옥에 관한 내용이 실려 있다.

겐분元文 3~4년(1738~1739년)경 교토 수옥사囚獄舍[11] 복원 공사 때의 일이다. 그 공사 기간 중에 교토 감옥 안의 죄수를 당분간 기독교인 옥사切支丹牢와 무의탁자 옥사請無し牢(무숙자 옥사), 특별 옥사 등에 각각 나누어 들여보낸다. 그런데 무의탁자 옥사에 들어간 죄수 중에 분시치文七라는 도둑이 있다. 그자가 옆의 죄수들에게 은밀히 말한다.

---

10 염라閻羅. 엔마閻魔로도 불린다.
11 교토에는 오가와도리小川通에 감옥이 있었는데 1708년의 대화재로 불타 롯카쿠도리六角通로 이전되므로, 1738~1739년의 수옥사는 이전된 이후의 옥사를 말하는 듯하다.

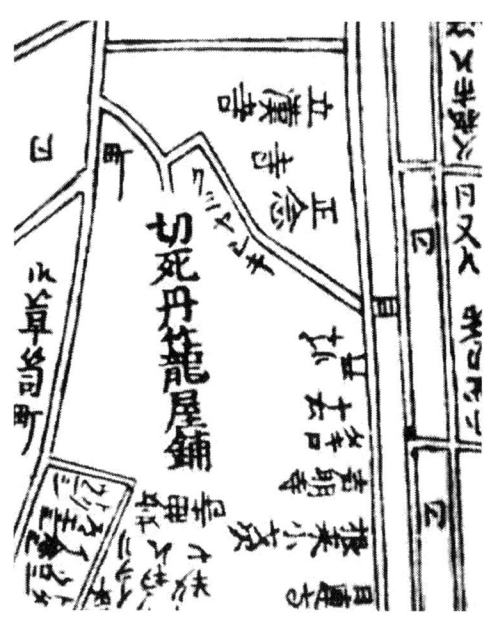

▶ 에도 고히나타小日向에 있던 기독교인 옥사切丹籠屋舗(「에도안내순견도감江戶家內順見図鑑」 중, 일본국회도서관)

"이 옥사는 모양을 보아하니 빠져나갈 수가 있다. 나는 내 기술을 이용하여 먼저 빠져나갈 테니 각자 죄의 경중을 스스로 판단해 보고 목숨이 걸려 있을 정도의 대죄를 지은 자는 나를 좇아야 할 것이다. 흘러가는 대로 맡겨서 일이 성사되면 다행인 것이고, 목숨을 보전할 수 없는 중죄인이라면 설령 일을 그르쳐 실패해 죄가 가중되더라도 어차피 참수형 이상일 수는 없을 것이다. 그러니 쓸데없이 앉아서 형을 기다리고만 있는 것은 의미가 없다. 그러나 사형에 처해질 정도가 아닌 작은 죄를 지은 자들은, 굳이 하지 않아도 될 것을 엉겁결에 잘

못 판단하여 일을 그르치면 본래의 죄보다 죄가 중해져서 참수될 것이 아니었던 자가 참수되게 된다. 그것은 아주 분별없는 짓이다. 그러한 무리는 뒤에 남아 있으면서 죄에 상당한 처분을 기다리면 될 것이다. 다만 이런 비밀스러운 일을 내가 밝혔는데 이런 나의 계획을 보고한다든지 혹은 소리를 내서 알린다면 당장 발로 차 죽일 것이다. 이를 명심하고 이 계획을 방해하지 마라."

나머지 녀석들이 이 말을 듣고 한 사람 한 사람 술렁거린다. 그들은 분시치에게 너는 어떠한 기술이 있기에 이런 계획을 추진하느냐고 묻는다. 그러자 분시치는 말한다.

"나는 본래 은광銀山의 갱부다. 그래서 흙을 파는 일에 능숙하다. 이 옥사로 옮겨 온 때부터 흙을 파서 탈옥할 계획이 떠올랐다. 그 이유는 이 옥사의 가운데에 흙마루가 조금 있기 때문이다. 이것이야말로 내가 계획을 꾸밀 수 있도록 하늘이 내려준 기회다. 전부 나한테 맡겨라."

분시치가 그렇게 말하자 모두 믿어 의심치 않는다.
그래서 각자가 자신의 죄과를 스스로 헤아려 본다. 그랬더니 한자부로半三郎, 쇼하치庄八와 그 외 두 사람 그리고 분시치의 합계 5명은 사형을 벗어나기 어려운 대죄다. 그래서 이들은 눈짓으로 서로의 뜻을 알리면서 정말로 나가기로 결심한다. 나머지 죄수들은 가벼운 죄이기에 옥사에 남기로 결정한다. 이제 분시치는 점점 더 강경한 어조가 된다. 그럼에도 들리지는 않도록 소곤소곤 속삭이면서 채비를 갖추어 비 오는 날 밤을 기다린다.

때마침 음력 5월 하순으로 장맛비가 내린다. 어떤 일이 벌어지는지도 알아채기 힘든 어두운 밤이다. 분시치는 스스로 나서서 앞서 말한 옥사 가운데의 흙마루를 판다(낡은 대못을 뽑아내서는 그것을 이용하여 판다고 한다). 옥중의 흙마루라면 옛적에 단단히 다진 토목 공사의 기초 부분인데 거기를 판다는 것이다. 그런데 장마로 인하여 과연 땅이 조금은 물기를 머금고 있다. 일이 수월해졌다. 점점 넓게 파들어 간다. 드디어 자기 몸을 비벼서 들어갈 수 있을 정도로 평평한 구멍을 다 파냈다.

그러나 감옥 안팎에서는 경비 옥졸들이 30분마다 박자목을 치면서 순찰한다. 한밤중이라지만 길지만도 않은 밤인데 이럭저럭하고 있는 사이에 박자목 소리도 시끄럽다. 좀처럼 빠져나갈 겨를도 없을 듯하다. 그런데 시간이 얼마 남지 않았다고 생각한 분시치가 맨 먼저 구멍으로 기어 들어가 밖으로 빠져나온다. 남은 자들도 한 사람씩 구멍에 머리를 처박아 넣는다.

머리만 통과해 나오면 그 뒤에는 자유다. 분시치 외의 한 사람씩 목덜미를 잡고 끌어낸다. 5명이 모두 나온다. 그들은 나오자마자 도랑의 담과의 경계에 있는 고문실拷問場의 기둥에 달려들어 붙는다. 그리고 크게 한 움큼(한 번 뛰어 오른다는 뜻인가) 뛰어서 담에 매달린 뒤 손쉽게

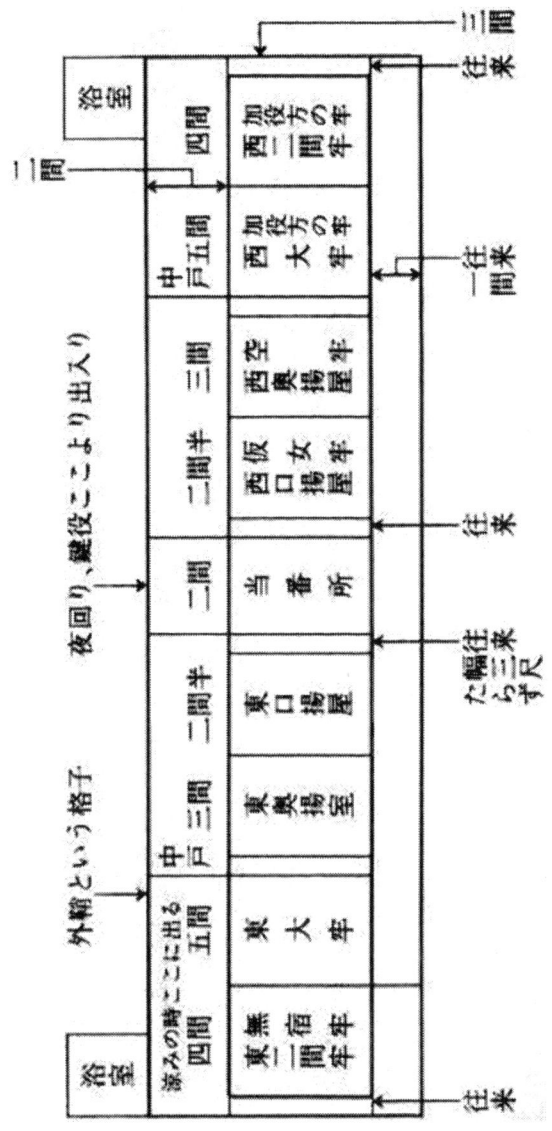

▶ 고덴마쵸에 수감된 요시다 쇼인이 그린 옥사 배치도(『요시다쇼인전집吉田松陰全集』 제2권, 「江戶獄記에도옥기」, 일본국회도서관)를 정리한 도면(『시대 풍속 고증 사전時代風俗考證事典』). 쇼인 수감 당시 서쪽 입구 특별 옥사는 임시 여자 옥사로 사용되고, 서쪽 대옥사·무숙자 옥사는 방화 도적 수사대장加役 관할 죄수 옥사로 사용되었음이 추정된다.

담을 넘어서는 뿔뿔이 도망친다. 마침내 그들은 행방을 감추고 사라진다.

그런데 무리 중의 쇼하치라는 자가 이 단계에 와서 참으로 여러 가지를 생각해 본다. 이렇게까지 해내기는 하였다. 하지만 필시 풀숲을 뒤져서라도 수색할 것이라고 생각된다. 그렇다면 결국은 하늘의 그물天の網에서는 도망치기가 어렵다.[12] 도망쳐서는 안 된다는 명에 대하여 이제 계속 깊이 생각해 본다. 생각해 보니 아무래도 조속히 이 사건에 관해 보고를 한다면 포상으로 자신의 목숨을 건질 수 없는 것도 아닐 것이다. '어차피 배신한 것인데'라면서 혼자 고개를 끄덕인다.

그래서 나머지 탈옥수들과 헤어지자마자 곧바로 마치부교 무카이向井 이가伊賀[13] 지방 장관이 있는 관청으로 달려간다. 그리고는 급히 보고할 일이 있다고 소리친다. 그때 시각이 밤 2시 조금 넘을 무렵이다. 문지기가 잠결에 이 소리를 듣고 창을 통해 밖을 살펴보니 그 모양이 감옥에 있어야 할 수감자로 보인다. 더군다나 머리도 풀어헤친 수상한 모습을 하고 있는 자가 문 앞에 웅크리고 앉아 있는 것이다. 그래서 찾아온 이유를 대략 물어본다. 듣고는 서둘러 당번 요리키에게 알린다.

---

12 죄지은 자가 잡히지 않고 계속 도망치기는 어렵다는 뜻.
13 미에三重현 일대.

요리키는 쇼하치를 우선 즉시 포박하고는 그 상황에 관해 물어 지금까지 있었던 사실에 대해 알아낸다. 그리고 그에 관해 이가 지방 장관에게 보고한다. 그때는 어두운 밤이어서 감옥 시설 담당 요리키 기무라 쇼에몬木村勝右衛門을 불러들여 각각 해야 할 임무를 맡긴다. 그 밤에 곧바로 감찰관目付은 감옥 간수 도신 모두에게 히덴인悲田院[14]에 있는 자 모두를 탈옥수 추적에 따라붙게 하면서 팔방으로 보내며, 가까운 지역부터 하나하나 살피면서 나아가 수색하게 한다.

▶ 분시치와 같은 갱부(『일본산해명물도회 5』 중, 일본국회도서관)

---

14 빈민이나 고아를 구제하기 위한 시설. 히닌의 거점의 하나로 기능했다.

▶ 분시치가 탈옥 후 사로잡힌 오사카·효고 일대인 셋쓰攝津·하리마播磨와 감옥이 있는 교토 일대인 단바丹波가 표시된 에도 시대 지도.(『왜한삼재도회』 중)

그런 수색 끝에 하리마播磨[15]인지 셋쓰攝津[16]에서 분시치와 다른 한 사람을 찾아낸다. 감찰관이 그들을 체포해서 돌아온다. 한자부로와 다른 한 사람은 여기저기 찾아봐도 결국 행방을 알지 못했다. 쇼하치는 보고한 공으로 목숨을 건졌다. 분시치와 다른 한 사람은 중죄였기에 한 등급 형이 가중되어 효수獄門에 처해진다.

감옥 시설 담당 요리키 기무라 쇼에몬은 옥사 안의 흙마루에 주의를 기울이지 못한 데다가 죄수가 다른 옥사로 교체되었음에도 부주의했

15　효고兵庫현 서남부.

16　오사카부府 북서부 및 효고현 남동부.

던 과실로 단기간의 가벼운 근신遠慮[17] 처분을 받는다. 또한 위 탈옥이 있은 후에 고문실이 담과 경계하고 있던 구조도 바뀌어진다.

* 여기에 기록된 것은 쇼하치가 자백白狀한 내용을 바탕으로 한 것이다.

---

17   엔료. 무사나 승려에 부과한 자택 칩거 근신형.

14.
병사 혹은 변사

14.
병사 혹은 변사

옥사 안에서 죄수가 병사病死 혹은 변사變死한 경우에는 어떻게 처리하였을까. 죄가 아직 확정되지 않은 경우 혹은 중죄인인데 다른 동종 범죄의 의심이 있는 경우 등에는 죄수가 죽게 되면 범죄 단서가 없어지는 것이다. 그래서 부교도 이러한 종류의 죄수들에게는 주의를 기울여 다루게 하였다. 그런데 실제 병으로 죽은 것이라면 어쩔 수가 없겠지만, 그중에는 수감된 죄수와 부정하게 관련되어 있는 자가 그 죄수와 연루된 것이 두려워 감쪽같이 손을 써서 눈에 띄지 않게 죄수를 독살毒殺하는 경우도 있었다고 한다. 그런 말이 야사稗史[1] 등에 보인다.

---

1 세간의 이야기를 소설체로 쓴 역사.

▶ 1779년 자신이 청부받은 다이묘 저택의 수리 계획서를 훔친 자들이라 오인해 목수 우두머리들을 살상한 죄로 고덴마쵸에 투옥되고 파상풍으로 옥사한 난학자蘭学者 히라가 겐나이(『히라가 겐나이平賀源内』, 일본국회도서관).

▶ 에도 시대 말 바쿠후에 의한 안세이 대옥安政の大獄 당시 아들과 함께 고덴마쵸 감옥에 수감되어 1859년 심한 고문으로 곡기를 끊은 지 16일 만에 옥중에서 병사한 양이파攘夷派 지사 구사카베 이소지日下部伊三治의 이야기를 담은 메이지 시대 전기 속의 삽화(『유신백걸維新百傑』 중, 일본국회도서관).

또한 독살뿐만이 아니라 때로는 옥사 안으로 단도를 들여보내 죄수가 스스로 목숨을 끊도록 암시하는 자도 있었다는 이야기가 있다. 그러한 옥사 안에서의 독살에 관해서는 별도로 서술할 것이고, 여기서는 병사에 관해 기술하고자 한다.

【옥사자】

1. 병자였던 죄수가 옥사牢死하게 되면 옥사 안의 오치마에 시신을 옮겨 두고, 관리 죄수장이 옥중에 사망자가 있다는 내용을 보고한다. 그

▶ 고뎬마쵸 처형장 입구死罪場口大引戶와 사체를 내보내는 뒷문裏門(「신옥옥도」중)

리고 옥사 안의 다른 죄수들이 거적을 이용해 옥사자를 출입구까지 옮겨 밖으로 내놓는다. 경비 옥졸이 시신을 인수해 처형장(참수하는 장소를 말한다)으로 운반해 가서는 그곳에 둔다. 검시관檢視이 와서 사체를 검시하고는 걸식 인부에게 넘겨준다. 걸식 인부는 이 사체를 안카アンカ(폭 2척尺 5-6촌寸, 세로 5척 남짓, 높이 1척 7-8촌 정도의 것인데 대나무로 짠 것에 튼튼한 류큐산 골풀 돗자리로 싸서 덧문짝 정도 크기인 쓰리다이釣臺[2] 모양의 판에 올려 류큐포를 위에서부터 덮어씌운다)에 실어 센쥬千住[3]에 가서 버린다. 그렇게 버리러 갈 때는 뒷문을 통해 운

▶ 사체 운반용 들것과 닮은 쓰리다이(부분)(『무사시아부미』2권)

---

2   받침대인 나무판자에 건 끈을 멜대에 걸고 멜대 양 끝을 둘이 메는 운반 도구.
3   도쿄도 아라카와荒川구 미나미센쥬南千住의 고즈카하라小塚原 형장 들판에 버린다.

반해 나간다.

1. 옥사한 자가 가벼운 죄였더라도 마치부교町奉行나 간죠부교勘定奉行의 담당 관할에 속한 죄수인 경우에는 옥사자의 집으로 사체를 인도하지 않고 걸식 인부에게 넘겨 버리도록 한다(다만 걸식 인부의 손에 금전을 쥐여 주면 인부가 마음대로 처분할 수 있기는 하다. 그렇더라도 센쥬에 가서 이에 관해 상의해야 한다.) 본역本役[4]의 담당에 속했던 죄수가 사망한 경우에는 옥사자의 집에서 사체를 받으러 나오면 거의 인도해 준다.

1. 옥사 안에서 관리 죄수가 옥사하는 경우에는 사체를 오치마로 옮겨 두지 않고 죽을 당시의 다다미 위에 그대로 둔다고 한다.

1. 옥사 안의 병이란 것은 모두 감옥 돌림병牢疫病이다. 이는 여러 해 동안이나 사람들을 비좁게 가둬 둠으로 인해 자연히 사람 몸의 악취가 옥사 안에 가득 차고 그 악취를 죄수가 코로 들이마셔서 모두 돌림병에 걸리는 것이라 한다.

감옥 돌림병이라는 것은 오늘날의 말로 하자면 전염병이다. 옥사 안에서 병이 유행할 것 같거나 죄수가 죽을 것 같더라도 시설을 소독하거나 청결하게 하는 일은 없다. 옥사는 시종 사방을 꽉 닫아 두어 안에서 햇빛을 볼 수도 없고, 공기도 제대로 통하지 않는다. 따라서 음침하고 참혹하기 짝이 없는 게 감옥인 까닭에 이곳에 들여보내지면 결국에 약한 자는 곧바로 병에 걸려 버린다. 게다가 음식이 조악하게 나오

---

4   에도와 주변의 치안을 담당한 방화 도적 수사대장.

▶ 고덴마쵸에서 옥사한 천문관 다카하시 가게야스高橋景保의 시오즈케 사체를 담은 항아리(좌)와 이를 관리한 아사쿠사 병감의 보관소(우※「반부시盜嘉子」, 일본 국립공문서관)

기 때문에 한번 병에 걸리면 낫지 않는다.

　강건한 자라도 옥사 안에서는 점점 쇠약해져서 병이 난다. 끙끙 신음해도 누구 한 사람 간호해 주는 자도 없고 돌보아 주는 자도 없다. 그런데 감옥 담당 의사가 있기는 하다. 또한 병자는 병감溜에 위탁될 수 있기는 하다. 그러나 거기에 가기 전에 갑자기 죽는 자가 많다. 또한 병감에 맡겨져 보았자 크게 다를 것도 없다. 따라서 병에 걸리면 죽는 것을 각오하지 않으면 안 된다. 도쿠가와德川 시대에 옥사자가 많았던 것은 당연한 것으로, 살아 있는 것이 이상할 정도다.

　중죄인인 경우에는 옥사하면 사체를 소금에 절여鹽漬 사람들이 볼 수 있도록 공개하거나 혹은 참수하여 효수하기도 했다. 2대 쇼군[5] 시

5　도쿠가와 히데타다德川秀忠.

▶ 옥사한 뒤 시오즈케되고 효수된 오다이고와 같은 여자 유히쓰祐筆(『일본풍속도회日本風俗図会』 3집』 일본국회도서관)

▶ 오사카 마치부교쇼 요리키로 덴포天保 대기근에 대책을 건의했으나 묵살되고 아사자가 속출하자 무장봉기한 오시오 헤이하치로(「오시오 헤이하치로정고상大塩平八郎正高像」 기쿠치 요사이菊池容斎 작). 봉기에 실패하고 자결한 그의 사체는 시오즈케塩漬된 뒤 하리쓰케형에 처해진다. 오시오의 개혁적 사상을 자제시키려 했던 문인 라이 산요頼山陽의 아들 라이 미키사부로도 얼마 뒤 안세이 대옥으로 고덴마쵸에 수감된 뒤 감옥 내 형장에서 처형되는 유사한 운명을 맞는다.

대에 니시노마루西丸 소속의 여자 유히쓰祐筆[6]인 오다이고お太五라고 불리는 젊은 미인이 임신을 하였기에 감옥에 갇히는 몸이 되었다. 심하게 고문을 받았는데 상대 남자가 누구인지를 불지 않고 버티다가

---

6   유히쓰祐筆는 서기 혹은 비서관 역이다. '니시노마루'는 지금의 고쿄皇居 정문의 호리堀 위에 걸친 철제 다리인 니쥬바시二重橋의 가장자리로 쇼군의 후계자가 있던 곳이다. '니시노마루 소속'이란 그곳의 관리인데, 여자 유히쓰라는 것이기에 후계자 부인의 하녀로서 부인을 담당하는 궁녀女官로 중위직 정도의 관리에 소속되어 있었을 것이다.(저자주)

옥사했다. 그래서 그 목을 소금에 절여 효수했다는 이야기가 있다.

【상위 신분 옥사에서의 변사】

1. 주거침입강도押込죄를 지은 어떤 자가 상위 신분 옥사에 수감되어 있었다. 따라서 사죄死罪도 될 수 있는 자였다. 그리고 그자의 같은 패거리도 엄하게 조사를 받고 있는 상태였다. 따라서 이 죄수가 자백을 하게 되면 그자 외의 하타모토旗本급 5~6명도 신분을 박탈당하게 될 것이라고 알려져 있었다. 이러한 상황이라 대옥사에 수감되어 있는 죄수 두 사람을 그자의 감시자로 붙여 두고는 위와 같은 사정에 관해 자세히 숙지시켰다.

▶ 사체가 버려지던 에도 시대 말(혹은 메이지 초기)의 에도 센쥬 고즈카하라

그래서 바깥에 있는 하타모토들이 잘못되지 않도록 하기 위해 옥중에 있는 죄수 한 사람이 자살하려고 하는 상황을 그 두 사람의 감시자도 불쌍하게 생각했다. 그 죄수가 밤중에 잠이 들은 척하고 있었다. 그런데 실은 자신의 허리띠를 옥사 안의 격자에 묶어 목을 매 죽은 것이다. 그 일로 인해 감시자 두 사람은 2년이나 수감되어야 했다(그나마 이 정도로 끝난 것은 금전으로라도 손을 쓴 결과인가).

또한 그날 밤의 평당번 간수 2명은 급여 삭탈 면직御切米召放(오키리마이御切米는 봉급이고 메시하나쓰召放는 삭탈이므로 징계 면관免官인 것이다)되고 50일 동안 수감되어야 했다. 또한 초저녁 근무宵番였던 평당번 간수도 50일간의 근신 처분遠慮을 명받았다.

옥사 안에서 발생한 변사는 당번 간수의 실책이라고 간주된다. 그래서 중하게 문책을 당하는 것이 예로부터의 상례다. 그 경우 변사자의 죄가 무거우면 무거울수록 당번 간수의 죄도 무거워져서, 그로 인해 사형에 처해진 자도 있다. 변사에는 여러 형태가 있는데, 이제 그 죽은 방식이 기괴한 한 죄수의 사례를 보고자 한다. 이는 오늘날 법의학의 관점에서 보더라도 참고할 만한 사례다.

오후 10시경에 감옥 간수인 아시가루足輕[7]가 보고한 내용은 죄인이 자해한 것 같이 보인다는 것이다. 밤부터 옥사 안에 서서 움직이지 않

---

7   감옥 간수 도신은 하층 무사 아시가루 신분이다.

고 있어 분명히 자살한 것일 거라고 보고한다. 그래서 야부타藪田(같은 옥사의 죄수일 것이다)와 함께 가보니 분간이 어렵다. 보고한 것처럼 죄수가 서서 움직이지 않는다. 초롱불로 비춰 보니 옥사의 격자 사이에 끼어 있어 그냥 보아서는 알 수가 없다. 자살인지 분간하지 못했다. 그래서 옥사 안에 들어가 보니 자살한 것이다.

그 죄수는 자신의 벌거벗은 몸통에 끈을 묶고 그 끈을 옥사 위의 격자에 감고는 거기에 턱을 걸어 혀를 깨물고 죽은 것이다. 손을 묶었던 여섯 가닥의 포승은 모두 갈기갈기 끊어져 있었다. 발의 차꼬는 마름모꼴이 되어 있었다. 왼쪽 입가에서 가느다란 붉은 핏줄기가 실같이 흐르고 있다. 혀뿌리는 깨물어서 끊어져 있고 왼쪽으로 혀가 늘어져 있다. 말로 표현할 수 없을 정도로 무시무시한 광경이다(『이로약전二老略

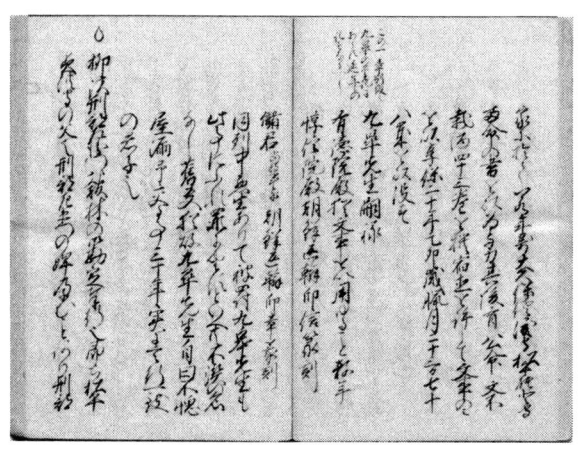

▶ 고덴마쵸 죄수의 비극적인 옥중 자살 일화가 생생하게 기록된 「규코선생사록九皐先生嗣錄」(『이로약진二老略濠』 중, 일본국립공문서관)

傳』,[8] 규코선생 사록九皐先生嗣錄).

그리고 보건대 옥사 안에서 어떤 특별한 일이 발생한 경우에 독약이 사용되어졌으리라는 설이 있음에 관해서는 앞서 기술한 바와 같은데, 이 책(『뇌옥비록』)에서는 그에 대해 부인하고 있다.

【옥사 안의 독약에 관한 이야기】

1. 옥사 안에서 죄수가 독약을 먹게끔 만들어 죽이는 경우가 있다. 이는 그자에게 목숨이 붙어 있으면 큰 문제가 발생하기 때문에 죽이는 편이 낫다는 판단하에 벌이는 일이라고 전해진다. 세간에서는 하나같이 그렇게 이야기하고 있다. 그러나 이는 입증도 되지 않는 헛소리에 불과하다. 옥중에서는 그런 일이 결코 없다. 이러한 독살이 있다고 말하는 사람은 확실한 내용도 모르고 그렇게 말하는 것이다. 그런데 일단 그렇게 말하기 시작하면 당시의 세상 사람들 사이에서는 이 헛소리를 모르는 사람이 없을 정도가 된다. 정말로 독약이 있다고 생각하는 것이야말로 어리석은 일이다. 실은 옥사하는 자가 많은 이유는 다음과 같은 것이다.

---

8 야마토 노부토시大和延年가 에도 시대 중기에 양명학자 기타지마 세쓰잔北島雪山과 유학자 호소이 고타쿠細井広沢의 이야기를 담은 책.

▶ 화가 가와나베 교사이河鍋暁斎가 수감 중에 피부병에 걸렸던 메이지 초기 1870년 도쿄부府 유치장의 풍자화(교사이화담暁斎画談, 일본국회도서관). 즉 감옥은 아니고 에도 시대 유치장 격인 오반야大番屋를 인계한 유치장 시설이었다.

즉 죄수들이 여러 해 동안 비좁게 갇혀 있는 옥사 안은 바람도 통하지 않는 곳이다. 어떤 경우에는 옥중에서 열병에 걸려 죽더라도 그대로 버려두기 때문에 자연히 사람의 악취가 옥사 안의 나무판에도 기둥에도 스며들어 역겨운 냄새가 난다. 옥중에 있는 모든 죄수들은 이 악취를 맡게 된다. 새로 입감하는 자는 이 악취로 인해 돌림병이 도지게 된다. 이를 감옥 돌림병牢疫病이라고 한다. 이 돌림병에 걸린 자가 옥사하게 되면 감옥에서 독살되었다고 말하는 것이다. 이것은 실제 이야기다. 의심할 바 없는 사실이다.

1. 옥사 안은 남쪽 방향이 격자이고 양 옆(서쪽과 동쪽)은 나무판자를 벽에 붙인 것이다. 뒤쪽 방향은 아래쪽의 격자 위에 나무판자를 박아 붙이고 위쪽에는 격자로 이루어져 있다. 그쪽에서 북풍이 들어온다.

겨울에는 이 위의 격자에 종이를 바르고 여름에는 그 격자의 종이를 떼어 낸다. 여름과 겨울을 참고 견디어 낸다고 하더라도 옥사 안을 지나가는 바람이 없기 때문에 죄수들에게서 나는 악취는 사라지지 않는다.

15.
특별 옥사와 상위 신분 옥사

15.
특별 옥사와 상위 신분 옥사

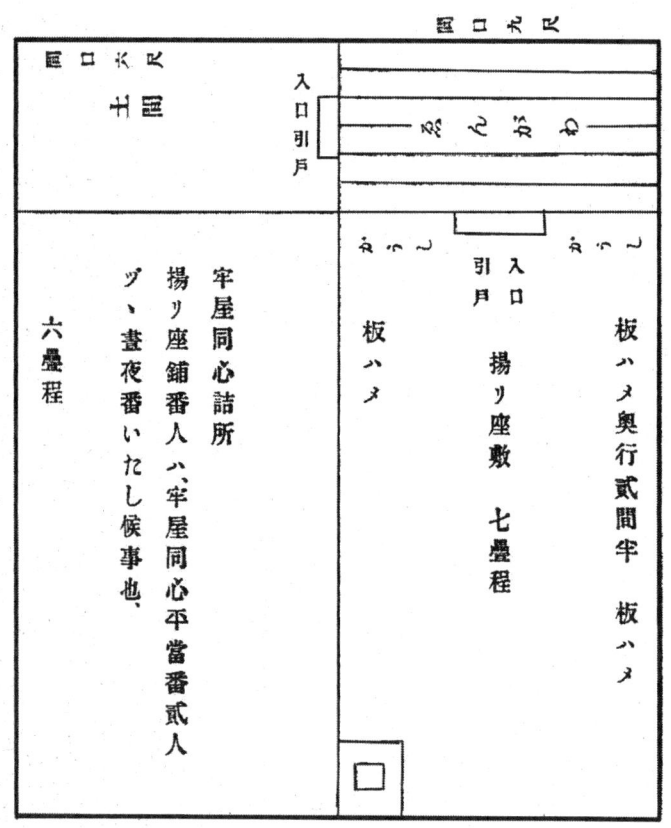

▶ 툇마루ゑんがわ가 딸리고 미닫이문引戸 구조인 다다미 7장七疊 크기의 상위 신분 옥사揚り座敷(우측)와 그 옆의 도신 대기소同心詰所(『고사유원』 법률부 12』)

이들 두 개의 옥사에 수용되는 자들은 신분에 의해 구별된다. 특별 옥사揚り屋는 오메미에御目見 이하의 신분, 상위 신분 옥사揚り座敷는 오메미에 이상의 죄수를 들여보내는 곳임은 서문에서 기술한 바와 같다. 옥사의 이름이 다르기는 하지만 양자 모두 입감 절차는 보통 옥사에서의 절차와 거의 같다.

【특별 옥사에 수용되는 자】

1. 특별 옥사에는 오메미에 이하의 고케닌御家人[1], 다이묘大名·하타모토旗本의 가신陪臣이나 승려坊主, 야마부시山伏[2] 등을 수용한다.

1. 특별 옥사에 수용될 죄수가 있을 때는 먼저 감옥 마당까지 가마乘物에 태워져 들어와 화재 감시 번소 앞에서 내린다. 그때 특별 옥사에 입감시키기 위해 죄수를 데리고 온 자로부터 감옥의 간수가 죄수에 관한 서류를 인계받는다. 번소 앞에서 간수가 죄수를 향해 어떤 윗분殿의 담당 관할이며 나이가 몇십 몇 살 인지를 묻는다. 그리고는 곧바로 인수 서류와 대조해 죄수를 데려다준 자에게 분명히 인계받았다는 뜻을 말하고는 돌려보낸다.

죄수는 즉시 옥사 밖 통로로 들여보내지고 열쇠 담당 간수의 지시에 따라 경비 옥졸이 포승을 풀어 준다. 겨울이라서 옷을 두세 벌 입었

---

1 가마쿠라鎌倉 시대에는 쇼군과 주종 관계를 맺은 무사를 지칭. 에도 시대에서는 봉토 1만 석石 이하의 직속 가신단 중 오메미에 이하를 고케닌御家人이라 불렀다.
2 산악 수행을 하는 슈겐도修驗道의 수행자 혹은 산야에 살면서 수행하는 승려.

을 때는 먼저 속옷 한 벌을 검사하고 다시 입힌다. 그리고는 다른 옷을 하나하나 검사한다. 여름이라면 속옷도 홑옷도 입지 않았기에 먼저 훈도시를 검사하고는 이를 다시 묶도록 하고 다음 옷을 검사한다. 머리카락도 풀고 앞뒤로 검사해 본다.

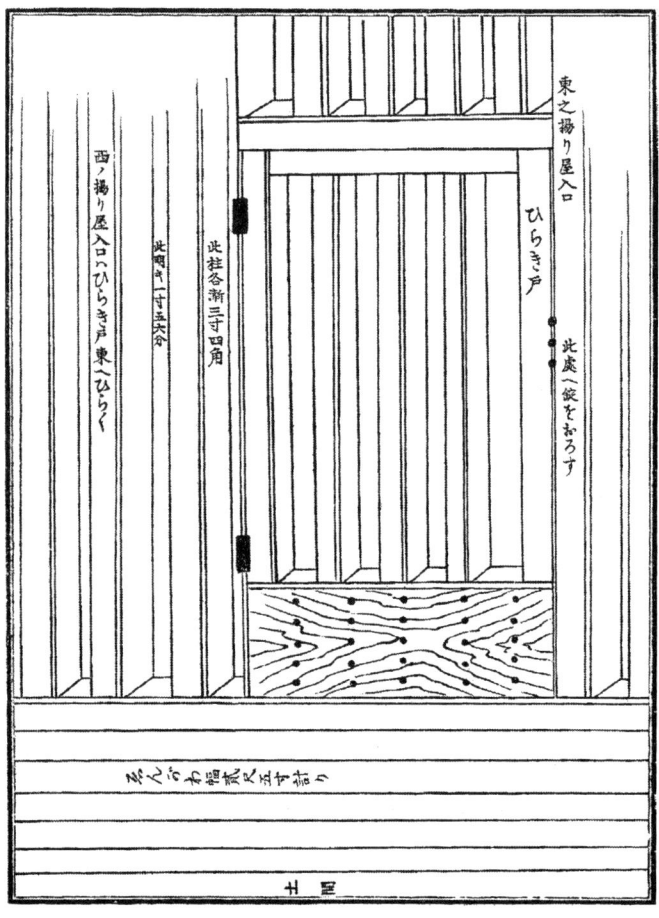

▶ 고덴마초 동쪽 특별 옥사 입구(『고사유원』 21책)

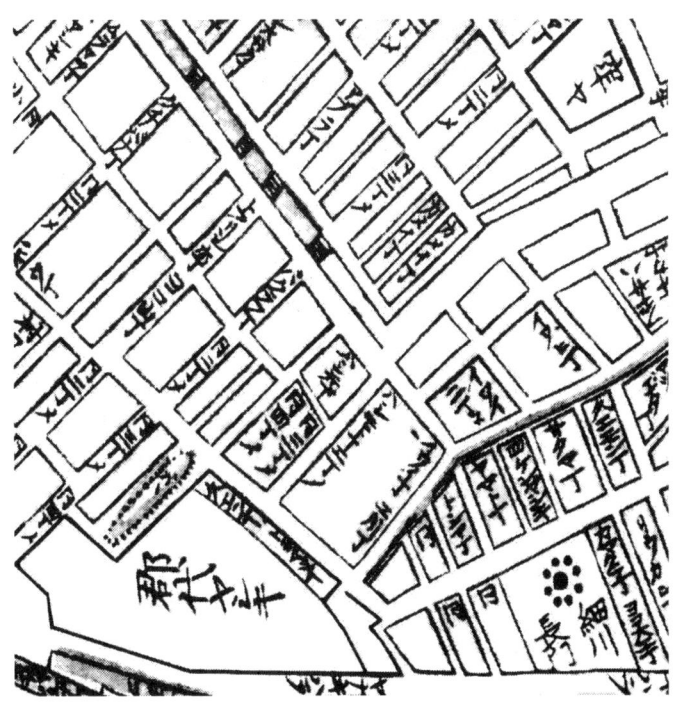

▶ 에도 고덴마초 감옥牢ヤ(위)에서 멀지 않은 곳에 있는 간조부교 지배하의 간토關東군다이 즉 간토 바쿠후 직할령의 민정 담당 지방관의 관청郡代ヤシキ(아래)(『안세이개정에도대평면도安政改正江戶大絵図』. 총, 일본국회도서관). 다이칸代官의 관할 지역 범죄자를 유치하는 감옥이 1722년에 에도 혼죠에 고덴마초와는 별도로 설치되는데, 이는 군다이 관할하에 있다.

조사를 마치고 간수가 특별 옥사를 향해 '특별 옥사'라고 소리쳐 부른다. 그러면 옥사 안에서 관리 죄수장이 '예이'라고 답한다. 그때 열쇠 담당 간수가 "입감이 있다. 어디의 어느 지방 장관님의 담당 관할이고 본래 어디의 가신 누구누구로 몇십 몇 살이다."라고 말한다. 그러면 옥사 안에서 '고맙습니다'라고 답한다. 그때 열쇠 담당 간수가 평당번 간수에게 특별 옥사의 입구를 열도록 지시한다. 그리고 입감이 마쳐지면 모두 통로에서 밖으로 나온다.

1. 식사는 아침과 저녁의 두 번이다. 단 슈토밥しゆとめし(물을 많이 넣어서 밥을 지어 뜨거울 때 소쿠리를 넣어 그 뜨거운 밥물을 퍼내고 다시 찐 밥)으로 못소에 담긴 밥이다. 국은 들통에 담아 들여보낸다. 그리고 특별 옥사 안에는 사람 수만큼의 반찬을 놓는 도마가 들어가 있는데, 여기에 쌀겨로 절인 무가 놓인다. 물은 더운물이든 찬물이든 마실 수 있도록 가능한 한 들여보내 준다.

1. 특별 옥사에 수감된 죄수의 사죄가 집행될 때……(이하는 대옥사, 두 칸 옥사의 경우와 큰 차이가 없기에 생략한다).

특별 옥사에 입감되는 예를 살펴보면 『오시오키재허장御仕置裁許帳』[3]에 다음과 같은 사례가 보인다. 그것은 주인을 살해한 자의 어미의 경우다. 엔포延寶 5년(1677년) 10월 17일에 한 여자가 특별 옥사에 들어온다.

이 여자는 고후甲府 지방 장관님의 가신扶持人 사에몬左衛門의 처로서 고부신부교小普請奉行[4] 스다 지타로須田次太郎에 소속된 시바

---

3 『처벌재허장』. 호에이寶永(1704~1711)년간에 에도 마치부교쇼 관리가 작성한 것으로 추정되는 판례집.

4 에도성과 도쿠가와가의 절인 간에이지寬永寺·조죠지增上寺의 건축·수선을 관장하는 직.

토 야스케柴藤彌助의 잡일을 하는 여자다. 이 여자의 아들이 시치베 七兵衛라는 자인데, 그자가 주인을 10월 13일에 칼로 베어 죽이고는 도망쳐 행방불명이 되었다. 그래서 그자의 어미인 연유로 그녀가 특별 옥사에 들어오게 된 것이다.

▶ 부교쇼에서 파견 나온 검사 요리키가 현대 법의학에서 하듯이 변사체의 자살, 살상 등 사인에 관해 조사하는 고덴마쵸 감옥 내 검사장檢使場(『신옥록도』 중)

또한 『오시오키재허장 제10권』에는 수감 중인 남편을 위탁받고 있었는데 그 남편이 목을 매어 자살한 것에 대한 문책으로 특별 옥사에 입감된 처의 사례도 있다.

쵸쿄貞享 3년(1686년) 5월 25일. 나이 많은 한 여인이 있다. 그녀는 아카사카赤坂 우라덴마쵸裏傳馬町 니쵸메 시로우에몬점四郞右衛門店 스다 타로베須田太郞兵衛의 처다. 남편 타로베는 죄인으로서 조사받는 것이 있어 그해 2월 19일 감옥으로 입감할 것을 명받았다. 그런데 감옥 안에서 몸이 좋지 않아 몸조리를 하기 위해 자택에 위탁하기로 하면서 그 처가 죄인의 신병에 관하여 맡도록 명받았다.

그래서 2월 21일에 처에게 위탁되면서 보내졌다. 그런데 그 타로베가 오늘 목을 매었다. 죽었다고 하는데 형사 재판이 다가오고 있었다. 그래서 검시관檢使을 보내 시신을 가져오게 하여 조사했다. 조사한 바 결국 스스로 목을 맨 것이 틀림이 없다. 목을 매도록 방치한 것은 부주의하여 알아채지 못한 탓이다. 그 가주家主가 폐문 근신閉門을 명받았는데 아들인 쇼타庄太는 아직 겨우 10살에 불과하다.

그래서 타로베의 사촌 동생이 타로베의 아들을 요쓰야四ツ谷 덴마쵸 잇쵸메에 있는 한베점半兵衛店의 쵸베長兵衛에게 보내 맡겨 두었다. 그리고 타로베의 처는 남편 타로베와 함께 양자 모두 처벌받게 되어 특별 옥사에 들어오게 된 것이다.

다음은 상위 신분 옥사에 관한 것이다.

【상위 신분 옥사에 수용될 때】

1. 상위 신분 옥사에 수용되는 자는 고급 가마乘物[5]에 탄 채로 감옥까지 들어온다. 감옥 안으로 들어와 내리면 그 자리에서 감옥 도신인 열쇠 담당 간수가 곧바로 어느 윗분殿의 담당이고 나이는 몇 세냐고 묻

---

5   가마駕籠 중에서도 미닫이문이 있고 장식된 고급스러운 것.

는다. 그때 죄수를 데리고 온 자(그 사이의 과정은 특별 옥사에 입감할 때의 절차와 마찬가지이므로 생략한다)가 해당 죄수를 상위 신분 옥사의 마루방에 올린다. 그러면 게난下男 오야붕親分(남자 하인 중의 우두머리)이 그곳에서 죄수의 의류를 검사한다(자세한 것은 앞서 살펴본 의류 검사와 마찬가지이므로 생략한다).

그리고 대옥사 안의 가벼운 죄를 지은 죄수 두 사람을 이 죄수의 보조인으로 붙여 상위 신분 옥사에 들여보낸다(경비 옥졸은 이렇게 보조인이 되는 죄수를, 수갑은 채워진 상태로 허리만 포승으로 묶어 상위 신분 옥사까지 끌고 온다. 그리고 상위 신분 옥사 앞에서 수갑을 벗겨 준다.). 이 보조인은 식사 등이 있을 때 시중을 든다. 대체로 상위 신분 옥사의 죄수를 돌보는 일은 보조인이 하게 된다. 보조인은 15일에 한 번, 혹은 20일에 한 번 정도씩 교체한다.

또한 밤이 되면 감옥 도신과 평당번 간수가 이불 한 장을 가지고 온다. 그러면서 내일은 차입 물품으로 이불이 들어올 수 있다고 하고는 우선 오늘 밤은 이 이불을 덮고 자라고 말하면서 이불을 빌려준다. 다음 날 거주지에서 이불과 종이 그리고 수건 등이 차입품으로 보내져 온다. 그런데 이불은 약방藥部屋 담당 하인이 검사한다. 여기저기를 뜯어 속을 검사하고는 상위 신분 옥사에 들여보내 준다. 소다니 하쿠안曾谷伯庵[6]이 입감할 때도 그와 같았다고 한다.

---

6   쇼군가 전담의侍医를 역임한 인물.

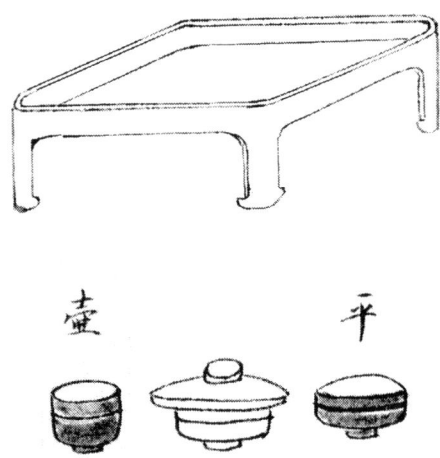

▶ 상위 신분 죄수의 상本膳과 제공되는 쓰보壺·히라완平椀(『모리사다만코 추집 1권』)

1. 상위 신분 옥사에 수감되는 자는 오메미에御目見 이상의 하타모토旗本 신분이다. 아침과 저녁의 밥을 상차림本膳 형식으로 받는데 이들에게는 쓰보와 히라즈케도 제공된다(쓰보는 단지이고 히라즈케는 히라완平椀[7]이다). 식사 시중은 대옥사의 보조인 죄수가 맡게 된다. 식사는 하루 두 번으로 아침은 5시, 저녁은 7시[8]다.

1. 상위 신분 옥사에 수감된 자가 옥사한 경우에는 유족 등이 주거지로 그 사체를 인수해 가기를 원하면 그렇게 하도록 할 수 있다. 그 경우 밤에 감옥 안의 뒷문으로 고급 가마를 들여와 상위 신분 옥사 앞에

---

7 낮은 공기 그릇에 담긴 요리.
8 에도 시대의 아침 5시는 지금의 오전 8시, 저녁 7시는 오후 5시.

까지 가져다 댄다. 사체는 보조인이 옥사의 출구까지 내놓는다. 그러면 경비 옥졸이 사체를 인수하러 온 고급 가마에 건네주어 실을 수 있게 한다.

▶ 고급 가마乘物(『모리사다만코』후집3-4). 상위 신분 옥사 죄수는 입감할 때도 이를 타고 들어올 수 있고, 옥사하면 그 사체도 유족이 고급 가마로 집까지 인수해 갈 수 있다.

부록
: 종신 구금 및 그 사례

부록
: 종신 구금 및 그 사례

종신 구금永牢이란 종신토록 옥사에 유폐하는 것으로 형명刑名의 하나가 되어 있다. 오늘날의 말로 하자면 종신 금고禁錮 혹은 종신 징역懲役이다. 그래서 평생 세상을 볼 수가 없는 것이다.

그러나 대사大赦[1]를 만나거나 또는 화재가 발생해 죄수들을 구금에서 방면시켜 주는 경우에 3일 이내에 돌아오면 죄를 한 등급 줄여주기에 결국은 출옥하는 것도 불가능한 것만은 아니다.

그럼에도 사실 그러한 경우는 거의 없기 때문에 종신 구금에 처해지면 일단은 감옥을 무덤이라고 생각하지 않으면 안 된다. 예부터 종신 구금 상태에서 죽은 자가 많이 있었다. 종신 구금의 사례 중에 유명

---

1   경축일 등에 일제히 형벌을 감면하는 은사恩赦. 일반 사면.

한 것은 다카노 죠에이高野長英다.

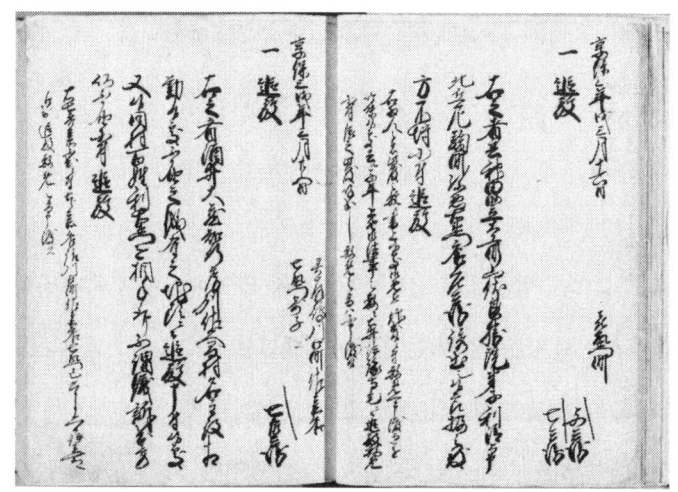

▶ 에도 간에이사寬永寺·조죠사增上寺에서 바쿠후 법사法事가 있을 때 수형자 친족 등이 절에 사면 청원을 내면 절에서 이름을 기록해 지사부교에 제출한 장부인 사장(『사장赦帳 제1책』중, 일본국회도서관)

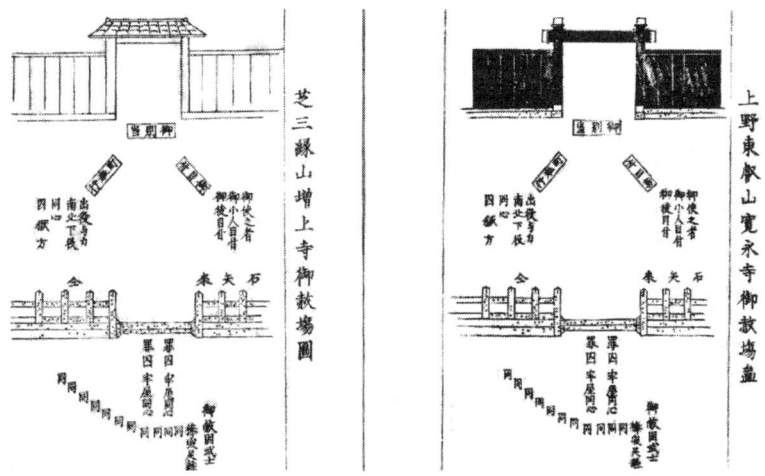

▶ 간에이사寬永寺·조죠사增上寺의 사면장(『감정도쿠가와율법』중)

부록: 종신 구금 및 그 사례 221

「무인도無人島 사건[2] 판결 선고」

오루스이御留守居[3]

마쓰다이라松平 타쿠미노카미內匠頭[4]의 요리키

아오야마 기헤青山儀兵衛의 지가리地借[5]

　　　마치 의사町醫 쵸에이長英

위 자는 몇 해 전부터 난학蘭學[6]을 좋아하여 널리 난서蘭書[7]의 도리와 뜻을 해석하는 일에 종사하였습니다. 그래서 외국의 종교와 정치에 관한 지식의 면에 있어서도 신뢰를 받았습니다. 그런데 영국인 모리슨이라는 자가 일본으로부터 표류한 자를 자기 나라의 배에 태워 에도 근해로 돌려보내고자 한다는 뜻을 풍문으로 들었습니다. 그 모리슨이 중국에서 유학하고 학문적인 재능이 있는 자인 바, 관리로서

2　난학자들이 오가사와라小笠原섬 개간에 관여해 외국과의 교통과 무역을 계획한다면서 탄압받은 사건.

3　에도성 쇼군가의 자녀나 정실 및 시녀들의 거소인 오오쿠大奧의 단속 등을 담당한 직명. 혹은 각 다이묘가 에도에 지닌 저택에 머물면서 바쿠후와 번藩 사이의 공무 연락이나 정보 수집, 다른 번 루스이야쿠留守居役와의 교섭 및 연락을 맡은 직명.

4　궁중 기물, 공장工匠, 장식 담당 부서인 우치노타쿠미노쓰카사內匠寮의 장관.

5　지주로부터 토지를 임차해 자신의 가옥을 지어 거주하는 신분 상태.

6　에도 시대에 네덜란드어를 매개로 전해진 서양 학문과 기술의 총칭. 에도 시대 쇄국鎖国 정책하에서 도일을 허가받은 유일한 서양 국가인 네덜란드는 17세기 초 나가사키長崎 데지마出島에 상관商館을 세워 엄격한 제한하에서도 왕성하게 서양 문물을 전했다. 난학은 의학, 천문학, 병학 등이 주였다.

7　난학 서적. 해부학 책인 1774년의 『해체신서解體新書』 등이 대표적.

도 중책을 맡고 있다는 것도 아울러 듣게 되었습니다.

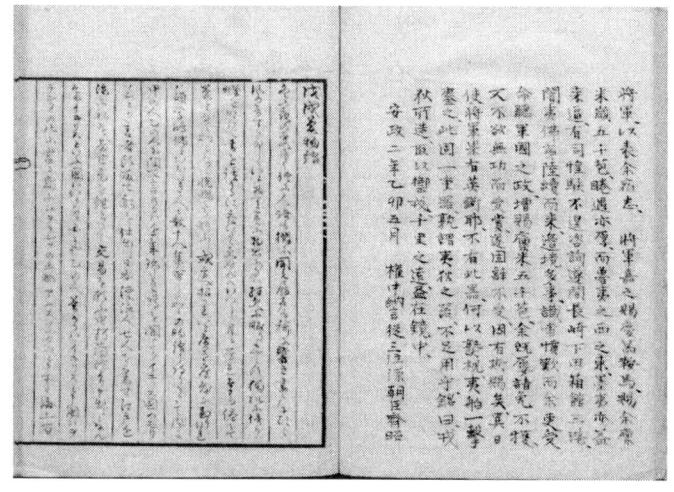

다카노 죠에이의 고덴마쵸 수감의 빌미가 된 『유메모노가타리』(『무술유메모노가타리戊戌夢物語』) 중. 일본국립공문서관)

그래서 그러한 사람이라면 믿을 수 있고 표류민을 보내오면 그가 중국어도 통할 수 있을 터이니 네덜란드인阿蘭陀人을 통역으로 세우지 않더라도 곧바로 일본의 사정을 호소하면서 교역하고자 한다는 뜻을 탄원할 수 있다고 주장합니다. 그런데 그것은 위와 같은 말의 취지를 제대로 조사하지도 않은 것입니다. 더욱이 공고된 바와 같이 '외국선 추방령打拂ひ'[8]이 있는 상태입니다. 따라서 그러한 명령의 취지에도 맞지 않는 행동입니다. 게다가 외국의 음흉한 속셈과도 관련된 것이

---

8 에도 바쿠후가 1825년 발한 외국선 추방령.

라서 일이 용이하지 않음을 알고도 세상을 미혹시킨 것입니다.

그래서 『유메모노가타리夢物語』[9]라는 표제의 책을 저술하게 된 것입니다. 담당 업무에 참으로 도움이 될 것이라는 마음에서 저술하게 되었다는 뜻을 주장하고 있기는 합니다. 그렇더라도 이미 세간에 유포되어 인심을 움직이는 것이 되었습니다. 그래서 도사土佐[10] 지방 장관 미야케三宅의 가신 와타나베 노보루渡邊登를 소환하게 되었다는 뜻도 들었습니다. 자신도 소환되는지 예측하기 어려워 환자의 집에 숨어 지내다가 관청에서 찾고 있다는 말을 듣고 아와安房[11] 지방 장관의 관청에 자수하였다고는 합니다. 그렇더라도 이에 관해서는 거리낌 없이 공적으로 다루어야만 할 것입니다. 그와 같은 사실은 위법한 것이기에 종신 구금 하라는 판결을 내립니다. 그와 같이 선고된 것인 바 그 뜻에 유념해야 할 것입니다.

12월 18일

덴포天保 10년(1839년) 12월 18일 낙착落着[12]

아와安房 지방 장관 오쿠사大草 담당 관할

다만 오쿠사가 병환 중에 있음으로 인해

---

9   1838년 다카노 죠에이가 '모리슨호モリソン号 사건'에 관해 저술한 책.
10   고치高知현 일대.
11   지바千葉현 남부.
12   근세 형사 소송 절차의 한 단계. 재판 등이 결착에 이름.

기이紀伊[13] 지방 장관 쓰쓰이筒井가 그 관청에서 선고申渡

▶ 와타나베 가잔(좌)(일본국회도서관), 다카노 죠에이(우)(쓰비키 친진椿椿山 작)

위에 선고한 판결문 속에 등장하고 있는 와타나베 노보루라는 자는 유명한 가잔崋山[14]이다. 가잔은 덴포 10년 5월 바쿠후幕府의 관리에게 체포되어 12월에 선고가 내려져 거주지에서 칩거蟄居하던 중에 같은 뜻을 지닌 인사들과 서신을 주고받았다. 그로 인해 바쿠후는 가잔의

---

13 와카야마和歌山현 일대.
14 와타나베 가잔渡邊崋山. 에도 시대 후기 무사이자 화가. 미카와노쿠니三河國 다하라번田原藩의 가로家老. 1839년 바쿠후의 쇄국 정책을 비판해 체포 투옥된다. 1841년 근신 중 서화회를 열어 대금을 생활비에 충당한 게 문제시되자 할복한다.

번주藩主를 견책하게 되었다.

그래서 가잔은 주군에게 누를 끼친 것이기에 살아 있을 의미가 없다고 하면서 자살을 하였다. 그때가 덴포 12년(1841년) 10월 11일로 향년 49세였다. 그렇게 죽은 후 메이지明治 24년(1891년)에 가잔은 그 공적을 인정받아 관위가 추증되었다.

 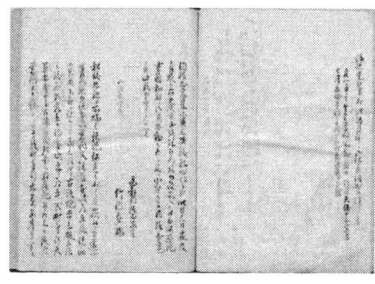

▶ 1837년 일본인 표류민을 태우고 통상을 타진한 미국 상선 모리슨호(좌)에 포격한 바쿠후의 정책을 비판한 동료 난학자 다카노 죠에이 등의 고덴마쵸 구금 소식에 연좌될 것이 두려워 자결한 고세키 산에이小關三英의 사망 관련 보고(우)『덴포잡기天保雜記』 중, 일본국립공문서관)

다음으로 다카노 죠에이高野長英는 수감 중 동료 죄수인 아무개와 서로 밀약을 맺어 그자가 출감한 뒤인 덴포 12년 4월 3일 밖에서 옥사로 방화를 하여[15] 옥사 안의 죄수들이 풀려나게 하였다. 죠에이는 그렇게 풀려날 때 도주하였다. 그리고 9년 동안 각지에 숨어 지냈다. 나중에 에도江戸로 돌아와서 잠복해 있었는데 발각되었다. 그렇게 발각되

---

15 죠에이 덕에 출옥한 죄수가 죠에이의 의중을 읽고 은혜를 갚고자 방화했다는 설도 있고, 죠에이가 의사를 통해 발화를 일으키는 화학 약품을 옥사로 들여왔다고도 한다.

어 가에이嘉永 3년(1850년) 10월 그믐날 포졸이 포박하려 할 때 죠에이는 포졸 3명을 살상하고는 칼로 자결하였다. 향년 47세였다. 죠에이도 역시 메이지 31년(1898년)에 관위가 추증되었다.

다카노 죠에이에 대한 종신 구금 등은 참으로 바쿠후의 압제라고 볼 수밖에 없다. 다만 다음과 같은 무례한 놈에 대해서는 당시 상황에서 종신 구금이 필요했다고 할 것이다.

▶ 화재를 틈타 탈옥하는 다카노 죠에이(『다카노죠에이유메이모노가타리高野長英諭夢物語』, 일본 국회도서관)

『오시오키재허장御仕置裁許帳 제1권』

옛 주인에게 무례한 고용인

겐로쿠元禄 11년(1698년) 11월 19일

낭인浪人 사이토 잇파치齋藤一八라는 자는 아사쿠사淺草 산겐쵸三間町 쥬자에몬점十左衛門店의 고용인이다. 이자의 옛 주인은 마쓰다이라 고로자에몬松平五郞左衛門이라는 분으로서 사이토는 9세 때부터 심부름 일을 하였다. 그리고 5년 전에 일을 그만두게 되었던 바 해고당하였음이 틀림없다. 그 후 이노우에井上 야마토大和[16] 지방 장관님에게서 일했다. 낭인이라고 거짓으로 꾸며서 받아들여진 것이었다.

그런데 주인에게 다시 돌아와 마고키치 쥬로孫吉十郞에 소속해 있었다. 고로자에몬은 야마토 지방 장관님에게 사이토가 꾸민 것에 대한 사죄를 하게 된 바, 곧 사이토가 고로자에몬에게 인수되는 것이 허락되었다. 그런데 마고키치 쥬로가 일을 그만두게 되었고, 고로자에몬은 사람이 많이 있고 그 밖에도 영주에 대한 공납 업무 책임과 봉록 급여 지급 일 등을 맡게 되었다.

그래서 다시 돌아올 수 없게 되자 원한을 가져 자주 고로자에몬에게 가서 무례한 말을 하고, 특히 11월 16일 밤에는 신사 등을 찾아가 악담을 퍼붓고 무례하게 욕을 하며 손으로 쳐 죽이겠다고 하였다. 그래서 고인의 기일인 17일에 근신하도록 잡아 두고, 간죠부교 휘하의 관리에게 보고하였다.

요네쿠라米倉 단고丹後 지방 장관님은 옛 주인 고로자에몬에게 무례한 자라고 하면서 종신 구금永牢舍의 판결을 내려 감옥에서 출감하

---

[16] 나라奈良현 일대.

지 못하도록 명하였다. 그렇게 선고하고는 고로자에몬의 하인 다카하시 도자에몬高橋藤左衛門을 불러 사이토를 감옥으로 데려가게 했다.

다음의 사례도 그와 마찬가지 부류의 난폭한 자를 종신 구금에 처한 것이다.

『엔세키십종燕石十種 2집 8부』[17]

「나니와浪華 다섯 협객[18]의 죄상五俠罪案」

종신 구금

돈비 간에몬とんび勘右衛門(24세)

1. 이자는 가리가네 분시치雁金文七와 같이 다니는 자로서 가끔 난폭하게 굴기도 하거니와 제대로 일도 하지 않았다. 3년 전에 오사카 나가호리長堀의 도이야바시問屋橋에서 고쿠인 센에몬極印千右衛門[19]과 같이 다니면서 호신용 단도로 어떤 상대방 한 사람의 손에 부상을

17　다루마야캇토시達磨屋活東子가 1857~1863년에 걸쳐 에도 시대의 풍속, 인정, 기이한 이야기奇事異聞에 관한 희서稀書·진서珍書를 엮은 총서.

18　나니와는 오사카. 협객은 호방하고 의협심 있는 자 혹은 노름꾼 두목.

19　센에몬, 가리가네 분시치雁金文七, 안노 헤이베庵平兵衛, 가미나리 쇼쿠로雷庄九郞, 호테노 이치에몬ほての市右衛門은 에도 시대 나니와 시중의 무뢰한. 나니와 잡기『셋쓰요키칸攝陽奇觀』에 의하면 1701년 6월 6일 밤 오사카 기타큐타로마치北久太郞町에서 타인 간 싸움이 벌어졌는데 안노 헤이베가 단도로 한 사람의 늑골을 찔러 5인이 체포되어 1702년 8월 도톤보리道頓堀 센니치千日 형장에서 참수되어 효수獄門된다.

▶ 나니와 다섯 난폭자(좌)(『엔세키십종燕石十種』 1.), 가리가네 분시치와 가미나리 쇼쿠로 (우)(『엔세키십종 18·19.)(일본국회도서관)

입혔다고 한다. 그 외에도 게이세이마치傾城町에서 가끔 난폭한 행동을 하였다. 그자가 가지고 다닌 긴 칼은 고물상 요헤이與兵衛에게서 빌린 것이다. 조사받는 곳에서는 소지하고 있을 수가 없기에 조사받을 때는 칼을 빼고 있더라도 돌아갈 때는 원래의 모습으로 갖추어서는 돌아갔다.

겐로쿠元禄 15년(1702년) 6월 20일 감옥에서 옥사하였고, 그날 밤에 사체를 버리라는 명이 있었다.

유형遠島에 상당하는 자인데, 영지 내에 섬이 없는 번藩의 경우에는 이를 종신 구금으로 변경하는 사례가 많이 있었다.

『유례비록類例祕錄 제9권』[20]

도이土井 오오이노카미大炊頭[21]

간세이寬政 9년(1797년)

혼죠本庄 가이甲斐 지방 장관으로부터

【영지 내 사원의 여자를 범한 사건】

조사 기록에 의하면 엔산지延算寺[22]의 야야베良邊는 유형에 상당하는 자이지만, 영지 내에 섬이 없기에 종신 구금하라는 명이 내려졌다. 또한 그와 밀회한 비구니는 30일 연금押込[23]의 명이 내려져 친척인 자에게 인도하고는 그 상태를 확인한다고 한다.

또한 종신 구금 중에 임신한 과부의 사례도 있다. 기이한 일이기에 소개한다.

『정담비서政談秘書 3권』

분카文化 12년(1815년) 6월 10일

---

20   다이칸代官 등으로부터의 질의에 대한 간죠쇼勘定所 등의 회답 등을 분류·정리한 책.

21   궁내성宮內省 소속 관사의 하나로 각 영지에서 조세로 납부한 정백미와 잡곡을 수납해 각 사司에 분급해 주는 사무 등을 관장한 오오이료大炊寮의 장관.

22   기후岐阜 고야산高野山의 신곤종眞言宗 사원.

23   자택 등 앞에 문을 세워 폐쇄하고 일정 기간 밤낮으로 출입·통신을 금하는 형벌.

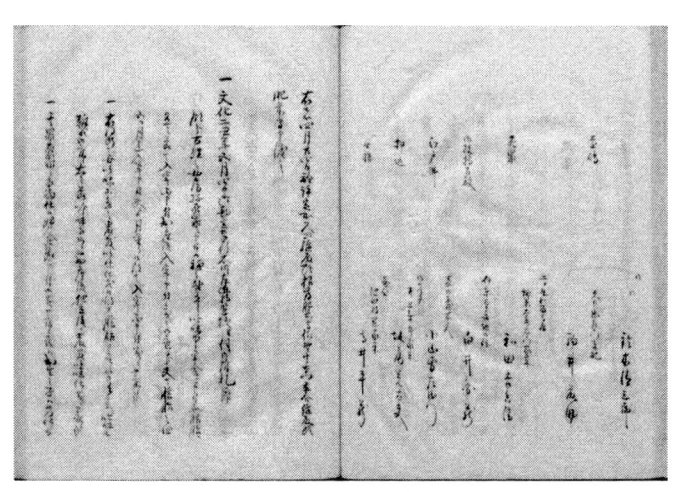

▶ 임산부 입감 관련 질의 상신 부찰懷胎之女入牢伺附札(『라쿠요슈洛麗集』 중, 일본국립공문서관)

긴미카타吟味方[24] 요리키 하라 젠에몬原善右衛門에게 다음과 같이 문의하면서 부전지下ケ札로 인사를 아뢴다.

그녀는 과부로서 죄가 있어 종신 구금을 명받았는데, 그 과부가 임신을 하였다고 들었습니다. 만약 출산이라도 하게 된다면 그 모자를 어떻게 처리해야 하겠습니까.

보건대 그 과부가 종신 구금을 명받은 것은 3월이고, 임신한 것은 6월이 되어서야 알게 된 바, 종신 구금을 명받은 조금 뒤라고 생각됩니다. 그럼에도 상대 남자가 누구인지는 알려지지 않았습니다.

---

24 마치부교쇼의 재판 실무 및 형사 조사를 담당하는 역직.

그러한 뜻도 있거니와 더욱이 어떻게 조치해야 할 것인지의 문제도 있어 문의를 하는 것입니다.

6월 13일

이나바稻葉 쓰시마對馬 지방 장관의 가신

다카하시 모쿠高橋杢

「부전지」

조사 기록에 의하면 종신 구금인 여자가 임신한 예는 확인되지 않습니다. 죄를 조사받고 있는 여자가 옥중에서 출산하게 된 경우는 기억하고 있습니다. 옥사에 여죄수가 없을 때는 여자 히닌非人을 보조인으로 들여보내 둡니다. 그렇기에 여자 죄수 한 사람만 두고 있지는 않습니다. 출산할 때의 조치는 곁에서 시중드는 여자 히닌이 돕도록 하고, 태어난 아이는 젖을 뗄 때까지는 모자를 같이 옥사 안에 둡니다. 어미가 병으로 죽으면 아이는 히닌이 돌보도록 보내는 것으로 알고 있습니다. 그렇긴 한데 제대로 조사하지 못하고 아뢰는 것은 다급하기에 인사를 겸하여 아뢰게 된 것입니다. 이 부전지를 가지고 담당하는 분을 찾아뵙고 귀한 의견을 듣고자 합니다.

일본 근세 형벌의 종류
일본 근세 감옥 및 관련 형사사법 사전
일본 근대 이행기 감옥 및 관련 형사사법 사전

일본 근세 형벌의 종류

· 본형

(1) 생명형

  1) 참수형斬

    가) 참죄斬罪

      무사 계급에 적용된 참수형. 집행할 때 눈가림目隠し을 하지 않고, 참수 뒤 칼날 시험용 사체 베기試斬도 하지 않는다.

    나) 게슈닌下手人

      서민 계급에 적용된 참수형. 참수한 뒤 칼날 시험용 사체 베기를 하지 않고, 전답·집·대지 등에 대한 몰수도 하지 않는다.

    다) 사죄死罪

      서민 계급에 적용된 참수형. 참수한 뒤 칼날 시험용 사체 베기 하고, 부가형으로 전답·집·대지 등 재산이 몰수. 매장·장사도 불허. 강도·다액 절취·누범인 절도나 사기 등에 주로 부과. 서민 사형은 대부분 사죄.

  2) 화형火

    방화범 등에 적용. 시중 조리돌림하고 대나무로 짠 틀이 있는 기둥에 묶고 불을 붙여 형 집행. 사체는 3일간 공개.

3) 효수형獄門

고쿠몬·효수梟首·효시梟示·사라시쿠비晒し首라고도 한다. 참수 뒤 사체 베기하고, 머리는 효수대에 올려 3일간 공개. 흔히 감옥 내 형장에서 참수한 뒤 외부 형장에 효수. 죄상을 적은 팻말은 30일간 게시. 부가형으로 재산 몰수. 매장·장사도 불허. 주로 강도살인, 주인·부모 살해 등에 적용.

4) 하리쓰케형磔

기둥에 묶고 옆구리 등을 창으로 순서대로 찌름. 사체는 3일 간 공개.

5) 노코기리비키형鋸挽

주인 살해에만 적용. 톱으로 머리를 자르는 형벌이나 형식화되어 흙 속 상자에 넣고 양옆에 톱을 두어 머리만 지상에 노출 공개. 3일째 되는 날 시중 조리돌림한 뒤 하리쓰케에 처한다.

(2) 신체형

1) 경태형輕敲

50대 태형. 다타키敲き. 절도·싸움 등 가벼운 범죄에 적용. 대나무 채찍으로 등, 엉덩이, 넓적다리 등을 때린다. 무사·승려에게

는 적용하지 않고 여자도 과태 구금過怠牢으로 환형되므로 서민 남자에게만 적용. 에도에서는 신원 인수인·구경꾼에게 공개하면서 감옥 문 앞에서 집행.

2) 중태형重敲

100대 태형. 다액 절도의 경우 등에는 문신형이 병과되기도 한다.

(3) 자유형

1) 유형遠島

엔토. 장소·기간을 한정해 주변 섬에 보내는 형. 이즈伊豆 7개 섬, 사쓰마薩摩 5개 섬, 히젠肥前의 아마고尼子·오키隱岐·이키壹岐섬 등으로 내쫓는다. 유죄流罪는 섬에 한정되는 건 아니지만, 유죄의 대부분은 엔토. 주로 과실치사나 여자를 범한 승려 등에 부과. 무숙 죄수를 사도佐渡 등에 보내 사역시킨 것도 넓은 의미에서는 유형에 포함.

2) 추방형逐放

죄의 경중에 상응해 일정 지역·범위 밖으로 내쫓는 형.

가) 몬젠바라이門前拂

가장 가벼운 추방. 마치부교쇼 문 앞에서 추방. 주로 무숙자에 적용.

나) 도코로바라이所拂

거주 지역 즉 무라村·마치町에 들어오는 것을 금한다.

다) 에도바라이江戸拂

에도 거주를 금하면서 시나가와品川·이타바시板橋·센쥬千住 관문 및 혼죠本所·후카가와深川 밖으로 추방. 전답·집·대지도 몰수.

라) 십리사방바라이十里四方拂

에도 니혼바시日本橋 반경 5리 동심원 밖으로 추방. 전답·집 등도 몰수.

마) 경輕추방

거주·범죄지, 에도 10리 사방, 교토·오사카·도카이도東海道 일대·닛코日光 등에 출입을 금지. 전답·집·대지도 몰수.

바) 중中추방

거주·범죄지, 무사시武蔵·야마시로山城·셋쓰摂津·이즈미和泉·야마토大和·히젠肥前·도카이도 일대·기소木曽가도 일대·시모쓰케下野·가이甲斐·스루가駿河 등에 출입 금지. 전답·집·대지도 몰수.

사) 중重추방

거주·범죄지, 무사시·사가미相模·고즈케上野·시모쓰케·아와安房·가즈사上総·시모우사下総·히타치常陸·셋쓰·이즈미·야마토·히젠·도카이도·기소가도 일대·가이·스루가 등에 출입 금지. 전답·집 등도 몰수.

3) 근신유폐押込

오시코메. 주로 무사나 서민에 적용. 자택 등 앞에 문을 세워 폐쇄. 일정 기간 밤낮 출입 및 통신 금지. 무사가 주군에게서 받은 택지를 전당 잡혀 소송이 되거나 소규모 실화 등 경죄에 적용. 형기는 20·30·50·100일 4종이 원칙. 종신 유폐도 있고 명목뿐인 근신도 있다.

· 부가형屬刑 : 본형 외에 별도로 부과하는 형.

(1) 사라시晒

죄인을 묶어 거리에 두고 공개해 수치를 주는 형. 바쿠후의 제도로서는 에도 니혼바시 남쪽 사라시장 등에 3일간 둔다.

(2) 문신入墨

이레즈미. 얼굴·팔에의 자자刺字 형벌. 가벼운 절도를 한 무숙자에 주로 부과. 관할마다 형태가 다른데 에도·오사카에서는 팔뚝에 두세 줄 선.

(3) 겟쇼闕所

사죄·유형·추방 등에 전답·집·대지 등을 몰수하는 형. 몰수 재산은 입찰로 매각. 집·전답만 혹은 일정 기간만 몰수하기도 한다. 교호享保(1716~1736년) 이래 남편이 겟쇼에 처해져도 처의 재산은 지참금 외에는 대상 제외.

(4) 히닌테카非人手下

히닌 출신이 아닌 서민을 히닌 신분으로 떨어뜨리는 형벌. 근친과의 밀통, 동반 자살 시도 뒤 쌍방이 살아난 경우, 이별한 처에게 부상을 입힌 경우 등에 부과. 단자에몬彈左衛門이 입회한 곳에서 히닌가시라非人頭에게 인도되어 그의 지배하에 들어간다.

· 윤형閏刑 : 특별 신분자에게만 부과하는 형벌. 본형의 일종.

(1) 무사

1) 사시히카에差控

무사나 공가公家 등이 관청에 나가는 것을 금하고 자택 근신시키는 것. 자신의 과실이나 친족·가신 등의 범죄와 관련하여 행해진다.

2) 엔료遠慮

무사나 승려에 부과된 가벼운 근신형. 자택 칩거를 명받는 것. 문은 닫지만 쪽문은 끌어당겨 두면 되고 타인의 눈에 띄지 않는 야간 출입은 허용.

3) 힛소쿠逼塞

무사나 승려에 부과된 근신형. 자택·절·신사의 문을 닫고 낮에 출입 금지. 쪽문을 통한 눈에 띄지 않는 야간 출입은 허용. 30·50일로 구분.

4) 폐문閉門

무사나 승려에 부과. 칩거보다는 가볍지만 힛소쿠보다는 중해서 대문과 창을 닫고 밤낮으로 출입을 불허.

5) 칩거蟄居

무사나 공가에 부과. 폐문한 뒤 자택의 방에 근신. 바쿠후·영주 등에 의해 명받는 경우와 자발적인 경우가 있다. 칩거·칩거은거·영永칩거로 구분.

6) 면직役儀取上

야쿠기토리아게. 무라 관리 이상 공직자에 부과. 전답영구매매 금지령에 위반한 매매 문서에 서명 날인한 나누시名主, 바쿠후가 금지한 니치렌슈日蓮宗 일파인 후쥬후세파不受不施派 신자를 무라에 둔 나누시 등에 부과. 바쿠후 관리에게도 흔히 부과.

7) 개역改易

무사 이상 신분자의 적을 없애고 봉토知行·봉록俸祿 및 집과 대지를 몰수. 바쿠후법 위반 등을 한 다이묘의 개역은 후사世嗣 단절.

8) 할복切腹

셋푸쿠. 「오사다메가키」에 기재되지 않은 관습적인 것. 죄를 스스로 판단한다는 의미로 허용되기에 형벌이 아니지만, 죄인이 죄를 인정하지 않는데도 유죄로 판단하는 경우 또는 정책적 책임 추궁으로 강요된 경우에는 형벌에 가깝다.

(2) 승려

1) 사라시晒

부가형인 경우도 있지만, 승려에게 부과하는 윤형으로서의 사라시는 본형의 일종. 절을 지닌 승려가 여자를 범한 경우에 부과.

2) 퇴원退院

승려 직을 해임하고 절에서 퇴거시키는 것. 형 선고를 받고 나서 한 번 절로 되돌아가는 것은 허용.

3) 추원追院

승려를 그 자리에서 추방해 거주하던 절에 돌아가는 것을 금지.

4) 가마에構

특정 지역·집단에서 추방하거나 특정 직업을 금하는 것. 추방형의 출입 금지 장소나 지역 등을 지칭. 소속 종문에서 완전히 배제하는 잇슈가마에一宗構와 일파에서 제적되어도 같은 종문의 다른 파에 들어갈 수는 있는 잇파가마에一派構가 있다.

5) 무사, 공가 등에 적용되는 사시히카에, 엔료, 힛소쿠, 폐문, 칩거는 승려에 적용되는 윤형이기도 하다.

(3) 부녀

1) 체발剃髮

이별장離別状을 지니지 않고 재혼한 여자나 혼담이 이루어진 여자가 간통한 경우 등에 부과. 부교쇼에 이발사를 불러 머리를 깎고 부모에 인도.

2) 노노奴

중죄인의 처자나 관문 통행 허가증 없이 관문을 통과한 여자 등을 붙잡아 적籍을 지우고 감옥에 넣어 인수 희망자에게 노비로 보내는 것.

(4) 서민

1) 질책叱責

시카리叱り. 서민에게 부과한 가장 가벼운 형벌. 시라스白州에 불러 죄를 꾸짖고 방면. 특히 엄중히 꾸짖고 방면하는 것이 깃토시카리急度叱.

2) 과료過料

형을 대신하는 금전 등을 납부시키는 것. 그 금전이 과태전過怠錢·과태료 혹은 과료로, 신사나 절, 도로·교량 등의 수선 비용 일부로 충당된다.

3) 도지메戸閉

못을 박아 문을 폐쇄하는 것. 시골에서는 집이 드문드문 있어 눈에 띄지 않아 치욕도 되지 않기에 질책·과료로 대체.

4) 수갑手鎖

데죠. 형벌로서의 데죠는 앞으로 모은 양손에 표주박 모양의 철제 수갑을 채워 자택 근신시키는 것. 경범죄 등에 부과. 30·50·100일짜리.

일본 근세 감옥 및 관련 형사사법 사전

·가기야쿠鎰役(열쇠 담당 간수)

감옥의 서무 및 열쇠를 맡아 죄수 출입을 담당하는 하급 관리. 신분은 도신同心. 감옥 도신 중에서는 가장 주요한 지위.

·가미守(지방 장관)

지방 행정 단위 구니國를 지배하는 행정관. 중앙에서 파견한 국사國司의 하나로 4등 관제의 가장 높은 장관. 중앙으로 치면 중간급 귀족. 어느 지방 장관 관할인지가 체포·수감·수사·재판의 선결문제다.

·가역加役

에도 및 주변 치안을 담당한 방화 도적 수사대장 본역本役의 추가 역직. 이후 가역이 그 역직 자체를 의미. 겸직이기에 마치부교처럼 집무 관청이 별도로 있지 않고, 임명된 하타모토의 주택이 관청 기능.

·가옥사仮牢

범죄 혐의자·소환 죄수를 수용하는 마치부교쇼町奉行所·효죠쇼評定所·간죠勘定부교쇼 등의 옥사. 에도 마치부교쇼 가옥사는 고덴마쵸 감옥에서 소환된 죄수 혹은 도신 등이 체포한 용의자를 고덴마쵸 수감 전까지 유치하는 곳으로 서민 및 특별 옥사 죄수용 가옥사仮揚

屋와 여자 죄수용 가옥사女仮牢가 있다. 체포된 자를 요리키与力가 신문하기 위한 가옥사도 에도에 7~8곳 있다. 가옥사에 수감시키려면 부교에게 입뢰증문入牢証文을 청구해야 한다. 유죄 가능성이 크다고 요리키가 판단하면 입뢰증문을 변경해 고덴마쵸에 수감시킨다.

· 가와라야마치瓦屋町 감옥

바쿠후 직할령 오사카 가와라야마치에 있는 감옥. 경죄나 병자 죄수가 수감. 일반 죄수나 중죄인이 수감되는 오사카 마쓰야마치松屋町 감옥보다 비중이 적다.

· 가조에야쿠数役 (계수 담당 간수)

죄수에 대한 고문이나 태형에서 수를 세는 하급 관리. 도신 신분.

· 가키야쿠書役 (기록 담당 간수)

감옥 내 심문 등에서 기록을 담당하는 하급 관리. 신분은 도신.

· 가타이로過怠牢 (과태 구금)

태형敲에 해당하는 14세 이하 어린이나 여자를 환형換刑해 1대를 1일로 환산해 최고 100일까지 입감시키는 것. 과료科料를 납부할 수 없는 남자도 입감.

· 간세이寬政 개혁

1787~1793년의 바쿠후 정치 개혁. 1787년 5월 에도에서 미곡상·전당포 등을 습격 약탈하는 소동이 있자, 재발 방지 대책 차원에서 에도 이시카와지마石川島에 무숙자를 수용하는 인부 집합장人足寄場을 설치하기도 한다.

· 간죠부교勘定奉行

에도 시대 전국의 바쿠후 직할지 및 간토關東 8주 다이묘 영지를 지배한 간죠쇼의 장관. 직할지 다이칸을 감독하고 연공 징수 등 재정 사무를 통할. 다이묘·하타모토 범죄 및 바쿠후 관련 중요 사건을 재단하고 민정을 관장. 지샤·마치부교와 함께 바쿠후 최고 재판소 격인 효죠쇼評定所를 구성.

· 간토토리시마리데야쿠関東取締出役(간토 범죄 단속직)

1805년 간토 8주의 악당, 무숙자, 도박패 단속·체포를 위해 설치된 직명. 간토 다이칸의 네 관청에서 하급 관리 두 사람씩 선임되는 겸직. 이들이 순찰해 체포하는 자는 간죠부교에게 데리고 간다.

· 감당勘当(의절)

자식과 연을 끊는 것. 친족, 마치·무라 관리가 증인이 되어 작성한 의절 신고서를 받은 부교쇼 등이 허가하면 자식은 호적인 인별장人別

帳에서 제외되어 가독家督·재산상속권이 박탈되고 무숙자가 된다. 의절당한 자가 죄를 범해도 의절한 부모·친족 등은 연좌를 면한다.

·감옥 검사牢改(牢內改)
감옥 관리가 감옥을 순시해 부적절한 것이 없는지 검사하는 일. 혹은 그 검사 담당 관리. 고덴마쵸 감옥에서는 로야부교가 매월 수차례 감옥을 순시하는 것.

·감옥 담당牢屋見廻り
마치부교쇼 요리키·도신의 담당 직무의 하나로, 고덴마쵸 감옥 및 아사쿠사浅草·시나가와品川 병감溜을 순시 감독하는 업무.

·감옥 담당 요리키牢屋見廻り与力
마치부교쇼의 지배하에서 고덴마쵸 감옥의 사무 처리와 감독을 행하는 요리키. 정원 1명. 감옥 죄수에 대한 감독은 아니다. 죄수 감독은 로야부교牢屋奉行 이시데 다테와키 휘하의 간수 도신이 하는 것이기 때문.

·감옥 담장과 해자
고덴마쵸 감옥의 담塀은 찰흙과 기왓장으로 쌓고 그 위를 기와로 이는 네리베이練塀. 높이 3미터 정도. 담 상단에는 끝이 뾰족한 나무·대나무·쇠 등으로 짠 좁다란 울타리 같은 시노비가에시忍返를 붙인다. 담의 바깥쪽 둘레는 땅을 파서 만든 수로인 해자堀로 둘러싸여 있다.

·감옥 마당 태형牢庭敲き

감옥 정문 앞에서 집행하는 형벌로서의 태형이 아니라, 탈옥을 시도한 자나 옥사 안에서 불온한 행동을 보인 자에 대해 감옥 마당에서 행하는 징벌적 태형.

·감옥 비용牢扶持

감옥에 수감된 죄수의 식비 등이나 간수의 급여에 충당할 비용 혹은 쌀. 이러한 비용은 죄수의 집이나 거주지 무라村에서 부담하기도 한다. 병감溜 등에 수용된 죄수의 식비나 약값은 마치부교쇼가 지급.

·감옥 의사牢醫

감옥 부지 안에 기거하는 내과의 2명, 외과의 1명. 내과의는 아침저녁 순회하며 월 1량兩, 외과의는 격일로 순회하며 월 2푼分의 급여를 받는다. 뇌문牢問·고문에 입회해 기절한 자의 정신을 차리게 하거나 상처를 치료하기도 한다. 고덴마쵸와 죠슈長州번 하기萩 노야마 감옥野山獄의 수감을 모두 경험한 요시다 쇼인吉田松陰에 의하면 고덴마쵸에서는 내과의가 당직 대기하며 급병자를 진료하고, 외과의는 이틀에 한 번씩 오지만 급병자가 생기면 밤중이라도 호출되는데, 노야마에서는 3일 이상 먹지 못하는 경우가 아니면 의사를 부를 수 없다고 한다.

· 감옥장부牢帳

로쵸. 고덴마쵸 감옥의 죄수 이름과 해당 죄수의 범죄 사정을 기록하여 마치부교가 보관하던 장부.

· 감옥 하인下男

게난. 감옥 잡역 등에 고용된 신분 낮은 남자. 감옥 도신 휘하에서 취사, 문지기, 망보기, 약방, 운반, 침구 등 일을 분담. 바쿠후 직제 급여 중 가장 적은 연 1량兩 2푼分, 1인분 쌀 급여를 받지만 뇌물 혹은 죄수의 물건 구입에서 일정 비율 떼어 받는 등으로 생활은 어렵지 않다. 등에 '출出'자가 들어간 상의와 통 좁은 바지를 입는다. 정원 38명. 1명이 우두머리親方, 2명이 문지기門番, 2명이 약방, 18명이 식사賄役 담당. 나머지는 모두 옥졸牢番.

· 검사檢使(撿使)

살상, 자살, 변사 등의 사실 관계 조사·확인을 위해 부교쇼 등에서 파견한 관리. 혹은 그 조사. 영내 소요, 난투, 행려병자, 변사 등은 반드시 검사해야 한다.

· 검시檢視(檢屍, 檢死)

변사체, 살상 등이 있으면 서민 거주 지역에서는 마치부교쇼 도신, 무가武家 거주 지역에서는 감찰관 메쓰케目付나 하급 감찰관 가치메쓰케徒目付가 검시한다. 입회 검사, 현장 검증, 주변 인물 조사, 조서 작성 등을 하지만 검시관이 의학 전문가는 아니기에 『검사구전檢使口傳』, 『검사 주의 사항心得』 등 매뉴얼에 의존.

· 걸인乞食(고지키)

전근대 걸인은 히닌非人 신분으로 피차별민 그 자체의 호칭이 된다. 고덴마쵸 감옥의 호송 업무 등을 돕는 걸인도 히닌 신분.

· 계수 담당 죄수頭かぞへ役

감옥에서 오후 4시에 하당번下當番이 교체할 때 경비 옥졸장小頭이 와서 옥중 인원수를 검사하면 그때 머릿수를 세서 보고하는 역.

· 고가시라小頭

경비 옥졸장. 감옥의 경비 옥졸을 지휘하고 호송과 죄수 점호를 담당하는 도신.

· 고모노小者

마치부교 치안 담당 도신의 부하로 수사·체포 담당 하급 관리. 직무는 오캇피키와 같지만, 도신으로부터 약간의 급여를 받는 공적 사용인인 점에서 차이.

· 고문拷問

에도 바쿠후법으로 본다면 손을 뒤로 해 묶은 끈을 기둥에 매는 즈루시제메吊責만이 고문. 원칙적으로는 살인, 방화, 도적, 관문 불법 통과, 문서·인장위조죄로 증거가 확실한데도 자백하지 않는 경우 및 심리 중 여죄가 발각된 경우로 죄가 사죄에 상당한 경우에만 로쥬의 허가를 받아 고문한다. 채찍질笞打, 무릎에 석판 올리기石抱, 턱과 발이 닿도록 접어 묶기海老責는 고문이 아닌 뇌문牢問에 속해 위와 달리 부교에게 허락받는 정도로 행할 수 있다.

· 고문 실기拷問實記

에도 시대 말 마치부교쇼 수사·재판 담당 긴미카타 요리키를 역임한 사쿠마 오사히로佐久間長敬가 고문 종류와 집행 방법을 상세히 수록해 메이지 시대 1893년에 낸 책. 채찍으로 때리는 무치우치笞打, 무릎 위에 석판을 포개 올리는 이시다키石抱, 턱과 발이 닿도록 몸을 접어 묶는 에비제메海老責, 손을 뒤로 해 끈으로 묶어 들보에 매다는 즈루시제메釣責 등 부교쇼의 고문 실태를 설명. 바쿠후는 공식적으로는 즈루시제메 외 3가지는 모두 뇌문牢問이라 하여 족쳐 묻는 책문責問에 속한다고 보지만 사쿠마는 이를 모두 고문이라 본다(氏家幹人,

『江戸時代の罪と罰』, 草思社, 2021, 172-173.).

·고문장拷問蔵(場)

고덴마쵸 감옥 내 고문실. 사형 이상에 해당하는 용의자가 자백하지 않는 경우 부교쇼의 긴미카타 요리키吟味方與力가 부교에게 고문을 신청해, 로쥬로부터 고문 허가가 내려오면 요리키가 고덴마쵸에 출장해 고문장에서 감옥 도신同心이 용의자를 다그쳐 묻는 뇌문牢問 및 고문을 집행하는 것을 감독한다.

·고비토메쓰케小人目付

감찰관 메쓰케目付 휘하에서 바쿠후의 관청에 파견 나가 관리의 공무 집행 상황을 감찰. 사건 현장에 출장. 고문, 형 집행 등에 입회. 감옥 순시도 담당.

·고사쓰高札

법령을 기재한 나무판자를 길거리에 게시한 것.

·고세키 산에이小関三英

에도 시대 후기의 의사이자 난학자蘭学者. 나가사키長崎에서 시볼트 P. F. Siebold로부터 사사했다 한다. 친교가 있던 와타나베 가잔, 다카노 쵸에이가 '반샤의 옥蛮社の獄'으로 고덴마쵸에 수감되었다는 소

식을 듣고 연좌될 것이 두려워 스스로 목숨을 끊는다.

· 고즈카하라小塚原 형장

에도 고덴마쵸 감옥 내 형장 외에 별도로 북쪽 센쥬千住 고즈카하라에 둔 형장. 사죄나 효수형 집행 단계로서의 참수는 고덴마쵸 내 형장에서 대부분 이루어지고, 고즈카하라 형장은 하리쓰케·화·효수형을 위한 특수 시설로 기능.

· 고케닌御家人

가마쿠라鎌倉 시대에는 쇼군과 주종 관계를 맺은 무사를 지칭. 에도 바쿠후에서는 봉토 1만 석石 이하의 직속 가신단에서 쇼군을 알현할 수 있는 오메미에御目見 신분 이상을 하타모토旗本, 그 이하를 고케닌이라 부른다. 하타모토 죄수가 아가리자시키揚座敷에 수감되는 것과 달리 고케닌은 아가리야揚屋에 수감.

· 공개 처형

하리쓰케·화형은 공개. 노코기리비키형은 본래 일반인을 참가시키는 방식이나 실제로는 보여주기로 형식화. 효수형은 참수 집행 후 두부만 공개. 에도의 1862~1865년 및 오사카의 1781~1785년을 예로 들면 하리쓰케·화형으로 공개된 자는 그 시기 총 사형 집행자의 5% 미만 즉 에도는 약 4%, 오사카는 약 3%. 사죄 등 집행은 대부분 감옥 내 형장에서 비공개였다. 다만 집행 전 시중 조리돌림이나 참수 후 두부 공개까지 공개로 본다면 에도는 약 45%, 오사카는 약 37%(平松義郎,『近世刑事訴訟法の硏究』, 創文社, 1960, 1056~1069.).

·공재비록公裁秘錄
공재필기청산筆記靑山비록. 에도 시대 법제서로 전 8권. 형사 심문吟味과 판결裁許 및 조서 작성 절차 등을 분류 수록.

·과조류전科條類典
8대 쇼군 도쿠가와 요시무네德川吉宗의 기획으로 1742년 편찬한 기본법전「오사다메가키」등의 기초가 된 입법 자료를 모은 책. 10대 쇼군 이에하루家治 시기에「오사다메가키」편찬에 이용된 옛 판례는 물론이고 바쿠후가 발한 영조令條, 쇼군에 올린 초안, 쇼군의 의견 등의 편찬 자료를 정리해「오사다메가키」의 각 본조 아래 분류 수록해 1767년 상·하 10권으로 완성.

·과태過怠
에도 시대에 과실에 의한 죄가 있을 경우 금품을 납부하게 하거나 노역에 복무시키는 형. 그때 지불된 금전이 과태전·과태료 혹은 과료.

·관문 불법 통과関所破り

관문 통행 허가증関所手形 소지 없는 불법적 관문 통과나 관문을 피해 샛길로 나가는 것. 고문을 당할 수 있고 사죄로 처벌될 수 있는 중죄. 여자는 수감되고 노비로 보내진다. 1850년 유명한 협객 구니사다 쥬지国定忠治가 수배된 주요 혐의 중 하나가 관문 불법 통과로 체포되어 고덴마쵸에 수감되고 자신이 불법 통과한 오도大戸 관문 근처 형장에서 하리쓰케에 처해질 정도로 중죄.

·관할懸り

중대 범죄가 발생하면 부교奉行를 비롯한 요리키나 말단의 도신까지도 우선은 관할 즉 나와바리縄張り 안에 있는지를 확정 짓고서야 수사를 개시하고 체포에 나선다. 그렇듯 관할은 에도 시대 형사사법에서도 선결 과제(丹野顯, 『「火附盗賊改」の正体』, 集英社新書, 2016, 104.).

·광산 배수 인부水替人足

'덴메이天明 대기근' 등에 의해 발생한 무숙자가 에도 주변에 대량 유입되면서 각종 흉악 범죄가 발생하자 예방책 및 본보기로 1777년부터 무숙자를 사도 금광佐渡金山에 보내 물 빼기 작업에 종사시킨다. 매년 수십 명이 보내져 1778년부터 에도 시대 말까지 총 1,874명. 1788년에는 태형·문신형에서 신원 보증인이 없는 자, 1805년에는 인부 집합장의 행실 나쁜 자나 추방형을 받고도 개전의 모습이 보이지 않는 자도 보내진다. 섬에서 도망치면 사죄가 된다.

·교토관청용대개각서京都御役所向大概覺書

교토 마치부교쇼가 1717년경 직할지 파악을 위해 작성한 전 7권. 근세 초·중기 교토, 기나이畿內, 오미近江·단바丹波·하리마播磨 등 8개 국의 도시·무라村를 대상. 궁중, 바쿠후의 관청·관리, 신사와 절, 마치의 생활을 담았다.

·구니사다 쥬지国定忠治

'덴포天保 대기근'에서 농민을 구제한 협객. 1819년 부친 사망 후 무숙자로 전락. 1850년 9월 도박, 살인, 관문 불법 통과 혐의 등으로 수배. 체포되어 고덴마쵸 감옥에 수감. 자신이 불법 통과한 오도 大户관문 근처 형장에서 하리쓰케형에 처해진다. 영화, 연극 등 많은 작품의 제재가 된다.

·구루마젠시치車善七

에도 아사쿠사 히닌가시라非人頭의 세습명. 1666년 이후 에도 신요시와라新吉原 인접지로 이주. 900평 토지에 광대한 주거를 이룬다. 그 지배하의 히닌 수용 시설은 300동 이상. 에도 히닌가시라 중 가장 세력이 크다. 고즈카하라 형장 형 집행의 말단 업무나 병자 죄수 등을 수용한 아사쿠사 병감溜의 관리도 맡는다.

・구멍 은거 죄수穴の隱居

옥중 관리 죄수의 지인이나 입감할 때 금전을 많이 소지해 온 자는 하좌 견습下座見習 혹은 구멍 은거 죄수라 불리면서 옥중 공유 금전을 맡는다.

・구미가시라組頭

에도 시대 무라 백성의 추천을 받아 영주가 임명하는 무라 관리. 촌장인 나누시名主 다음의 지위이자 보좌역. 인원은 2~8명. 구미가시라 등은 무라 백성의 일정 범죄에 연좌連座 책임을 지기도 한다.

・구사카베 이소지日下部伊三治

에도 시대 말 미토水戶·사쓰마薩摩 번사. 양이파攘夷派의 중심으로 교토에서 활동. '안세이 대옥'으로 아들과 함께 체포. 고덴마쵸 감옥에 수감. 심한 고문 끝에 1859년 옥중 병사.

・구서口書

하급 무사 아시가루足輕 이하 농민·쵸닌町人 피의자 등의 진술을 기재하거나 검시 등 담당 관리가 변사·살인·상해 등 사건 현장에서 관계자 진술을 기록한 것. 무사·승려·신관의 경우에는 구상서口上書라 부른다. 『범과장犯科帳』과 마찬가지로 나가사키長崎 부교쇼의 『구서집口書集』 27책이 있다.

·구석 은거 죄수隅の隱居

이전에 수감되었을 때 로나누시牢名主를 경험한 자. 감옥 법도를 잘 알고 있는 수감자의 경우에도 그렇게 인정된다.

·구지시公事師

에도 시대 소송 대행업자. 민사 사건인 데이리모노出入物만 취급할 수 있다. 형사 사건인 긴미모노吟味物에서는 오늘날 변호인 조력 같은 도움을 받을 수 없다.

·구지카타오사다메가키公事方御定書

에도 시대 재판과 법 적용 및 형 집행의 기본 법전. 형법과 형사소송법 및 행형법을 아우른 법전 성격. 법령 정비를 중시한 쇼군 도쿠가와 요시무네가 교호享保(1716~1736) 초기부터 편찬을 준비. 로쥬 마쓰다이라 노리사토松平乗邑에게 주 임무를 맡겨 간포寬保 2년(1742년)에 상하 2권으로 편찬. 수시로 추가 규정을 넣어 1746년까지 증보. 상권은 경찰·행형 기본 법령으로 81조를 수록하고 효죠쇼 집무 규정, 중요 사법 경찰상의 고사쓰高札, 마치부레町觸, 문서書付, 후레가키觸書, 소송 규정 등을 포함. 103조를 수록해 『오사다메가키백개조百箇條』라고도 불리는 하권은 형사 재판과 관련해 전해 오던 관습법과 판례를 기초로 한 형법적 규정을 기록.

·근세近世

아즈치모모야마 시대(1573~1600, 오다 노부나가 등이 센고쿠 시대를 통일하고, 도쿠가와 이에야스가 세키가하라 전투에서 승리할 때까지) 및 에도 시대(에도 바쿠후가 열린 1603년부터 1867년 대정봉환까지). 고덴마쵸 감옥의 존립 시기는 근세와 거의 일치한다.

·금은 화폐 저장 출납장 털이御金蔵破り

에도 바쿠후의 금은 화폐 저장 출납장인 고킨조御金蔵는 에도 성 내의 오쿠 고킨조奥御金蔵와 하스이케蓮池 고킨조, 오사카 고킨조, 슨푸駿府·니죠二条·고후甲府 킨조 등. 특히 에도성의 킨조 등에서 금품을 훔치는 도둑들이 유명.

·기독교인 옥사切支丹屋敷(기리시탄야시키)

쇼호正保 3년(1646년) 대감찰관 오메쓰케 겸 신앙 조사역宗門改役 이노우에 마사시게井上政重의 에도 고히나타小日向 번저 내 감옥 겸 감시 시설. 1643년 지쿠젠筑前에 표착해 고덴마쵸에 수감된 이탈리아 선교사 쥬제페 키아라, 페트로 마르케즈 등 10명이 수용되기도 하지만 크게 사용되지는 못하다 1792년 폐지.

·기메판キメ板

죄수 이름이나 구매 물건 혹은 외부에서 옥사 안에 전달하는 명령을 적는 용도로 옥중에서 쓰이는 널판. 악용되어 신입 죄수 등을 때리는 도구로도 쓰였다.

·기리나와切繩

적당한 길이로 자른 줄. 사형 집행되는 죄수를 단단히 묶는 데 사용.

·긴미吟味

형사 조사·신문. 에도 시대에는 민사·형사 구분이 분명치 않아 넓게는 민사·형사 사실관계 조사를 의미.

·긴미노쿠덴吟味の口傳

에도 시대 말 마치부교쇼 긴미카타 요리키를 역임한 사쿠마 오사히로 佐久間長敬가 죄인을 심문하는 요령을 기록한 매뉴얼. 죄인의 얼굴을 응시하고 심문하라든가 상대방이 변명할 여유를 주지 않도록 템포를 조절해 심문하라는 등의 요령을 담고 있다(氏家幹人, 『江戸時代の罪と罰』, 草思社, 2021, 205~206).

·긴미스지吟味筋

오늘날의 형사 재판 절차. 부교쇼 등 재판 기관이 직권으로 수사하고 관리로 하여금 피의자를 체포·소환시키거나 영주로 하여금 체포 송치시키는 등으로 불러 진행. 긴미스지 사건을 긴미모노吟味物라 한다. 서민의 경우도 중추방 이상 형의 경우 로쥬에게 상신해 형을 구한다. 오메미에 이상 무사의 경우는 로쥬의 명에 의해 3부교가 심리하고 메쓰케目付를 참여시키거나 3부교가 심리하고 오메쓰케大目付·메쓰케를 입회시키는 특별 담당을 설치해 재판한다.

·긴미카타吟味方

마치부교쇼 요리키와 도신이 담당하는 역직의 하나. 형사 사건 수사, 심문, 재판 및 민사 재판의 실무를 맡는다.

·긴미카타 요리키吟味方(詮議方)與力

마치부교쇼 민사·형사 재판 및 수사 담당 요리키. 대부분의 재판 실무를 수행. 정원 10명. 부교쇼 요리키 중 가장 많고 중요. 사형 이상에 해당하는 용의자가 자백하지 않는 경우 부교에 고문을 신청해, 로쥬의 고문 허가가 내려오면 직접 감옥에 출장해 감옥 도신이 용의자를 다그쳐 묻는 뇌문 및 고문을 집행하는 것을 감독. 자백 없어도 증거가 충분하면 결심해 형벌 집행 허가 신청을 한다.

·나가로永牢(에이로)

형벌로서의 종신 구금. 옛 주인에게 가해를 한 자, 여자를 범한 승려 등에 부과. 1838년 다카노 죠에이高野長英가 저술한『유메모노가타리夢物語』가 세간에 유포되어 바쿠후가 위기의식 속에서 그를 찾자

이를 알고 이듬해 자수해 나가로에 처해진 것이 유명.

·나가사키長崎 인부 집합장人足寄場

무숙인 수용자에게 직업 훈련을 시켜 귀촌시킨다는 취지로 작업 중심 교정을 도모한 나가사키 다이코쿠마치大黑町의 수용 시설. 적기는 하지만 작업 상여금을 저축시켜 자립을 지원. 에도 시대 말에는 나가사키의 주 감옥인 사쿠라마치櫻町 감옥을 상회하는 100명 이상이 수용.

·나누시名主

무라의 촌장. 연공 징수, 호적 사무, 서류 작성, 다른 무라나 영주와의 절충 등 촌정을 담당. 무라 백성의 일정 범죄에 연좌 책임도 진다.

·나미다바시泪橋

에도 고즈카하라 형장 근처 오모이가와思川 및 스즈가모리 형장 근처 다치아이가와立会川의 다리 이름. 죄수에게는 이승을 하직하는 곳이고 가족 등에게는 죄수와 이별하는 장소로, 서로 다리에서 눈물 泪을 흘렸다 해서 붙여진 명칭.

·낙착落着

근세 형사 소송 절차의 한 단계. 재판 등이 결착에 이름.

· 남찬요집南撰要集

1716~1736년 사이 에도 마치부교쇼가 다룬 재판·행정 관련 판례와 법령, 로쥬와 주고받은 상신 및 지시, 효죠쇼의 결정과 조사 선례와 입법 과정까지 밝힌 기사를 분류 편찬한 전 7권. 남·북마치부교쇼가 정보를 교환해 편찬했는데, 남찬요집은 그중 현존하는 남南마치부교쇼의 찬요집.

· 네즈미코조지로키치鼠小僧次郎吉

에도 시대 말의 유명한 도둑. 1823년 이래 10년간 99곳의 무가 저택에 122번이나 잠입해 금 3천 량兩 이상을 훔쳐 의적으로 불리지만, 훔친 금전은 술과 유흥, 도박 등에 탕진했다. 1832년 8월 36세의 나이에 효수되었다.

· 노리모노乘物

미닫이문이 있고 장식된 고급 가마駕籠. 공경, 상급 무사, 승려, 유자儒者, 의사 등과 부녀자 등의 제한된 죠닌町人만이 타는 것이 허용. 상위 신분 옥사나 특별 옥사에 수감되는 죄수들은 노리모노를 타고 감옥까지 들어올 수 있다.

· 노야마옥野山獄

죠슈長州번 하기萩의 감옥. 죠슈번에는 무사 계급을 수용하는 노야마옥과 무사 이하 신분자를 수용한 이와쿠라옥岩倉獄이 있다. 노야 마옥은 12실의 독방이 6실씩 마주 보는 구조. 검시실檢視小屋과 형장도 있다. 바쿠후 말 지사 요시다 쇼인吉田松陰과 다카스기 신사쿠高杉晋作가 수감된 것으로 유명.

· 뇌옥牢獄

수옥囚獄. 전근대의 미결 구금 및 형 집행을 위한 대기 그리고 종신 구금·단기 유치 등을 위한 수용 시설이자 사형·태형·문신형 집행장 기능도 지닌 시설. 에도, 교토, 오사카, 나가사키 등 바쿠후 직할지 및 각 번의 영지에 있다. 규모는 각기 다른데 대표적인 고덴마쵸 뇌옥은 크기가 2,618평, 수용 인원은 에도 시대 후기에 300~400명 정도. 1872년의 '감옥칙' 및 1908년의 '감옥법' 등에 의해 감옥으로 명칭 변경된다.

· 뇌창牢瘡

오랫동안 옥중에 수감되어 습기 등으로 인해 발생하는 피부병.

· 눈가림目かくし

형장에서 사형이 집행되는 죄수의 얼굴에 집행 통지서인 반지를 세로로 세워 이마에 묶고 반지 절반을 앞으로 뒤집어 눈을 가리는 것. 서민 계급에만 적용. 무사에 대한 참형인 참죄斬罪에서는 눈가림 하지 않는다.

· 닛폰자에몬日本左衛門

본명은 하마지마쇼베濱島庄兵衛. 에도 시대 중기 대도적단 수령. 부하들을 데리고 호농·호상 집을 터는 도적질을 반복. 지명 수배 되자 1747년 1월 교토 마치부교쇼에 자수. 에도로 압송되어 고덴마쵸에 수감. 3월에 시중 조리돌림 후 효수. 처형 장소는 스즈가모리 형장 혹은 고덴마쵸 감옥이라 한다. 후에 가부키 등의 소재가 되는 대표적인 도적.

· 다다미疊

옥사마다 바닥 깔개로 다다미(1장이 180×90㎝ 크기)가 지급되지만, 로나누시牢名主는 다다미 여러 장을 포개 앉고 일반 죄수는 한 장에 수명씩 들어간다. 부교쇼 관리가 순시할 때는 물론 다다미를 한 면으로 깔아 공평하게 앉힌다.

· 다이칸代官

덴료天領 즉 바쿠후 직할지 지방관. 간죠부교에 속하면서 관할 지역 연공 징수, 사법·검찰, 민정을 관장. 대체로 하급 하타모토가 임명.

· 다카노 죠에이高野長英

난학자蘭學者이자 의사. 바쿠후를 비방하고 인심을 미혹시킨다고 비판받고 종국에는 오가사와라小笠原島섬을 개간해 식산흥업과 해안 방어를 도모하는 데 난학자가 관여해 외국과의 교통과 무역을 계획한다는 혐의를 받는 '무인도 사건'에 연루되어 고덴마쵸에 수감. 의사이므로 아가리야에 수감되어야 하나 대옥사에 수감, 로나누시가 된다. 화재를 틈타 탈옥해 도피하다가 발각되자 자결했다. 탈옥에 관해서는, 다카노 죠에이 덕에 출옥한 죄수가 그의 의중을 읽고 은혜를 갚고자 방화했다거나 다카노 죠에이가 의사에게 밀서를 보내 발화를 일으키는 화학 약품을 옥사로 들여왔다는 등 여러 설이 있다(高野長運, 『高野長英傳』, 岩波書店, 1943, 507~508.).

· 다카하시 가게야스高橋景保

바쿠후의 천문天文 담당관. 네덜란드 상관商館의 의사로 일본에 온 시볼트P. F. Siebold가 1828년 귀국할 때 반출 금지된 일본 지도를 몰래 가지고 나가려다 적발. 이를 '시볼트 사건'이라고 하는데, 다카하시는 당시 『세계주항기世界周航記』 등을 받고 시볼트에게 일본 지도를 넘겨준 죄로 10월 고덴마쵸에 투옥되었다. 이후 1829년 3월 옥사했으며, 형 집행을 위해 사체를 소금에 절이는 시오즈메鹽詰 처분을 받는다. 시오즈메는 주인·부모 살해나 관문 불법 통과 등의 중죄인이 판결이나 처형 전 죽은 경우 하는 것인데, 다카하시도 그에 상응하는 중죄로 본 것. 고덴마쵸 로야부교 이시데 다테와키는 가게야스 시오즈메 이후 잘못될까 걱정해 항아리를 히닌가시라 구루마젠시치가 관리하는 아사쿠사 병감으로 옮긴다. 마침 얼마 뒤 고덴마쵸에 화재가 나 그 선견지명이 상찬된다. 1830년 4월 형이 선고되어 사체는 참죄에 처해진다.

·단자에몬弾左衛門

에도 시대 피차별민 에타·히닌의 두령. 에도 아사쿠사를 본거지로 하여 아사쿠사 단자에몬이라고도 불린다. 간토 바쿠후 직할지 에타·히닌에 대한 재판권을 지녀 부지 내 시라스에서 재판하고 부지 내 감옥에 수감시키는 권한이 있다.

·당번소当番所

고덴마쵸 감옥 중앙부의 감시 시설. 당번소 양쪽 동서에 각 옥사가 배치된다.

·당직 요리키当番方与力

마치부교쇼에서 특정 부문 없이 당직하며 일반 업무를 맡는 요리키. 3명이 교대 숙직. 야간에도 업무. 체포·검시도 담당. 업무에 나설 때는 도신들이 수행.

·닷시達

바쿠후에서 관계 기관에 발한 명령·훈령.

·대사大赦

경축일 등에 일제히 형벌을 감면하는 일반 사면. 고대 율령 시대부터 있었고 사형 등의 중죄도 대상에 포함. 에도 바쿠후에서는 쇼군의 대권에 속해 쇼군가·황실의 경사·흉사·법사法事 등이 있을 때 행해진다. 실시는 로쥬·효죠쇼·3부교가 맡고, 쇼군가 법사를 관장하는 간에이사寬永寺·조죠사增上寺에도 실시를 돕는 권한이 부여. 실제로는 거의 유형·추방형이 대상.

·데사키手先

범인 체포를 맡은 도신 등의 수하에서 활동한 정보원 겸 수사 보조자인 메아카시·오캇피키를 지칭. 에도 시대 말 1867년 에도 남북 두 마치부교쇼의 데사키 수는 400명 정도(南和男, 『江戸の町奉行』, 吉川弘文館, 2016, 140).

·덴포天保 개혁

덴포 시기(1841~1843) 화폐 경제 발달로 핍박받던 바쿠후 재정의 재건을 목적으로 한 바쿠후와 각 번의 개혁. 기강을 바로잡기 위해 유흥 영업을 단속했으며 서민 오락도 제한했다. 일부 가부키歌舞伎 배우가 처벌받기도 했다. 단속 대상들은 감옥에 일일 구금되기도 한다.

· 도리모노쵸捕者(物)帳

마치부교쇼 집무실에 비치된 장부로 체포할 죄인과 죄상에 관해 수사 보조자인 메아카시 등의 보고를 적어 둔 것. 도리모노는 죄인 체포를 의미. 체포를 위해 마치부교쇼에서는 도신을 파견하고, 요리키에게는 검사檢使로서 동행하도록 명한다. 실제 포박은 도신이 하고 오캇피키는 도신의 지시가 있어야 포박할 수 있다. 1647년부터 1771년까지의 사건이 기록된 전 8책 『도리모노쵸捕者帳』가 유명(山本博文, 『江戸のお白州』, 文藝新書, 2000, 16~21).

· 도마루카고唐丸籠

에도 시대 농민·죠닌 중죄인 호송용 가마. 투계唐丸를 넣는 가마와 모양이 비슷해서 불려진 명칭. 정식 이름은 메카고目籠. 대나무로 둥글게 짠 높이 약 90cm 바구니를 바닥판 위에 올려 류큐 멍석으로 싸고 봉을 관통시켜 두 사람이 멘다. 식기를 들이는 큰 구멍과 대소변을 내보내는 바닥 구멍이 있다. 죄수를 내부 기둥에 묶어 수갑·족쇄를 채우고 혀를 깨물 수 없게 대나무를 물린다.

· 도메야쿠留役

에도 바쿠후 최고 재판소 격인 효죠쇼評定所의 서기관. 간죠쇼勘定所에서 파견된 간죠가 그 직에 취임. 지샤부교쇼 등의 재판 담당 관리인 긴미모노시라베야쿠吟味物調役도 파견 나와 도메야쿠 직을 수행.

효죠쇼 구성원인 3부교는 최초 심문과 마지막 판결을 선고할 뿐, 심리 사건 사실 관계 조사, 법령·판례 조사, 서류 작성, 용의자 심문 등 실질 심리는 법령·판례를 숙지한 도메야쿠가 행한다.

·도비타鳶田 형장

바쿠후 직할령 오사카에서 가장 넓은 형장. 오사카에는 센니치千日·노에野江·산겐야三軒家 형장도 있지만 도비타 형장이 가장 규모가 커 화형은 주로 도비타에서 집행. 노코기리비키·하리쓰케형은 도비타·노에 두 형장에서 주로 이루어지고, 효수만은 센니치에서 집행.

·도신同心

하층 무사 아시가루足輕 신분의 하급 관리. 마치부교 소속 도신이 가장 권력이 있다. 주로 재판 실무를 맡는 요리키 아래에서 서무, 수사, 체포 등에 종사. 감옥 도신은 감옥 소속이기에 부교쇼 소속으로 감옥 도신을 감독하는 감옥순찰牢屋見廻도신과는 구별(笹間良彦, 『江戶町奉行所事典』, 柏書房, 2004, 152).

·도인히칸棠蔭秘鑑

1841년 간죠쇼勘定所에서 작성한 「오사다메가키」의 교정본이다. 원본인 「오사다메가키」는 지샤·마치·간죠 3부교 등 제한된 역직 외에는 열람이 금지된 비밀 법전이기에 사용하려면 당사자 사이에 사본을 작성해야 했는데, 사본에 오류가 많자 신뢰할 수 있는 사본을 별도로 작성해 편찬한 것이 바로 『도인히칸』이다.

· 도적盜賊

도둑·강도. 에도 시대 초기 도적은 센고쿠戰國 시대 하층 전투원 낙오자로 칼·창·철포 등으로 무장한 경우가 많다. 이후에는 곤궁한 백성이 무숙자로 부랑하며 도적이 되는 경우가 많아진다. 「오사다메가키」에는 도둑이 초범일 때는 태형, 재범이면 문신형, 3범이면 사죄가 원칙. 큰 도적은 거의 사죄 이상이 선고.

· 도죄徒罪(徒刑)

율령법 5형인 태笞·장杖·도徒·유流·사死의 하나. 옥에 구금하고 강제 노역에 복무시키는 형. 기간은 1~3년 사이 5단계. 화폐위조죄는 종신 도형에 처하기도 한다. 고대에 교토 인근 수형자는 건축·수선·청소, 여성은 재봉·정미 등을 시키고 지방도 이에 준했다. 이후 전란 등으로 사회가 황폐해지면서 도형은 폐지. 에도 시대 중기 구마모토번에서 시행된 「형법초서刑法草書」에서 명청률의 영향으로 도형이 재도입. 이후 각 번 법령에도 도입.

· 도쿠가와 요시무네德川吉宗

에도 바쿠후 8대 쇼군. 바쿠후 지배 체제를 개편한 '교호享保 개혁'을 단행. 기본 법전 「오사다메가키」를 편찬. 에도 치안을 위해 기존에 나뉘어져 있던 방화·강도·도박법에 대한 각 단속 체계를 히쓰케토조쿠아라타메 제도로 통합.

·도쿠린겐피로쿠徳鄰厳秘錄
부친과 2대에 걸쳐 감옥 행형을 감독하는 감옥 미마와리見廻 요리키를 역임한 에도 북마치부교쇼 요리키 하치야 신고로蜂屋新五郎가 1814년 편찬한 책. 고문, 문신형 집행, 효수·화형, 처형된 사체에 대해 행하여진 쇼군가의 도검 시험용 베기인 오타메시御様 등을 채색 삽화를 곁들여 해설.

·도키와바시몬常盤橋門 옥사
본래 에도 옥사는 아즈치모모야마安土桃山 시대 덴쇼天正(1573-1592) 시기에 에도성 외곽의 정문에 해당하는 도키와바시몬 밖 수변에 있었다. 이 감옥이 게이쵸慶長(1596-1615) 시기에 고덴마쵸로 이전된 것.

·도탄바土壇場
참수형 집행을 위해 흙을 쌓고 그 앞에 구덩이를 판 곳.

·동반 자살心中
에도 바쿠후는 동반 자살한 남녀를 불의밀통不義密通한 죄인 취급해 이들의 유해를 수습한 장사나 매장을 금지하고, 일방이 살아남은 경우는 사죄로 처벌했다. 모두 죽지 않은 경우는 히닌 신분으로 떨어뜨린다.

·동쪽 옥사東牢·서쪽 옥사西牢

1755년에는 고덴마쵸 감옥의 서쪽 옥사에 무적 죄수를, 동쪽 옥사에 호적이 있는 죄수를 수용. 다시 1788년에는 서쪽 옥사에는 히쓰케토조쿠아라타메火附盜賊改 담당 관할의 죄수를, 동쪽 옥사에는 3부교三奉行 및 효죠쇼 관할의 죄수를 수용. 대옥사大牢·두 칸 옥사二間牢·입구 쪽 특별 옥사口揚屋·안쪽 특별 옥사奧揚屋는 동쪽 및 서쪽 각각에 옥사를 둔다.

·등 가르기背割り

팔꿈치로 등뼈를 힘껏 가격하는 옥중 린치. 등뼈가 손상되기도 한다.

·라이 미키사부로賴三樹三郎

에도 시대 말의 유학자. 근왕勤王지사. 1853년 미국 페리 함대의 내항을 계기로 존황양이 운동. 1858년 쇼군 후계자 다툼에서 히토쓰바시 요시노부一橋慶喜 옹립 요구. 다이로大老 이이 나오스케井伊直弼로부터 위험인물로 간주. 같은 해 '안세이 대옥'으로 체포. 고덴마쵸에서 하시모토 사나이 등과 함께 처형.

·로나누시牢名主

나누시는 본래 간토 지역 촌장의 호칭. 죄수 중 선출되어 옥중 질서를 담당하는 자들의 우두머리도 로나누시라 불린다. 로나누시는 열쇠 담당 간수가 조사해 올리면 마치부교쇼 감옥 담당 요리키가 선정. 주로 재감 기간이 긴 자나 종종 입감해 감옥 법도를 잘 아는 자로 죄수를 잘 다루는 자가 선정(南和男, 『江戸の町奉行』, 吉川弘文館, 2016, 177~178). 감옥 부교 이시데 다테와키도 임명권자라 볼 수 있지만 마치부교는 선정과 무관. 옥중 권력은 거의 절대적.

·로모리牢守

에도 시대 감옥 관리자. 오사카 요자에몬마치与左衛門町 감옥에서는 정원 2명. 봉록은 10석 3인분 쌀. 그 지배하에 간수 8인, 감옥 취사 인부 약간. 1780년 폐지. 이후에는 오사카 마치부교쇼 지배하의 도신同心이 관리. 나가사키 사쿠라마치 감옥 등에도 로모리가 있다.

·로쥬老中

에도 바쿠후 쇼군 직속의 상설 최고위직. 궁중·공가公家·다이묘·마치부교 등을 관리. 정원 4~5명. 매월 당번제. 중中추방 이하 형은 마치부교가 전결하지만 그 이상 형 선고는 로쥬에게 품의해 허가를 받아야 한다. 대개는 마치부교가 올린 안대로 허가. 그렇게 부교가 로쥬에 품의하는 것을 처분품의御仕置伺, 스스로 판결하는 것을 전결처분手限仕置이라 한다.

· 롯카쿠 옥사六角獄舎

바쿠후 직할령 교토의 감옥. 교토에는 헤이안 시대의 좌옥左獄·우옥右獄을 전신으로 한 산죠신치 감옥三條新地牢屋敷이 있었는데, 1708년의 대화재 이후 롯카쿠도리六角通로 이전. 롯카쿠 옥사에도 설치 연대는 불분명하지만 상위 신분 옥사揚座敷가 있고, 나가사키처럼 기독교인 옥사切支丹牢도 있다. 에도 고덴마쵸의 경우 서양 선교사나 기독교도 등이 수용되고 처형된 적은 있더라도 기독교인 옥사는 따로 없고 별도로 에도에 기리시탄야시키는 있었지만 크게 활용되지 않았던 것과 대비된다. 바쿠후 말 '안세이 대옥'에 의해 정치범이나 과격한 존황양이파尊皇攘夷派 지사가 많이 체포되어 처형. 존황양이파가 옥사 내 죄수들에게 사상을 전파해 동지가 되기도 했다. 1864년 7월 '긴몬의 변禁門の変'에 의해 발생한 화재가 교토 시내에 확산되어 롯카쿠 옥사까지 불붙을 위험이 있자 옥사를 관장한 교토 마치부교 다키가와 도모타카滝川具挙가 과격 지사들의 탈주를 우려해 해방하지 않고, 미결수를 포함한 죄수 33명을 참형. 그런데 막상 옥사에는 불이 붙지도 않는다.

· 마쓰야마치松屋町 감옥

바쿠후 직할령 오사카의 대표적인 감옥. 마쓰야마치스지松屋町筋에

접해 마치부교쇼에 아주 가깝다. 오사카에는 이 감옥 외에 센니치 등에 별도의 형장이 있어 시중 조리돌림할 때는 감옥에서 형장까지 죄인을 공개하면서 간다. 중죄 등 일반 죄수들은 모두 마쓰야마치에 수감되기에 사죄나 효수 등에 처해지는 자들은 일단 감옥 내 형장에서 참수되고 효수 그 자체 등만 센니치 형장에서 집행. 마쓰야마치 감옥은 옥사 하나가 다다미 100장 크기로 벽과 천장까지 판자를 댄 구조. 설립 초기에는 특별·상위 신분 옥사가 없었지만 1739년 다다미 6장 크기의 남자 특별 옥사男揚屋와 상위 신분 옥사揚座敷가 만들어진다.

· 마치부교町奉行

마치부교쇼 장관. 에도 마치부교는 로쥬 지배하에 행정·사법·경찰 등 민정 전반을 관장. 지샤·간죠·마치 3부교가 겸임하는 최고 재판 기관 효죠쇼의 일원. 교토·오사카·슨푸駿府 및 각 번 성시에도 마치부교가 있다. 보통 마치부교라 하면 에도 마치부교를 지칭. 그 외에는 지명을 붙여 무슨 마치부교라 부른다.

· 마치부교쇼町奉行所

에도 마치부교쇼는 남·북 두 곳. 남마치부교쇼는 고후쿠바시吳服橋 안에, 북마치부교쇼는 스키야바시數寄屋橋 안에 있다. 바쿠후 직할령인 에도의 고덴마쵸 감옥은 두 마치부교쇼의 지배하에 있다.

· 마치부레町觸

바쿠후나 각 다이묘가 영내 마치의 주민에게 발하는 법령.

· 마카나이야쿠賄役(식사 담당 간수)

감옥 내 취사와 죄수에 대한 식사 공급 등을 담당하는 하급 관리. 신분은 도신.

· 메쓰케目付

바쿠후와 각 번의 검사·감찰관 기능 역직. 에도 바쿠후에서는 로쥬 다음가는 중책인 와카도시요리若年寄의 눈과 귀가 되어 하타모토·고케닌을 감찰하고, 각 번에서는 번사를 감찰. 메쓰케의 속관인 하급 감찰관 오카치메쓰케御徒目付가 감옥을 정기적으로 순시.

· 메아카시目明

형사 순사인 도신의 부하로 정보원의 일종. 같은 무리의 동료를 밀고해 알려 준다는 뜻에서 유래된 명칭. 17세기 말부터 죄수를 감형시키는 대신 시중에 동행시켜 범죄 동료의 소매치기 등을 찾아내는 일 등을 맡긴 것에서 시작(丹野顯, 『「火附盜賊改」の正体』, 集英社新書, 2016, 92). 공식적인 관리는 아니다.

· 메이레키明暦 대화재

메이레키 3년 1월 18~20일(1657년 3월 2일~4일) 사이 에도의 태반을 태운 대화재. 피해 면적 및 사망자에서 에도 시대 최대 규모. 사망자만도 3만~10만 명으로 기록. 화재 당시 고덴마쵸 로야부교 이시데 다테와키는 일단 도망치고 돌아오라고 분부하는 조치를 독단적으로 실행. 죄수들은 눈물을 흘리며 감사를 표하고 약속대로 전원 돌아온다. 의리 깊은 자들이라며 사죄를 포함한 모든 죄를 한 단계 감형해주도록 로쥬에게 올려, 로쥬의 진언에 바쿠후도 감형을 명한다. 이것이 긴급 시 일시 해방이 제도화된 선례.

· 명량홍범明良洪範

메이료코한. 승려 조요增譽가 지은 에도 시대 중기 일화·견문집. 16세기 후반에서 18세기 초까지의 도쿠가와씨와 다이묘 및 무사의 언행과 업적 등을 수록. 대화재 시 고덴마쵸 이시데 다테와키에 의한 죄수 해방 사례 등도 실려 있다.

· 모리슨호モリソン号 사건

1837년 7월 일본인 표류민을 태운 미국 상선을 일본 포대가 포격한 사건. 가고시마만과 우라가 먼바다에 나타난 미국 상선 모리슨Morrison호를 영국 군함이라 착각해 사쓰마번과 우라가 부교가 외국선 추방령打払令에 기초해 포격. 모리슨호에는 일본인 표류민 7명이 타고 있었고 표류민 송환과 통상·포교를 위해 내항했음이 1년 뒤 알려지고 그에 따라 외국선 추방령에 대한 비판이 인다. 그로 인해 와타나베 가잔渡辺崋山과 다카노 쵸에이高野長英 등이 체포.

·모퉁이 죄수角役
옥사 입구에서 죄수의 출입을 체크하는 역.

·목마제메木馬責め
근세 이전부터 행하여진 고문. 뾰족한 등에 올라타게 하는 고문 도구인 목마를 이용한 고문. 바쿠후가 공인한 고문은 아니고, 사형私刑이나 각 번에서 이용.

·못소밥物相(盛相)飯
밥을 나눠 주기 위해 1인분씩 담는 나무 밥그릇인 못소로 담은 밥. 에도 감옥에서 하루 두 번 제공되는 밥의 모양. '못소밥을 먹다'는 '수감되다'라는 의미.

·못코畚(죄수 가마)
짚, 멍석 등의 네 모퉁이 위에 밧줄·대나무·덩굴 등을 그물 모양으로 짠 망을 앞·뒤 두 사람이 매는 두 개의 둥근 봉 아래 매단 운반 용구. 상자 모양도 있다. 흙·모래 등 운반에도 쓰이고, 포박한 죄수 운반용 가마로도 사용.

· 무사시아부미武藏鐙

아사이 료이淺井了意가 1661년 간행한 산문. 1657년의 '메이레키 대화재'로 모든 것을 잃은 자가 출가해 여행하는데 옛 친구를 고향에서 만나 처지를 이야기하는 형식. 대화재 피해 상황을 묘사하기 위해 게재한 도판 중에는 고덴마쵸 감옥 죄수를 일시 해방하는 모습도 있다.

· 무숙無宿(無籍)자

일정 주거·거소 없이 방랑하고 일정 정업도 없거나 호적인 인별장人別帳에서 제외된 자. 즉 당시 무숙과 장외帳外 무숙 두 종류(笹間良彦, 『江戸町奉行所事典』, 柏書房, 2004, 156). 도망, 가출, 의절, 도박, 절도, 추방 등 다양한 원인에 의해 발생했다. 이들은 범죄 예비군으로 취급받았으며 무숙 자체도 처벌 대상으로 여겨졌다. 일반적으로 고덴마쵸 두 칸 옥사에 수감되었다.

· 무숙자 옥사無宿牢

고덴마쵸 내 동·서에 각 다다미 24장 크기 2개 실로 된 목조 옥사. 호적이 없거나 일정 주거·거소가 없는 무숙 죄수를 수용. 두 칸 옥사二間牢라고도 불린다.

·무원녹술無冤錄述

1308년 중국 원대元代에 편찬된 검시보고서 『무원록無冤錄』이 명대明代에 조선을 거쳐 일본에 전해져 가와이 나오히사河合尚久에 의해 1736년 일역된 일본 최초의 법의학서. 상권에는 신체 부위 명칭, 검시에 임하는 마음가짐과 주의 사항, 하권에는 31가지의 사인과 특징, 검시 방법이 수록. 부교쇼 요리키나 도신은 검시에서 이를 매뉴얼의 하나로 참고한다.

·무인도 사건

오가사와라小笠原島섬을 개간해 식산흥업과 해안 방어를 도모하는데 난학자가 관여해 외국과의 교통과 무역을 계획한다면서 탄압한 사건(三上参次, 『江戶時代史(七)』, 講談社, 1977, 123-127). 이는 '모리슨호 사건' 당시 난학자 다카노 죠에이나 와타나베 가잔이 밝힌 입장이나 언명이 정부를 비방하고 인심을 미혹시키는 것이라 비판받으면서, 안 그래도 좋지 않던 난학자에 대한 반감이 증가하며 촉발되었다.

·무치우치笞打

채찍질. 실질은 고문이지만 에도 시대 공식적으로는 고문 전 단계인 뇌문牢問·책문責問에 해당. 부인하는 미결수에 대해 첫 단계로 시행. 갈라진 대나무를 삼실로 보강한 호키지리箒尻라는 봉으로 어깨를 때린다.

·미고라시見懲

본보기로 엄벌을 공개함으로써 위하시키는 응징. 범죄에 대한 복수로서의 응보와 더불어 질서 유지에 중점을 둔 전근대의 대표적 형사 정책 이념.

·바쿠에키博奕(도박)

주사위 놀이双六·바둑 등 승부를 다투는 유희나 금품을 거는 승부. 에도 시대 초기에는 전업적 도박 무리인 바쿠토博徒가 많았으나 탄압으로 소멸. 시기에 따라서는 중대 범죄로 취급되기도 하지만 「오사다메가키」에는 과료형으로 경감. 히쓰케토조쿠아라타메의 직무에는 도박 수사도 포함. '간세이寛政 개혁'에서 가부키歌舞伎, 우키요에浮世絵 등에 대한 탄압과 함께 도박도 엄단된다.

·박자목拍子木

서로 마주쳐 박자를 치는 두 나무토막. 소방단 등이 밤 순찰 때 '문단속, 불조심'이라 외치며 친다. 감옥 순찰 때도 사용.

·반부시蛮燕子

'시볼트シーボルト 사건'의 전말을 다카하시 가게야스高橋景保(作左衛門)의 체포와 판결을 중심으로 기록한 저자 미상의 책. 고덴마쵸 수감 후 1829년 옥사獄死한 뒤의 경과까지도 그림을 곁들여 상세히 수록.

·반샤의 옥蠻社の獄

1839년 5월 와타나베 가잔과 다카노 죠에이가 1837년의 '모리슨호 사건'과 바쿠후의 쇄국 정책을 비판해 체포되어 고덴마쵸 감옥에 투옥된 사건.

·백성 옥사百姓牢

백성이란 죠카마치城下町 거주 직인·상인 등의 죠닌에 대비되는 농민을 지칭. 서민 죄수는 고덴마쵸 대옥사나 무숙자 옥사에 수용되었는데 무숙자의 악영향을 피하기 위해 1755년 동옥사에는 유숙자, 서옥사에는 무숙자를 수용. 1775년에는 에도 죠닌과 지방 농민을 분리 수용하기 위해 감옥 내 처형장 옆에 백성 옥사를 신설. 주로 잇키一揆 연루자를 수용. 타 옥사에 비해 비중은 적다.

·범과장犯科帳

1666년부터 1867년까지, 200년간 바쿠후 직할지 나가사키에서 발생한 사건의 재판 기록. 나가사키 마치부교쇼의 124대에 걸친 부교의 사건 처리를 담은 145책. 밀무역, 화폐 위조, 강도 살인, 치정 분규 등 마치의 범죄와 서민 생활을 볼 수 있다.

·병감溜(다메)

병자 죄수를 수용하는 옥사. 본래는 히닌·무숙 죄수를 둔 곳이라 히닌타메非人溜라고도 한다. 에도에는 히닌가시라非人頭가 감독하는 아사쿠사淺草·시나가와品川 두 병감이 있다. 관할은 고덴마쵸 감옥으로 마치부교의 지배에 속한다.

·보좌역 죄수添役

병자나 수고한 죄수에 대해 조치하는 역. 죄수장 부재 중에는 대리역을 맡는다.

·본역本役

에도 및 주변 치안을 담당한 방화 도적 수사대장 히쓰케토조쿠아라타메야쿠火附盜賊改役를 지칭. 쇼군 휘하의 선두 궁대·철포대로서 에도성 경비나 쇼군 호위를 담당한 사키테구미先手組의 일부를 에도 경찰 기능 보충을 위해 전용해 방화·주거 침입 강도·도박 등 중죄의 수사·재판을 행하도록 제도화한 직. 그 대장인 사키테가시라先手頭 중 일인이 방화 도적 수사직을 겸하는 것이 본역.

·본역 죄수本役

식사를 운반하는 역.

·본역 보조 죄수本役助

식사에 제공된 못소 등을 씻는 역.

· 부교쇼 형사 재판 절차

마치부교는 부교쇼 시라스에서 죄인에 대해 초심初審만 행하고, 이후 재판 담당 긴미카타 요리키가 모든 조사를 한다. 요리키는 혐의자가 자백하지 않으면 부교 허락을 받아 다그쳐 묻는 책문責問을 하고, 일정 조건하에 고문拷問도 한다. 즉 주인·부모 살해, 모반, 강도, 관문 불법 통과 등 중죄로 명백한 증거나 공범자의 자백이 있음에도 자백하지 않으면 로쥬의 허가를 얻어 고문한다. 고문은 고덴마쵸 내 고문실에서 하는데, 긴미카타 요리키가 출장 나와 입회한 자리에서 감옥 도신이 행한다. 자백하면 기록 담당 도신 가키야쿠書役가 정리하고 피고에게 무인하게 해 승인시킨다. 자백이 없어도 증거가 명백하면 처형이 가능하도록 삿토즈메察斗詰라고 기록.「오사다메가키」등을 참작해 형을 정하고, 중추방 이상은 로쥬에게 처벌 상신을 올린다. 로쥬의 자문을 받은 효죠쇼는 부교가 올린 판결 가능 형의 당부를 평의한 뒤 의견을 로쥬에게 보낸다. 로쥬는 이를 근거로 형을 정해 부교에 통달. 그 이하 형은 부교가 전결. 판결문은 부교가 읽고 피고인에게 형벌을 받는다는 수서受書를 받는데, 친족·나누시 등에게도 연판시킨다. 사형은 부교의 명을 받은 요리키가 감옥에 출장 나와서 선고.

· 부정문不浄門

죄수나 사체 혹은 분뇨를 내보내는 문. 고덴마쵸 감옥에도 남서부에 정문表門이 있고 북동부에 부정문이 있다. 감옥 평면도에 뒷문裏門

이 있는데, 참수된 죄수는 가마俵에 담겨 뒷문으로 내보내졌으니 그곳을 부정문으로 볼 수 있다.

· 불의밀통不義密通

도리에 어긋난 남녀 관계. 에도 시대에는 사죄로 처벌되는 중죄. 남편은 밀통한 처나 간부를 죽일 수 있고 밀통한 딸의 부친은 상대나 딸을 죽이는 게 허용되었다.

· 사도佐渡 광산

사도는 니가타新潟현 서쪽의 섬으로 대규모 금은 광산 소재지. 에도 시대 후기인 1770년경부터 에도나 오사카 등의 무숙 죄수들을 그곳에 보내 주로 갱내에 고인 물을 빼는 노역에 종사시켰다. 노역이 가혹해 무숙자들은 사도로 가는 것을 무엇보다 두려워했다. 그러나 이후에는 무숙 죄수 등을 에도 이시카와지마石川島에서 사역시키면서 그 역할은 종료.

· 사번 죄수四番役

죄수들의 의류를 맡아 바뀌지 않도록 조치하는 역.

· 사라시바晒場

죄인을 말뚝에 묶고 팻말에 죄상을 적어 두고 공개해 수치를 주는 사라시晒의 집행장. 여자를 범한 승려에게 부과하는 윤형인 경우도 있고 부가형으로 집행하기도 한다. 에도에는 니혼바시日本橋, 요시와라吉原 유곽 입구, 료고쿠바시両国橋, 아카사카문赤坂御門 밖 등에 설치.

·사유赦宥

형벌 면제赦와 감경宥. 경축일 등에 일제히 행하는 일반 사면인 대사大赦.

·사장赦帳(사면 청원 장부)

에도의 간에이사寛永寺·조죠사増上寺에서 바쿠후의 법사法事가 집행될 때, 수형자 친족 등이 절에 사면 청원을 내면 절에서 이름을 기록해 지샤寺社부교에 제출한 장부. 지샤부교는 그 사본을 작성해 3부교 등에 순차로 회부. 각 관청에서 선발한 자들을 지샤부교가 모아 로쥬에 상신해 사면 대상자를 결정.

·사체 처리

에도의 사형 중 서민에 대한 게슈닌·사죄는 대부분 고덴마쵸 감옥 내 형장에서 집행. 무사에 대한 참죄는 센쥬 고즈카하라小塚原 혹은 시나가와 스즈가모리鈴ヶ森 형장에서 집행되는 게 원칙이나 고덴마쵸에서도 집행. 감옥에서 처형된 사체도 고즈카하라 형장 등의 한쪽 구

석에서 처리. 게슈닌 사체는 인수인이 있으면 인수할 수 있고 매장할 수 있어 깊이 구멍을 파서 묻고 묘표도 세워 준다. 시자이 사체는 매장할 수 없어 얕게 땅을 파 흙을 조금 덮어 주는 정도. 화형 시신은 방치한 뒤 나중에 묻는다. 옥사 사체도 히닌에 의해 센쥬로 옮겨진다. 사죄·유형 판결이 내려진 자의 옥사 사체는 들판에 버리며 흙만 조금 뿌려주고, 게슈닌이나 중重추방 이하의 옥사 사체는 매장하고 묘표도 세워 준다.

·사카야키月代

이마에서 머리 가운데까지 깎는 에도 시대의 남자 이발 방식. 고덴마쵸에서는 정기적으로 마치의 이발사들을 감옥 내로 불러 죄수 이발을 한다.

·사쿠라마치櫻町 감옥

바쿠후 직할령 나가사키長崎의 감옥. 나가사키 감옥은 설립과 존속에서 기독교도와 인연이 있다. 본래 우마마치馬町 등에 감옥이 있었는데, 1600년에 사쿠라마치에 있던 기독교인 묘지가 다른 곳으로 이전하면서 우마마치 감옥이 그 터로 이전했다. 1614년 금교령禁敎令에 의해 사쿠라마치 인근의 성 프란시스코 교회와 수도원이 해체되면서 그 자리에도 감옥이 설치. 당초 미결·기결수를 수용하지만 1748년 이후 우라카미무라浦上村 산노샤山王社 부근에 중죄가 아닌 병자나 미성년 죄수 등을 수용하는 병감溜牢이 생기고 나서는 주로 기결수만 수용. 고덴마쵸의 로야부교에 해당하는 감옥 관리자인 로모리牢守 1명, 옥졸牢番 10명이 근무. 총 평수는 714평. 고덴마쵸에 비견될 만한 권위와 격식을 갖춘 곳이고 역사도 메이지 초기까지 사용될 정도로 오랜 곳이지만 엄격함은 에도에 비해 덜했다. 옥중의 야간 정숙 외에는 규정이 없어 음주나 담화도 자유로웠고 장기나 바둑 및 도박도 이루어졌다. 다만 관습에 따른 자치에 맡겨져 실권을 잡은 자에 의한 폭력은 적지 않았다.

·사쿠마 겐자부로佐久間健三郎

에도 남마치부교쇼의 수사·재판 담당 긴미카타 요리키. 에도 시대 말의 요리키이자 메이지 초기 판사 등을 역임한 사쿠마 오사히로佐久間長敬의 부친. 심문 방식이 극히 엄하고 목소리가 커 지나는 통행인의 귀를 찢을 정도였다고 하며, 별명은 '귀신鬼'이었다. 업무 관련 문책을 당해 근신유폐押込 처분. 1845년 4월 감옥에 수감.

·사쿠마 쇼잔佐久間象山

에도 시대 후기 병학자·주자학자. 1854년 제자 요시다 쇼인이 재차 내항한 페리 함대로 밀항하려다 실패한 사건에서 쇼인으로부터 상담받은 일로 고덴마쵸에 수감. 쇼인도 고덴마쵸에 두 번이나 수감되고 감옥 내에서 처형되는데 스승도 같은 곳에 수감된 것. 그 뒤 1862년까지 칩거蟄居. 1864년 교토에서 암살.

· 사쿠마 오사히로佐久間長敬

에도 시대 말 19세 때부터 마치부교쇼 수사·재판 담당 긴미카타 요리키를 지낸 인물. 메이지 시대에 에도 시대 형 집행 방법을 상술한 『형죄상설刑罪詳説』, 마치부교쇼 고문 방법과 종류를 다룬 『고문실기拷問実記』 및 『에도 마치부교쇼 사적문답江戸町奉行事跡問答』, 『심문구전吟味の口伝』 등 에도 시대 범죄 수사 실태에 관한 책들을 내고, 근대적 재판소에서 판사 및 재판 소장을 역임.

· 사형 판결

판결문은 부교가 시라스에서 읽고, 이를 납득해 형벌을 받는다는 수서受書를 피고인으로부터 받는데, 사형 판결만은 부교의 안전을 고려해 감옥 내에서 검사 요리키検使与力가 선고. 수감 후 판결까지 원칙은 반년을 기한으로 한다.

· 사형 집행 건수

에도 시대 전 기간이나 전국의 사형 집행 건수는 분명치 않지만, 특정 지역·기간의 마치부교·다이칸·군다이 등에 의한 집행 숫자를 보면, 에도의 무가·승려·히닌 등을 제외한 농민·죠닌에 대한 집행 건수는 (하리쓰케, 효수, 화형, 시자이, 게슈닌 순) 1862년 3, 40, 2, 93, 1 총 139명, 1863

년 0, 26, 3, 63, 0 총 92명, 1864년 1, 21, 5, 60, 0 총 87명, 1865년 5~12월에 3, 36, 0, 69, 1 총 109명. 오사카 마치부교에 의한 농민·쵸닌 집행 건수는 1781년 1, 1, 0, 16, 2 총 20명, 1782년 0, 2, 0, 33, 4 총 39명, 1783년 0, 7, 6, 31, 3 총 47명, 1784년 0, 24, 0, 51, 6 총 81명, 1785년 0, 24, 0, 19, 0 총 43명(平松義郎, 『近世刑事訴訟法の硏究』, 創文社, 1960, 1056~1069). 이를 통해 대체적인 추세는 가늠할 수 있다.

·사형 집행 허가

사죄를 포함한 중中추방 이상의 형 집행은 로쥬의 허가를 요하는데, 부교가 사형 집행을 청하면 당직 로쥬는 오늘은 다른 일로 바쁘다는 식으로 날인을 미루기도 한다. 사형 허가가 부담스럽고 혹 연기되다가 쇼군가의 경조사로 사면되는 경우도 있기 때문(氏家幹人, 『江戸時代の罪と罰』, 草思社, 2021, 322~323).

·산죠가와라三条河原 형장

교토의 형장. 1868년 4월 에도 이타바시板橋 형장에서 처형된 신센구미新撰組 국장 곤도 이사미近藤勇의 두부가 시오즈케塩漬된 채 이곳으로 옮겨져 효수.

·삼 번 죄수三番役

병자 죄수를 위로하고 약 등을 전해 주는 역.

· 삼순찰三廻

산마와리. 에도 시중 경비·감찰을 담당한 마치부교쇼의 죠마치定町·임시臨時·은밀 순찰隱密廻り 직무. 혹은 그 담당 도신. 풍속 단속, 도박·매춘 적발, 풍문 탐색 등 담당. 죠마치 순찰을 오랫동안 역임한 자가 맡는 임시 순찰은 죠마치 순찰의 보좌·지도가 목적. 은밀 순찰은 변장하고 시중을 순찰해 풍설을 수집하여 부교에 보고. 삼순찰의 활동 보고는 부교에 「풍문서風聞書」로 상신. 정원은 시대별로 다른데 덴포天保(1831~1845) 시기는 죠마치 1~5명, 임시 5~7명, 은밀 2명.

· 상석죄수頭

관리 죄수장의 소환 등 부재 중의 대리 역할인 보좌역.

· 삿토즈메察斗詰

자백을 얻어내지 못해도 증거가 명백하다고 판단해 사형 등이 가능하도록 재판을 마치는 것. 삿토察斗는 비난, 문책의 뜻.

· 새로 만들기作造り

죄수가 늘어 옥사가 비좁아진 경우 등에 행해진 살인. 죄수들의 원한을 사던 오캇피키로 일하다가 수감된 자, 옥사 내 규율을 어지럽힌 자, 코골이가 심한 자, 금품을 지참하지 않은 자 등이 표적. 병으로 죽었다고 보고한다.

·세사견문록世事見聞錄

에도 시대 후기 작자 미상의 수필. 전 7권. 사회 상황이나 생활 실태를 상세히 기록. 무사, 승려, 상층 죠닌町人 등에 대해 비판. 고덴마쵸 감옥에서 사형이 집행된 자의 수, 옥사자 수, 자살·변사자 수 등도 상당히 구체적으로 기술.

·세쓰요키칸摂陽奇観

에도 시대 후기 작가이자 화가인 하마마쓰 우타쿠니浜松歌国 등이 지은 오사카 잡기·연대기. 오사카 다섯 협객 형 집행 관련 내용도 수록.

·세와야쿠世話役(관리 담당 간수)

감옥 내의 관리 담당 하급 관리. 정원 4명. 도신 신분. 평당번으로도 불린다.

·세원록洗冤錄

1247년 중국 남송南宋의 사법 관료 송자宋慈가 지은 세계 최초의 본격 법의학서. 전 5권 53장. 검시 방법과 주의할 점, 사체의 사망 상황이나 손상 정도 등을 통한 사인이나 사망 시기 등의 감정 방법 등이 상세하고 체계적으로 수록. 치안·사법 관료 필독서. 조선, 일본, 유럽에 전해져 전근대 법의학 원전으로 이용.

·센니치千日 형장

오사카大坂의 형장. 일명 도톤보리道頓堀 형장. 유명한 가리가네 분시치雁金文七 외 4명은 1702년 8월 이곳에서 효수. 참수는 마쓰야마치 감옥에서 이루어지고 효수만 센니치 형장에서 집행된 것.

·소다니 하쿠안曾谷伯庵

쇼군가 전담의侍医. 1611년 교토에 가서 고미즈노오後水尾 상황上皇의 병을 치료하고, 1613년에는 쇼군 도쿠가와 이에쓰나德川家綱의 피부병을 낫게 한다. 본문에 언급되듯 후에 고덴마쵸에 수감.

·수감자 수

고덴마쵸 감옥 수감자 수는 『교호찬요류집享保撰要類集』에 의하면 1726년 1월 초 48~50명, 중순 49~75명, 월말 77~79명. 또한 1749년에서 이듬해인 1750년까지 계속 수감자는 65명. 에도 시대 후반에는 대체로 100 내지 400명, 많을 때는 700, 900명도 되고, 동쪽 대옥사 하나에서만 100명을 넘기기도 한다(南和男, 『江戸の町奉行』, 吉川弘文館, 2016, 184).

·수배자御尋者

오타즈네모노. 부교쇼 등이 체포하기 위해 소재를 찾는 용의자. 에도 시대에는 주인·부모 살해, 바쿠후에 대한 반란, 관문 불법 통과 등의 경우에만 수배를 했으나, 1746년 말 도박장에서 체포하려다 놓친 닛폰자에몬日本左衛門은 도적임에도 수배가 내려졌다. 수배서에는 실제 나이와 외관상 나이 및 신체·용모·복장의 자세한 특징 등을 기재해 각지의 부교, 다이칸, 다이묘들에게 포달한다.

·수옥囚獄(로야부교牢屋奉行)

에도 고덴마쵸 감옥의 수장. 오늘날의 형무소장·교도소장에 해당. 세습명은 이시데 다테와키石出帶刀. 로야부교牢屋奉行로도 불리지만 정식 직명은 수옥. 마치부교 지배하에서 감옥 관리인 도신同心 및 하인下男들을 지배하고, 감옥 시설과 수감자를 관리하고, 각 옥사를 순시하며 수감자의 호소를 듣고, 감옥 내 형벌 집행 및 사면에 입회한다. 이시데 다테와키의 가록家禄은 3백 섬俵. 격식格式은 오메미에御目見 이하인 하타모토旗本(한편 이시데 다테와키가 신분적으로 요리키의 격격에 불과하다고 보는 견해도 있다).

·스기타 겐파쿠杉田玄白

난학의蘭学医. 1771년 서양의학서 『타헬 아나토미아ターヘル・アナトミア』 도판의 정밀한 해부도에 놀라던 중, 에도 고즈카하라 형장에 입회해 사체 해부를 관찰. 형장에서 형사자 해부가 행해지는데 폐, 심장, 위 등의 모습이 해부도와 일치하는 것을 보고 위 책을 일역해 1774년 『해체신서解体新書』로 간행.

· 스즈가모리鈴ヶ森 형장

에도에 고덴마쵸 감옥 형장 외 별도의 처형장으로 남쪽 시나가와品川 스즈가모리에 있던 형장. 하리쓰케·화·효수형 등을 위한 특수 시설 장소.

· 스테후다捨札

처형되는 죄인의 이름, 연령, 죄상 등을 적어 공시한 게시판. 형 집행 후에도 30일간 세워둔다. 흔히 하리쓰케·화·효수형 등에 사용되지만 시중 조리돌림 행렬에서는 선두의 히닌이 들고 가기도 한다.

· 쓰루가네蔓金

입감자가 몰래 옥사 내로 지참해 관리 죄수장 등에게 주는 금전. 생명을 담보하는 줄命의 蔓로서의 금전金의 의미.

· 쓰지기리辻斬(통행인 베기)

무사 등이 길거리 등에서 통행인을 칼로 베는 것. 칼날 시험, 기분전환, 금품 목적, 무술 시험용 등. 중세에도 보이지만 특히 센고쿠戰國 시대부터 에도 시대 전기까지 빈발. 에도 바쿠후가 열리기 직전인 1602년부터 도쿠가와 정권은 쓰지기리를 엄금. 가해자는 사형에 처해진다.

· 시나가와 병감品川溜

에도 시나가와 스즈가모리에 있던 병자 죄수 수용 감창. 동일 규모의 3동으로 구성. 고덴마쵸 감옥 이시데 다테와키 관할하에 있지만 히닌가시라非人頭 마쓰에몬松右ヱ門이 감독.

· 시라스白洲

부교쇼 등의 법정. 최상단에 마치부교 등 관리가 앉고, 최하단의 쟈리시키砂利敷에 피고인, 원·피고가 앉는다. 무사나 신관·승려 등은 그보다 위쪽에 앉힌다. 재판의 공평함을 상징하는 흰색 자갈이 깔린 데서 유래된 명칭.

· 시오제메鹽責め

몸에 칼로 상처를 내고 소금을 바르는 고문법. 격통을 일으켜 기절하고 죽기도 한다. 고덴마쵸 옥중의 시오제메는 소금 먹이기, 즉 국汁이나 물 등의 수분을 주지 않고 소금을 핥게 하는 시루도메汁留め로 보인다.

· 시오즈메鹽詰

주인·부모 살해, 관문 불법 통과 등의 중죄인이 판결 혹은 처형 전 죽은 경우 형 집행을 위해 사체를 소금에 절이는 시오즈케鹽漬해 두는 것.

· 시오키仕置き

형벌, 특히 사형에 처하는 것.

· 시중 조리돌림市中引廻し

사죄 이상 판결을 받은 죄인에 대한 부가형. 사형수를 말에 태우고 죄상을 적은 팻말 등과 함께 형장까지 공개하며 데리고 간다. 사죄·효수 등에서도 필수는 아니고 드물게 이루어진다.

· 시탓피키下引

도신 등의 범인 체포를 보조하는 메아카시·오캇피키 휘하에서 자신의 업을 유지하며 각종 정보 수집 활동 등을 하는 자. 1867년 에도 남북 두 마치부교쇼의 시캇피키의 수는 천 명 이상(南和男, 『江戸の町奉行』, 吉川弘文館, 2016, 140).

· 아가리야揚屋(특별 옥사)

여성, 유형 판결 확정자, 가신, 병자, 해난 사고로 조난되어 외국선에 의해 귀국한 표류민 등을 특별 취급해 입감시키는 옥사. 대옥사와 대우 면에서 큰 차이는 없지만, 흉악한 수용자와 같이 수용될 가능성은 적다. 아가리야에도 로나누시가 선정되고, 대옥사의 경죄 죄수 몇 명이 시중든다. 각 번의 무사는 신분 불문하고 일률적으로 아가리야에 수용. 와타나베 가잔渡辺崋山·요시다 쇼인吉田松陰 등도 아가리야에 수용되었다.

·아가리자시키揚座敷(상위 신분 옥사)

상위 무사 계급인 오메미에御目見 이상의 남자 및 오메미에 이상 가문의 여성과 승려·신관을 우대해 별도로 입감시키는 옥사. 고덴마쵸에는 1683년 감옥 뒷문 근처의 도신 주택터에 설치. 1739년에는 오사카 마쓰야마치松屋町 감옥에도 설치. 설치 연대는 불분명하나 교토 롯카쿠六角 감옥에도 설치. 고덴마쵸 아가리자시키는 동서 4개 동. 흙마루와 툇마루가 딸려 있다. 아가리자시키 수용 죄수는 고급 가마乘物로 호송되어 오고, 대옥사의 경죄 죄수 몇 명이 시중든다. 이불·종이·수건 등의 차입도 허용. 식사도 상차림 형식.

·아사쿠사淺草 병감溜

에도 아사쿠사에 있던 병자 죄수 수용 감창. 큰 병감과 제2·제3병감으로 구성. 이시데 다테와키 관할하에 있지만 히닌가시라 구루마젠시치車善七가 감독.

·안세이 대옥安政の大獄

안세이 5년(1858년)부터 이듬해까지 에도 바쿠후 다이로大老 이이 나오스케井伊直弼 등이 천황 칙허를 받지 않은 채 미일수호통상조약에 조인하고 쇼군 후계를 도쿠가와 이에모치德川家茂로 결정한 것에 반대한 자들을 탄압한 사건. 존왕양이론자나 히토쓰바시一橋파 다이묘·공경·지사 등 100명 이상이 연루되어 고덴마쵸 등에 투옥되고 감옥 내 형장에서 처형된 자도 적지 않다.

·애매녀曖昧女

일반 여성인 양 가장해 은밀히 매춘하는 여자. 또한 비밀리에 매춘을 하는 점포인 아이마이야曖昧屋에 드나드는 여자. '덴포 개혁' 등 풍기문란을 단속하던 시기에는 고덴마쵸 감옥에 1일 구금되기도 했다.

·야마다 아사에몬山田浅右衛門

에도 시대 칼날 시험용 사체 베기試し斬り역에 종사한 야마다가山田家의 세습명. 17세기 후반부터는 처형의 참수도 명받아 사형 집행인이 된다.

·야오야오시치八百屋お七

에도 시대 전기의 인물로, 에도 혼고本鄕의 채소 가게八百屋 딸이다. 1683년 1월 대화재로 가게가 불타 부모와 함께 절로 피난해 생활하던 중 절의 잡일을 하던 소년과 사랑에 빠지는데, 가게가 복구되자 부모와 함께 절에서 퇴거하게 되었다. 그녀는 집이 불타면 다시 절에 돌아가 소년을 만날 수 있다는 생각으로 집에 방화를 저질렀고, 체포되어 고덴마쵸에 수감된 후 화형에 처해진다. 당시 에도에서 방화범은 15

세 이상이면 화형, 15세 미만이면 유형인데 오시치는 당시 15세였다. 많은 가부키歌舞伎, 죠루리浄瑠璃 등의 소재가 된다.

·야쿠부치役扶持

에도 바쿠후에서 관리의 직무에 대해 매월 지급한 봉록. 감옥 담당 부교쇼 요리키나 감옥 도신도 야쿠부치를 받는다. 봉록인 후치扶持는 쌀·금전으로 지급.

·양생소養生所

빈민 구제 의료 시설. 에도 시대 중기 농민의 유입으로 에도에 빈민이 증가하자, 바쿠후의 '교호享保 개혁'에서 무숙 죄수 증가로 인한 치안 대책으로 1722년 마치부교 지배하의 고이시카와小石川 양생소를 개설했다. 처음에는 40명을 수용했으며, 의사는 내과 7명과 야간 급병에 대응하기 위한 3명이 있었다. 점차 의지할 곳 없는 빈민 및 간병인이 있더라도 빈민인 경우, 또는 행려병자도 수용하게 되었으며 의사도 수시로 증원했다.

·양생 옥사養生牢

1776년 이후 대옥사에 입감된 일반 수용자이더라도 병자가 발생하면 격리할 목적으로 특별 옥사 안에 양생 옥사 1실을 설치.

·**어용御用(고요)**

체포 담당 관리가 관명에 의해 체포하는 것 또는 그러한 체포 시에 외치는 소리. 도신 등이 사적으로 고용한 오캇피키 등을 뜻하는 고요키키御用聞き의 약칭이기도 하다. 궁중·정부 등의 공적 용무를 뜻하기도 한다.

·**에비제메海老責**

피의자를 책상다리로 앉혀 양 발목을 하나로 묶고, 발목에서 목으로 줄을 걸어 조여 몸을 새우처럼 접는 고문. 공식적으로는 고문 전 단계의 뇌문이다. 무치우치·이시다키로도 자백하지 않는 경우 행하지만 거의 시행하지 않았다.

·**에도관약비감江都管鑰秘鑑**

분세이文政 12년(1829년) 만들어진 전 10권의 필사본. 간야쿠管鑰는 자물쇠의 의미. 법제사를 담고 있다.

·**에도스나고江戶砂子**

에도 시대 중기 기쿠오카 센료菊岡沾涼가 지은 에도 지지地誌. 앞서 1687년 출판된 『에도카노코江戶鹿子』가 오래되어 실용적이지 못하게 되자 간행한 것.

· 에도옥기江戶獄記

바쿠후 말 사상가인 요시다 쇼인吉田松陰의 에도 감옥 체험기. 쇼인은 29세의 짧은 생애 동안 2번이나 고덴마쵸 감옥에 수감되는데, 그 중 첫 번째 옥중 체험을 기록한 것. 무숙자 옥사는 법도가 엄격하고 백성 옥사는 약하고 특별 옥사 등에는 거의 법도라고 할 만한 게 없다는 등 옥중 실상을 기록(氏家幹人, 『江戶時代の罪と罰』, 草思社, 2021, 291~292).

· 에이아즈케永預(나가아즈케)

오메미에 이상 500석 이상의 무사를 수감하지 않고 다이묘아즈케大名預로 위탁 구금하는 것. 형벌로도 이용했다. 다이묘나 국사범 무사 등의 경우 아즈케와 에이아즈케로 위탁이 구분되었다. 에이아즈케는 종신 구금이 예정된 것.

· 에코인回向院

고덴마쵸 감옥에서 멀지 않은 에도 료고쿠両国의 절. 고덴마쵸 감옥에 불이 붙었을 때 수감자들을 피난시켜 모이게 한 장소라고도 알려져 있다. 에도 미나미센쥬에 있는 동명의 에코인은 1651년 신설된 고즈카하라 형장에서 처형된 자들을 공양하기 위해 창건된 것으로 '안세이 대옥'에서 처형된 하시모토 사나이橋本左内, 요시다 쇼인吉田松陰 등의 묘가 있다.

· 에타穢多

히닌과 함께 전근대 천민 신분의 하나. 천 년 이상 육식·도살을 금한 일본에서 주로 동물 가죽을 가공하는 피혁업 등에 종사. 감옥과 행형의 말단 업무를 담당.

· 에타가시라穢多頭

에도 바쿠후가 간토 8주 및 가이甲斐, 이즈伊豆, 무쓰陸奧, 스루가駿河의 12개국 에타 통솔을 위해 임명한 아사쿠사淺草 단자에몬彈左衛門. 단자에몬 부지 내에 자체 옥사도 있다. 한편 에타가 고덴마쵸의 두 칸 옥사에 구금되면 매일 식사를 단자에몬 저택에서 제공한다.

· 엔세키십종燕石十種

다루마야캇토시達磨屋活東子(이와모토 사시치岩本佐七)가 1857~1863년에 걸쳐 간행한 총서로, 전 3권 6집으로 구성되어 있다. 에도 시대 풍속, 인정, 기이한 이야기奇事異聞에 관한 희서稀書·진서珍書를 1집에 10부씩 엮어 6집 60부로 구성. 나니와 다섯 난폭자의 처형 등에 관한 내용도 수록했다.

· 여자 옥사女牢(女部屋)

여자 죄수는 고덴마쵸 서쪽 특별 옥사에 신분 구별 없이 수용했으며, 모두 수용할 수 없으면 유형 판결자용 동쪽 입구 아가리야도 이용했다. 여자 옥사에는 쓰게비토付人라 불리는 여자 히닌 도우미가 있어 이들이 1개월마다 번갈아가며 시중을 들고 죄수를 감시했다. 임신한 여자가 수용될 경우 도우미를 붙여 옥중에서 출산하도록 도왔다. 젖먹이 딸린 여자는 아이와 함께 수용했다.

· 연좌連座

범죄자와 주종·특수 관계에 있는 자에게 형벌이 적용되는 것. 보통 과료過料·견책叱り·근신유폐押込가 부과. 예로 철포鉄砲 불법 소지의 경우에는 범죄자가 사는 마치·무라의 나누시名主, 조장組頭은 물론이고 일반 농민까지, 도박博打의 경우에는 도박장이나 그 우두머리가 사는 집의 지누시地主와 나누시 및 같은 마치 내 거주자 등이 처벌받는 식이었다.

· 연좌제緣坐制

범죄자 친족이 범죄와 무관함에도 형벌을 받는 것. 위하를 통해 범죄를 예방할 목적. 에도 시대 초기에는 상당 범위 인정되어 주인 살해 시에는 가해자의 부모·형제 등 일족까지 처벌했다. 대체로 화·하리스케·효수형에 처해진 자의 처자가 연좌 대상이었다. 1724년의 법령은 주인·부모 살해 및 특별히 중한 범죄자의 자子에만 인정되었으며, 「오사다메가키」는 주인·부모 살해 범죄자의 자로 한정 지어졌다. 다만 무사는 이후에도 광범위하게 적용되었다. 1882년의 '구 형법'에 의해 폐지되었다.

· 오리타쿠시바노키折たく柴の記

에도 시대 중기 하타모토 학자 아라이 하쿠세키新井白石가 1716년경 지은 3권 3책 수필. 상권에는 저자의 조부모·양친의 전기, 관직 취임까지의 일들이 쓰여 있고, 중·하권에는 바쿠후의 일과 쇼군들의 업적이 기록되어 있다. 대화재 시 감옥의 해방 사례도 수록되었다.

· 오메미에御目見

하타모토旗本 중에 쇼군을 알현할 수 있는 상위 계층의 통칭. 다만 다이묘의 가신이라도 학문·예술 등을 위해 특별히 불려와 알현할 수 있는 경우도 있다. 오메미에 신분 죄수는 고덴마쵸의 상위 신분 옥사에 수감.

· 오메쓰케大目付

로쥬 지배하에서 바쿠후 정치를 감찰하고 다이묘들의 행동을 감시하는 대감찰관. 하타모토 중에서 선출. 정원은 4~5명.

· 오반야大番屋

마치 곳곳의 지신반야自身番屋 중에 유치장 설비가 있는 큰 건물. 혐의자를 본 감옥에 보낼지 말지의 예심을 하는 가옥사로서의 구류 시설로도 이용. 심리를 조속히 하고 수감 기간을 줄이려는 목적도 있다. 조사 담당 긴미카타 요리키가 출장하기 쉽도록 오반야는 마치부교쇼 근처에 둔다. 에도에는 가야바쵸茅場町, 사쿠마쵸佐久間町 등에 있고, 오사카·교토 등에도 있다.

·오 번 죄수五番役
죄수의 음식을 옥중에 들이는 못소를 검사하는 역.

·오사다메가키백개조御定書百箇條
1742년 상하 2권으로 간행된 에도 바쿠후의 기본 법전 「오사다메가키」의 하권. 구래의 판례를 추상화·조문화한 형사 법령 등을 수록. 재판이나 과형의 표준을 보여주는 중요 판례집으로 형법전 체재도 지닌다. 실체법, 소송법, 행형법이 구분되지 않아 죄형·집행 규정이 혼재되어 있지만 소수의 민사·형사소송법 및 민사법 규정을 제외하면 거의 형사법 규정이 다수이기에 형법을 의미하는 율律로 불린다. 하권은 103개 조. 각 조가 실질상 몇 조 내지 몇십 조로 나누어져 있어 합산하면 실질은 5백여 조에 이를 정도로 규정이 다양하고 상세. 바쿠후 직할 감옥은 물론이고 각 번도 이를 모범으로 행형·집행.

·오시오키예류집御仕置例類集
에도 바쿠후 효죠쇼가 편찬한 형사 판례집으로 총 5회에 걸쳐 편찬했다. 1771~1839년의 판례를 항목·연대별로 수록한 4회까지의 판례집이 현존한다.

· 오시오키재허장御仕置裁許帳

호에이寶永(1704-1711) 시기 에도 마치부교쇼 관리가 작성한 것으로 추정되는 형사 판례집. 전 12권이 현존한다. 고덴마쵸 죄수명과 범죄 사정을 기록해 부교가 보관하던 「감옥장부牢帳」 중 1657~1699년 부분에서 재판에 참고가 되는 974개 사례를 231개 유형으로 분류했으며, 간죠·지샤부교에 의해 입감된 사건도 기록했다.

· 오시오 헤이하치로大塩平八郎

에도 시대 후기 오사카 마치부교 요리키. '덴포 대기근'이 전국을 휩쓸던 1833~1837년 사이 오사카 마치부교가 인근 효고兵庫의 쌀을 사서 에도에 보내는 폭정을 하고 호상이 쌀을 매점해 미가가 폭등하자 아사자가 속출. 오시오가 마치부교에게 미곡 안정 대책을 건의하지만 묵살되고 스스로 고안한 대책조차 부교의 방해를 받는다. 각지에서 소동이 일어나고 아사자가 급증. 오시오는 1837년 3월 문하생 및 민중과 함께 무장봉기를 일으켰으나, 해당 봉기는 밀고로 인해 당일 진압되었으며 오시오는 도주 중 발각되어 자결했다. 오시오 등 10여 명은 사체가 소금에 절여져 1838년 8월 21일 도비타飛田 형장에서 하리쓰케형에 처해진다.

·오시코미押込

주거 침입 강도. 노상에서 통행인을 위협해 금품 등을 빼앗는 노상강도와 더불어 강도의 대표적 형태. 대체로 사죄에 처해진다.

·오아즈케御預

녹봉 500석 이상 무사나 경죄 서민 대상의 위탁 구금. 오메미에 이상 500석 이상인 무사, 국사범, 다이묘는 다이묘가에 위탁. 종신 사면되지 않는 에이아즈케永預도 있다. 경죄 서민도 가능한 한 마치·무라의 관리나 친족에게 수갑이 채워진 채 위탁. 반면 무숙자나 중죄 서민은 감옥 구금이 기본.

·오와다大和田 형장

에도와 서쪽을 잇는 고슈甲州가도 하치오지八王子의 아사가와浅川 천변에 있던 형장. 스즈가모리·고즈카하라와 함께 에도 시대 3대 형장의 하나로 불린다.

·오치아이 나오코토落合直言

에도 시대 말의 지사. 1863년 19세 나이에 정치범으로 교토의 감옥에 수감. 출옥 후 감옥 내 사정을 기록한 자필본을 남기는데, 그중에 「옥중죄과獄中罪科」라는 제목의 각종 사형私刑에 관한 내용이 있다. 메이지 유신 직후인 1871년 도쿄 천도 반대 운동에 참가하고 반란을 일으켰으나, 진압되어 가고시마현에서 종신형.

·오카치메쓰케御徒目付

감찰관 메쓰케에 소속된 하급 관리. 문서 기안, 성내 번소番所 감독, 현관 단속, 효죠쇼·감옥 출장 등 담당. 고덴마쵸 옥사 통로를 매일 한 번씩 순시한다.

·오캇피키岡引

마치부교쇼나 히쓰케토조쿠아라타메 등 경찰 기능의 비공식적 협력자. 고요키키御用聞き로도 불린다. 에도 남·북마치부교쇼에 요리키 각 25명, 하급 관리인 도신 각 100명씩 있지만 경비 감찰 담당 도신은 남·북 합쳐도 30인이 못 되어 100만 인구 에도의 치안 유지가 곤란했다. 그래서 도신은 사적으로 오캇피키를 고용했는데, 이들이 약 500명에 달했다. 그들이 시탓피키下っ引라는 부하도 두어 이들을 모두 합치면 3,000명 정도가 되었다. 오캇피키는 수사·체포를 도와주지만 체포를 빌미로 금전을 갈취하고 점포 등에서 정기적 상납급을 걸고 거부하면 누명을 씌우는 등 많은 부정을 저질러 원한도 샀다(南和男, 『江戸の町奉行』, 吉川弘文館, 2016, 132~135).

·오키나구사翁草

교토 마치부교쇼 요리키 간자와 도코神澤杜口가 문헌, 풍문, 견문 등을 기초로 발췌하고 베끼고 비평·해설한 편저 수필. 전·후편 200권. 무로마치 시대 말기부터 1791년까지 약 200년간의 역사적 사실, 인물, 법제, 재판, 문학, 종교, 풍속, 지리, 경제 등을 수록. 인물에는 교토 감옥 탈옥수 이야기도 있다.

·옥사牢死

병사 등으로 옥사한 자는 에도 시대 말기를 제외하면 연간 백 명 전후. 『가에이 찬요류집嘉永撰要類集』에 의하면 1781년 30명, 1783년 75명, 1796년 92명, 1804년 32명, 1806년 29명, 1819년 211명, 1844년 142명. 말기에는 급증해서 1858년에는 연 1천 명 이상(南和男, 『江戸の町奉行』, 吉川弘文館, 2016, 188). 『세사견문록世事見聞錄』에 의하면 에도에서만도 옥사자가 매년 1천 명 이상이고, 오사카도 3~4백 명, 교토도 2백 명. 옥사는 대개 병사로서 중병으로 병감溜에 보낸 자가 대부분이다. 특별 옥사, 여자 옥사, 백성 옥사의 옥사자 수가 대옥사나 두 칸 옥사보다 훨씬 적다(氏家幹人, 『江戸時代の罪と罰』, 草思社, 2021, 243~244, 265).

·옥졸獄卒(獄丁)

감옥에서 죄수를 다잡는 하급 관리의 통칭.

·온시오키품의집御仕置伺集

에도 시대 로쥬에게 품의해 허가를 받도록 규정된, 중中추방 이상 형 선고에 관한 처분품의 기록집.『범과장犯科帳』과 마찬가지로 나가사키 부교쇼의 기록.

· 와타나베무라渡辺村

지금의 오사카 일대 셋쓰노쿠니摂津国 니시나리군西成郡의 에타무라. 이 지역 에타들이 오사카大坂 마치부교 지배하에서 감옥·행형 업무의 말단을 이룬다.

· 와타나베 가잔渡邊崋山

에도 시대 후기 무사이자 화가. 미카와노쿠니三河國 다하라번田原藩의 가로家老. 1839년 5월 다카노 죠에이高野長英와 함께 1837년의 '모리슨호 사건'과 바쿠후의 쇄국 정책을 비판해 체포 및 투옥('반샤의 옥'). 1841년 근신 중인 가잔 일가가 곤궁하자 문하생이 에도에서 가잔의 서화회를 열어 대금을 생활비에 충당. 생활을 위해 그림을 판 게 바쿠후에 의해 문제시되자 가잔은 할복했다.

· 요리키與力

에도 바쿠후 역직의 하나로 중간급 관리. 도신을 지휘·감독하는 상관. 지샤·간죠·마치 각 부교 소속 요리키들 중에는 마치카타町方 요리키가 가장 권력이 있다. 마치카타 중에는 수사·재판 담당 긴미카타吟味方 요리키가 가장 중요.

· 요시다 쇼인吉田松陰

에도 시대 말 죠슈 번사 출신. 고덴마쵸에서 처형된 대표적 인물. 사설 교육 기관 쇼카손쥬쿠松下村塾 등을 통해 장래의 메이지 유신 지사들을 가르친 스승. 1853년 미국 페리의 내항을 보고 외국 유학을 결의하지만 도항에 실패. 1854년 페리가 미일화친조약和親條約 체결을 위해 내항했을 때도 이듬해 1855년 함대에 승선하려 하나 도항을 거부당했고, 그 일로 부교쇼에 자수 후 고덴마쵸에 투옥되었다. 죠슈번에 압송되어 노야마옥野山獄에 유폐. 1858년 바쿠후가 칙허 없이 미일수호통상修好通商 조약을 체결한 것에 분노해 조약 파기와 양이攘夷 실행을 건의, 이것이 받아들여지지 않자 바쿠후 타도를 계획해 '안세이 대옥'에 연좌. 1859년 7월 9일 에도로 압송되어 고덴마쵸 서측 안쪽 특별 옥사에 재투옥. 1859년 29세 나이로 고덴마쵸 내 형장에서 처형된다.

· 요자에몬마치 감옥与左衛門町牢屋

에도 시대 초기부터 오사카 요자에몬마치에 있던 감옥. 812평. 본 옥사本牢는 4칸~10칸, 신옥사新牢는 4칸~9칸. 1736년 상위 신분 옥사 揚座敷도 신설. 마치부교쇼 감옥 담당 요리키 휘하의 로모리牢守 2명이 관리. 간수牢番 7명 및 취사 인부 약간이 근무.

·우가이 고키치鵜飼幸吉

'안세이 대옥'에서 부 우가이 기치자에몬과 함께 고덴마쵸에서 처형된 미토 번사. 미일수호통상조약을 체결한 이이 나오스케 정권 타도를 위해 미토번에 내려진 무오戊午밀칙을 기치자에몬 대신 에도 미토번저에 전달한 혐의로 효수형.

·우가이 기치자에몬鵜飼吉左衛門

에도 시대 말 존왕양이 지사. 쇼군 후계 문제에서는 히토쓰바시파에 속해 '안세이 대옥'으로 1858년 체포. 교토 롯카쿠六角 옥사에 수감. 석판 3장을 무릎에 올리는 이시다키石抱 고문을 받고 제대로 걷지도 못하다 에도에 압송. 1859년 고덴마쵸 내 형장에서 동료 및 효수되는 아들과 함께 참죄斬罪에 처해진다.

·우라카미무라浦上村 병감溜牢

나가사키 사쿠라마치櫻町 감옥에 수용되기 어려운 병자, 선량한 농민, 불량 행동 교정을 위해 위탁된 자 등을 수용. 직업 훈련 시설이 있다. 그 시설이 바쿠후 말에 폐지되면서 같은 목적의 나가사키 인부 집합장이 만들어진다.

·우치야쿠打役(집행 담당 간수)

감옥 내 고문, 태형, 유형, 문신형, 사형의 집행 등을 관장하는 하급 관리 도신.

· 원죄冤罪와 법의학

원죄는 죄 없음에도 죄로 인정받는 누명. 전근대부터 원죄의 불가피성에 주목해 중국에서 『세원록洗冤錄』, 『무원록無冤錄』 등 수사·재판에 참고하기 위한 법의학적 방식·기법의 매뉴얼이 만들어져 한국이나 일본에도 수입되어 활용.

· 유례비록類例秘錄

18세기 말부터 19세기 중반까지 바쿠후 직할령 다이칸·영주로부터의 각종 사건 조사 질의에 대한 간죠쇼 등의 회답과 다이묘나 하타모토의 절·신사 관련 문제에 대한 지샤寺社부교의 회답을 분류·정리한 전 10권. 예로 비구니와 밀통한 자를 유형에 처해야 하나 영지에 섬이 없어 종신 구금하라는 등의 회답이 기록.

· 유메모노가타리夢物語

『무술戊戌유메모노가타리』. 1838년 다카노 죠에이高野長英가 익명으로 '모리슨호 사건'과 관련해 바쿠후의 외국선 추방령에 완곡하게 반대하는 뜻을 밝힌 책. 서구의 교역 요구를 거절할 경우의 보복 위험성을 암시하고 모리슨호를 추방한 것이 얼마나 무모한지 말하면서 바쿠후의 대외적 태도를 비판. 이 사본이 유포되고 큰 반향을 일으키자 바쿠후는 위기의식을 가지게 되고 그로 인해 다카노 죠에이는 자수. 고덴마쵸 감옥에 투옥되어 종신 구금에 처해진다.

·유형자실遠島部屋

유형 판결이 확정된 자가 섬으로 갈 때까지 원칙적으로는 고덴마쵸 동쪽 입구 특별 옥사에 수용. 서쪽 특별 옥사인 여자 옥사에 수감자가 많아지면 유형자 옥사를 여자 옥사로 전용하기도 한다.

·은거 죄수御隱居

공식 임명된 것이 아니고 죄수들 사이에서만 인정된 관리 죄수. 즉 관리 죄수장 임명은 열쇠 담당 간수가 조사해 마치부교쇼 감옥 담당 요리키에게 올리면 이를 판단해 허가하고, 3번 이하 8명의 관리 죄수는 죄수장이 올린 안에 따라 열쇠 담당 간수가 임명하는데, 은거 죄수들은 옥내에서 멋대로 붙인 것. 관리 죄수장 은퇴자도 그렇게 불린다(南和男, 『江戶の町奉行』, 吉川弘文館, 2016, 177~178).

·이나바코조稻葉小僧

이나바 단고丹後 지방 장관 시의侍医의 아들. 어려서부터 도벽이 있어 의절당하고 도둑이 된다. 여러 차례 다이묘 저택에 침입해 금은·의류 등을 훔친다. 1785년 21세에 도신에게 체포되어 포승을 한 채 마치부교쇼로 연행되어 가던 중 에도 시노바즈노이케不忍池 근처에서 용변이 급하다면서 근처 찻집 변소에 들어가서는 포승을 빼고 도망쳐 연못에 뛰어들어 잠수해 도주. 뒤에 잡힌 다른 도둑의 말에 의하면 도주하다가 이질로 병사했다 한다.

· 이나카코조田舎小僧

1776년 27세 나이에 일하던 염색집의 금을 훔치고 나흘 만에 동종 절도를 또 저지르다 붙잡혀 수감, 감옥에서 문신형과 태형을 언도받았다. 문신을 불로 지져 지우고 고향의 염색집 등에서 일했지만 소행이 고쳐지지 않아 의절당했다. 에도로 나와 1784년 3월부터 이듬해 8월까지 무가 저택, 절, 일반 집 등 24곳을 돌며 총 27회 절도를 범했다. 34세이던 1785년 8월 야간 순찰에 잡혀 10월에 시중 조리돌림 뒤 효수되었다.

· 이 번 죄수二番役

옥사 출입문 옆에서 죄수 출입을 관리. 신입에게 법도를 가르치기도 한다.

· 이시다키石抱

장작 혹은 삼각기둥 나무들 위에 앉힌 피의자의 무릎에 1장당 40~50kg의 석판을 올리는 것. 채찍질 무치우치笞打로도 자백하지 않는 경우에 병용. 무치우치와 마찬가지로 공식적으로는 고문이 아닌 뇌문

牢問. 조선의 압슬형과 유사.

· 이시데 다테와키石出帶刀

고덴마쵸 감옥의 장관인 로야부교牢屋奉行의 세습명. 초대 이시데 다테와키는 상비 병력으로 하타모토를 편제한 부대인 오고반大御番을 지냈지만 도쿠가와 이에야스德川家康가 에도에 자리 잡을 때 죄인을 담당하게 된 이래 그 직을 역임. 휘하에 감옥 간수인 도신 및 옥졸獄丁을 두고 지배.

· 이시데 요시후카石出吉深

고덴마쵸 로야부교 역대 이시데 다테와키 중 가장 유명한 인물. 1657년의 '메이레키 대화재' 당시 수감자를 화재에서 구하기 위해 독단적으로 해방시켜 약속한 대로 전원 돌아오게 만들고, 그에 따라 로쥬에게 한 등급씩 감형을 탄원해 성사시킨다. 이 일이 화재 시 죄수 일시 해방이 정착된 계기.

· 이시카와지마 인부 집합장石川島人足寄場

에도 바쿠후가 1790년 에도 이시카와지마石川島에 설치한 직업 훈련용 노역장. 무숙 죄수 등을 모아 평생 종사할 일에 사역시키면서 자활을 지원. 징역장의 전신적 성격. 목수일, 대장장이일, 짚신·바구니 만들기, 종이 뜨기, 기름 짜기 등의 일이 부여. 나중에는 추방자 등도 수용하고 자유형 집행장 역할도 했다. 메이지 유신 이후 이시카와지마 감옥서石川島監獄署가 됐다.

·이연장離縁狀과 연좌

이연장은 에도 시대 서민이 이혼할 때 남편이 처에게 교부해야 하는 문서로, 이혼한다는 뜻과 재혼해도 지장이 없다는 취지의 문구가 담긴다. 이연장을 주고받지 않고 재혼하면 남자는 도코로바라이 추방에 처해지고 여자는 삭발되어 부모에게 보내진다. 화·하리스케·효수형의 경우 그 처자가 연좌 처벌 되는데, 다이묘 저택 등만 골라서 턴 도둑으로 효수형에 처해진 네즈미코조지로키치鼠小僧次郞吉는 투옥 전 처에게 이연장을 보내 처가 연좌를 면한다.

·이타바시板橋 형장

에도 시대 말 에도 이타바시 부근에 일시 존재한 형장. 게이오慶応 4년(1868년) 바쿠후 낭사대浪士隊 신센구미新選組의 국장 곤도 이사미近藤勇가 참수된 곳.

·인별장人別帳

에도 시대 인구 조사 장부. 일종의 호적에 해당한다. 에도 바쿠후 초기에는 기독교도切支丹 조사를 위한 인구 조사도 이루어지지만 이후에는 주로 농민 이동 방지 목적으로 마치·무라의 관리를 통해 6년마다 인구 조사를 해 관내 인별장을 만들게 한다. 인별장에서 제외된 자가 무적·무숙자.

· 인부 집합장 人足寄場

돈과 직업이 있으면 부랑자도 되지 않고 범죄에 빠질 일도 없을 것이라는 행형 이념에 기반해 무적·무숙자를 수용해 직업 훈련을 시킨 시설. 경죄로 태형·문신형을 받은 자들이 주거침입강도 등으로 이어지고 반복하다가 사형에 처해지는 현실을 개선하려면 직업 훈련과 생활 자금이 필요하다는 취지로 에도 바쿠후가 간세이寬政 2년(1790년) 히쓰케토조쿠아라타메 하세가와 헤이조長谷川平藏의 건의를 받아들여 에도 이시카와지마石川島에 설치한 직업 훈련용 노역장이 대표적이다. 무숙자는 물론이고 경죄로 신원 인수인이 없는 자도 수용해 목수일, 대장장이 일, 짚신 만들기, 바구니 만들기, 기름 짜기 등 각종 직업을 부여. 노역 대가의 일부는 하루 생활비로 지급하고 일부는 집합장 사무소에 예치. 저축액이 일정액에 달하면 석방. 후에 추방자도 수용하고 자유형 집행장 역할도 하면서, 메이지 유신 후 이시카와지마 감옥서의 맹아가 된다.

· 인부 집합장 담당 요리키 人足寄場定掛与力

간세이寬政 2년(1790년) 히쓰케토조쿠아라타메가타 하세가와 헤이조長谷川平藏의 건의로 에도 이시카와지마石川島에 설치된 인부 집합장人足寄場에 수용된 무숙 및 경죄의 인부들을 감독하는 역직. 정원 1명.

·일제 검거狩込

가리코미. 에도에서 마치부교가 도신에게 명하여 히닌가시라非人頭의 대리인인 데다이手代들에게 걸인, 무숙자, 무숙히닌野非人등을 체포하게 하는 것.

·입뢰증문入牢証文

범죄 혐의로 임시 입감을 명한다는 취지의 문구가 적힌 마치부교 명의 문서. 이로서 오반야大番屋에 유치되면, 출장 나온 긴미카타吟味方 요리키가 용의자를 조사해 방면 여부를 결정하지만, 방면되는 경우는 거의 없다. 감옥에 보내기로 결정되면 마치부교쇼 도신 등에 의해 감옥에 수감되고 입뢰증문이 이시데 다테와키石出帶刀에게 제출. 그때 입뢰증문은 바뀌어서 감옥 장부에 '몇 년 몇 월 며칠 입감, 몇 년 몇 월 며칠 재입감再入牢'이라 적힌다. 최초 입감은 혐의였던 것이 재입감 시에는 피고인 취급되는 것. 부교의 체포 출동 명령에 의해 체포된 경우에는 마치부교로부터 입뢰증문을 받아 바로 고덴마쵸에 수감된다.

·일 번 죄수一番役

로나누시 부재 중의 대리 역할인 상석 죄수頭. 옥사 내 금전을 관리하기도 한다.

·잠복 기독교인潛伏キリシタン

에도 시대 나가사키에는 포르투갈·스페인 선교사를 통해 기독교가 전파되어 교회들이 세워졌다. 그러나 1614년 금교령禁敎令에 의해 기독교가 박해받게 되자, 기독교인들은 잠복 기독교인 형태로 숨어 신앙생활을 이어 갔다. 잠복 기독교인은 체포될 경우 나가사키 사쿠라마치 감옥 기독교인 옥사에 투옥되어 고문을 받거나 교토·에도의 감옥에 수감되고 처형된다.

·전옥典獄

일본의 형무소장이나 한국의 교도소장에 해당하는 에도 시대 역직. 근대까지도 명칭이 유지되고 있다. 1908년 형법 시행으로 감옥법 및 동 시행 규칙 등 현행 체제가 발족하고, 1924년 감옥은 형무소刑務所로, 전옥典獄은 형무소장으로 용어가 개정되었다.

·전의詮議

죄인을 문초·수사함. 긴미吟味와 같은 뜻.

·제례류찬諸例類纂

에도 시대 말 법령집. 제5편 「뇌옥비사록牢屋秘事錄」이 감옥 관련 기술을 담고 있다. 감옥의 옥사, 화재 시의 해방 사례, 장기 수감된 죄수 중에서 죄수를 잘 다룰 수 있는 자가 임명되는 로나누시牢名主 등의 상세한 내용이 수록.

·죠교안常行庵

에도 센쥬千住의 암자. 메이레키 3년(1657년)의 에도 대화재 소사자를 매장·공양하기 위해 세워진 혼죠本所 에코인回向院은 옥사자, 형사자, 행려사망자 등의 매장지로도 사용되어 더 이상 여유가 없자, 1667년 고즈카하라 형장의 땅을 부여받아 죠교안을 지어 에코인 별원으로 삼는다.

·죠닌町人

성시城下町 등에 거주하는 직인·상인 등 도시 서민을 농민·무사와 구별해 부르는 총칭. 호적 여부에 따라 감옥에서는 대옥사 혹은 두 칸 옥사에 수감.

·즈루시제메釣責(吊責)

에도 바쿠후가 공식적으로 고문拷問이라 부른 유일한 고문법. 감옥 내 고문실에서 시행. 양손을 뒤로 하여 묶고 그 끈을 들보에 매단다.

양 손목에 전 체중이 실리기에 고통이 극심.

·지분시오키레이自分仕置令

에도 바쿠후가 각 번藩 다이묘가 독자적으로 형벌仕置을 부여할 수 있도록 범주를 정한 1697년의 법령. 다이묘의 영내 재판·형벌권을 광범하게 인정. 영내 가신·영민 사건은 모반·방화 등 중죄라도 다이묘가 독자적으로 하리쓰케·화형시킬 수 있다. 다만 타 영지의 가신·영민 사건은 로쥬에게 올려 바쿠후가 재판·처벌. 다이묘가 재판·형벌 규정을 정하는 경우 바쿠후 법령을 기준 삼고, 내륙이라 유형 죄인을 보낼 섬이 없으면 종신 구금永牢이나 친족 위탁 구금親類預 등으로 대체하게 한다.

·지샤寺社부교

마치·간죠부교와 함께 에도 바쿠후 3부교의 하나. 전국의 신관·승려 등을 지배. 신분 있는 승려 및 관위를 가진 신관 등의 신사神事 관련 범죄를 심의하고 각 영지의 사령私領 관련 소송을 재단.

·지신반쇼自身番所

에도나 오사카 등 죠닌 거주지에 자치적으로 설치된 번소. 마치 경비 등이 주목적. 죠닌에 의해 운영되지만 설립은 마치부교쇼 감독하에 이루어진다. 지신반自身番이 교대로 순찰. 수상한 자를 체포해 번소에 잡아 두고 부교쇼에 알리며, 혐의·수감 여부를 판단하는 큰 지신반소인 오반야大番屋에 보낼 때까지 유치. 중기 이후에는 부교쇼의 출장소, 마치의 사무소·회의소, 소방단 대기소, 오늘날 파출소 기능도 겸한다. 기록에 의하면 1850년 에도에만 994개의 지신반쇼가 있었다.

· 짓테十手

30~60cm 길이의 금속·나무봉 밑에 갈고리를 단 무기이자 체포 도구로, 칼 공격에 대한 방어 및 범인 제압·포박에 사용된다. 부교쇼 요리키·도신은 물론이고 도신을 돕는 고모노小者에게도 주어지는데, 오캇피키도 비공식적으로 사용.

· 즈치반쇼辻番所(네거리 번소)

에도 바쿠후에 의해 에도성 내 무가 저택 주변 네거리들에 설치된 경비 시설. 그 경비대인 즈치반辻番의 대기소. 1629년부터 설치. 설치 주체에 따라 바쿠후, 다이묘, 다이묘·하타모토 공동 설치 등. 즈치반이 밤낮 교대 근무하며 구역을 순찰해 난폭한 자 등을 체포. 겐분元文 (1736-1741) 시기에 약 930개소.

· 차꼬(桎, 足枷)

반원 형태로 패인 2매의 목제 혹은 금속제 판을 합치고 자물쇠로 채워 발목을 구속하는 것. 혹은 둥근 고리를 발목에 채우고 사슬로 철환을 연결한 것. 에도 시대는 물론이고 메이지 이후에도 사용.

· **찬요류집撰要類集**

에도 바쿠후 법령 선례집. 1716~1736년(교호享保 시기) 에도 마치부교쇼에서 취급한 재판·행정 관계 판례·법령을 로쥬와의 사이의 상신·지시나 효죠쇼의 결정, 조사 선례 등 입법 과정의 상세한 기사도 포함해 분류 편찬한 전 7권. 남마치부교 오오카 다다스케大岡忠相가 착수. 마치부교 지배하의 센요가타撰要方에게 인계하여 1736년까지 추가 편집. 편찬은 바쿠후 말까지 이어져 분카文化(1804~1818)·덴포天保(1831~1845)·고카弘化(1845~1848)·가에이嘉永(1848~1854) 시기 등에도 각 찬요류집이 있다. 예로 『가에이 찬요류집』의 「요시다 도라지로吉田寅次郎(쇼인松陰) 1건」을 보면, 요시다 쇼인이 서양 상황을 알고자 미국 밀항을 계획하다가 발각된 일에 대한 양형이 부교쇼 내에서 검토되는데, 전례로 '시볼트 사건' 다카하시 가게야스의 죄상·양형과 '반샤의 옥'에 연좌된 와타나베 가잔의 죄상·양형이 기술되고 비교 검토된 결과 결국 칩거로 결정난 것 등이 보인다. 그렇듯 선례 등이 결정에서 크게 참고.

· **책문責問**

족쳐서 자백시키는 것. 넓은 의미의 고문. 뇌문牢問이라고도 부른 채찍질笞打, 무릎 위 석판 올리기石抱, 턱과 다리가 닿도록 접어 묶기

海老責 및 고문拷問이라 부른 손 뒤로 하여 묶은 끈을 기둥에 매달기 釣責 4종의 총칭.

· 처분품의御仕置伺

온시오키우카가이. 관리가 자신의 권한을 넘는 사건 재판 등에 관해 상급 관리의 지시를 구하기 위해 올리는 것. 혹은 그 문서. 에도 시대 중中추방 이상 형 선고는 로쥬에 품의해 허가를 받아야 한다. 나가사키부교쇼가 남긴 처분품의 기록집『온시오키우카가이슈御仕置伺集』가 유명.

· 천착소穿鑿所

천착은 심문吟味·조사詮議의 의미. 고덴마쵸 감옥 내 천착소에서 심문할 때는 부교쇼에서 요리키와 도신들이 출장나오고 감옥 관리들도 입회한 상태에서 진행. 부교쇼의 법정 오시라스御白州도 천착소라 불린다.

· 체포 도구

포승 등 외 체포 도구로는 T자형 긴 자루의 쇠로 된 머리 부분에 많은 이가 있어 범인의 소매 등에 거는 쓰쿠보突棒, 긴 막대 끝에 U자 모양 쇠를 꽂아 범인의 목을 누르는 사스마타刺股, 도망하는 자를 포박하기 위한 갈고리 밧줄鉤縄 등이 있다. 범죄 억지를 위해 이를 네거리

번소辻番나 관문 등에 비치한다.

· 체포 후 신병 처리

용의자를 네거리 등의 번소인 지신반自身番에 보내, 순찰 담당廻り方 요리키가 대략 조사를 해 체포 필요가 있다고 판단하면 유치장 격인 오반야大番屋에 보낸다. 부교쇼에서 출장 나온 긴미가타 요리키가 오반야에서 증인을 부르는 등 본격적 조사를 하고, 그 결과에 따라 부교쇼에 입뢰증문入牢証文을 청구. 발행받으면 감옥에 수감. 수감자는 부교소 등에 소환되어 재판받는다.

· 표류자 수감

해난 사고로 조난했다가 해외에서 외국 선박에 의해 귀국하여 인도된 표류민은 오시라스에서 간단한 심문을 받은 뒤 고덴마쵸 특별 옥사에 수용되었다. 기독교권 국가에서 귀국한 자는 엄하게 장기간 심문, 기독교인이라는 혐의를 벗으면 고향에 신병을 인도했다(吉村昭, 『漂流記の魅力』, 新潮新書, 2003, 156~165).

· 하세가와 헤이조長谷川平藏

뛰어난 수사력으로 유명한 에도 시대 말 히쓰케토조쿠아라타메. 1790년 무숙 죄수 자활을 위한 직업 훈련과 생활 자금 마련 등을 목적으로 한 이시카와지마 인부 집합장石川島人足寄場의 설치를 바쿠후에 건의. 종래에는 1778년부터 에도 무숙자 죄수를 사도佐渡 섬의 금은광산에 보내 노역하게 했는데 이들을 에도 이시카와지마에 모아 평생 종사할 업무에 사역시키도록 한 것.

·하시모토 사나이橋本左内

에도 시대 말 후쿠이福井 번사. 1854년 에도에 유학해 서양 의학을 배우지만 절박한 시대 흐름 속에 후쿠이 번주 마쓰다이라 가쿠松平春嶽의 측근이 된다. 번에 양서습학소洋書習学所를 설치. 바쿠후 정치 개혁을 호소. 서구 선진 기술 도입과 대외 무역도 구상. 쇼군 후계 문제 개입 등으로 '안세이 대옥' 중 투옥. 고덴마쵸 감옥 형장에서 1859년 11월 26세에 사죄 집행.

·하타모토旗本

쇼군 직속 가신 중 석고 1만 석石 이하 녹봉이면서 오메미에御目見, 즉 쇼군을 알현할 수 있는 무사 신분자의 총칭. 고덴마쵸에서는 아가리자시키에 수감.

·형법초서刑法草書

각 번은 바쿠후의 기본 법전 「오사다메가키」를 모범으로 삼지만, 1754년 구마모토번이 명청률明淸律을 토대로 『형법초서』를 낸 것처럼 독자적 형사 법전을 내기도 한다. 1784년에는 시바타新発田번이

『신률新律』, 1796년에는 아이즈會津번이『형칙刑則』, 1797년에는 히로사키弘前번이『관정률寬政律』, 19세기 초 기슈紀州번이『국률国律』등을 낸다. 특히『형법초서』는 추방형의 대부분을 도형徒刑으로 대체. 이는 일본에서 근대적 자유형의 탄생으로 평가받는다.

· 형장刑場

시오키바仕置場. 사형 집행장. 감옥 내의 것과 밖의 것이 있다. 감옥 내 형장으로 대표적인 에도 고덴마쵸 감옥 내 남동쪽 구석의 참수형장切場에서는 사죄, 게슈닌, 효수를 위한 참수가 집행. 근세 감옥은 상대적으로 사형 집행장 기능의 비중이 크다. 그 외 간토 군다이關東郡代가 지배하는 혼죠本所 감옥 및 교토·오사카·나가사키 등 바쿠후 직할령 각 부교쇼의 감옥 그리고 직할지 파견 지방관인 다이칸의 관청인 다이칸쇼代官所의 감옥, 각 번 감옥도 형장 기능을 한다. 좁은 의미의 형장은 감옥 밖 집행장 즉 에도 고즈카하라·스즈가모리 형장, 오사카 센니치千日 형장, 각 번의 형장 등을 지칭.

· 형죄대비록刑罪大秘録

일명『정형비감政刑秘鑑』. 대를 이어 북마치부교쇼 요리키를 역임한 하치야 신고로蜂屋新五郎가 부친이 형 집행 방법 등을 그림·글로 남긴 것을 1814년 한 권으로 편집. 1840년 필사되어 효죠쇼 자료가 된다. 태형·유형·사죄·게슈닌·효수 등 형벌과 사체 베기 등이 도해. 감옥 내부도 등도 게재.

·호키지리箒尻

자백하지 않는 피의자를 정좌시키고 어깨를 때리는 채찍질笞打 고문에 사용된 봉. 갈라진 대나무 2본을 삼실로 단단히 감싸고 그 위를 가늘게 잘라 말아 꼰 종이로 보강한 것. 가볍지만 타격력은 아주 강하다.

·혼죠本所 옥사

교호享保 7년(1722년) 에도 혼죠에 설치. 지방관인 다이칸代官의 관할지역 범죄자를 유치. 마치부교 관장의 고덴마쵸와는 달리 간죠부교 지배하의 간토군다이關東郡代, 즉 간토 바쿠후 직할령의 민정 담당 지방관이 관할.

·효죠쇼評定所

에도 바쿠후에 1635년 설치된 최고 재판소 격의 기관. 마치·지샤·간죠부교와 로쥬 1명으로 구성. 대감찰관 오메쓰케, 메쓰케도 심리에 참여. 효죠쇼 도메야쿠라는 서기가 실무를 처리. 바쿠후 정치의 중요사항, 3부교 중 둘 이상 부교의 관할에 걸친 문제, 다이묘·하타모토로부터의 소송, 농민의 월소越訴 등을 재판.

· 후레가키觸書

에도 시대 바쿠후나 번주 등이 민중에게 공포한 법령 문서. 오후레御觸라고도 한다. 특정 관리나 관계 관청 등에만 통달되는 오닷시御達와는 대비된다.

· 후치마이扶持米(급여미)

가신에게 급여되는 봉록으로서의 쌀. 바후쿠는 하급 하타모토·고케닌御家人에게, 각 번은 하급 번사에게 대체로 1인당 1일 5홉合(약 0.9리터)을 표준으로 1년 치를 지급하는데, 이를 1인 후치扶持라 한다. 고덴마쵸 간수 도신도 그 기준에 따라 쌀 급여를 받는다.

· 히닌非人

에타穢多와 함께 사농공상士農工商의 하위에 위치한 피차별 계층. 예능이나 구걸 등으로 생활. 감옥·형장의 잡역 등에도 종사. 감옥 하인 게난下男보다도 낮은 신분으로 그 밑에서 잡일이나 호송 중 포승줄 잡기 등을 한다. 여자 히닌은 여자 옥사 시중들기를 한다.

· 히덴인悲田院

가난한 자나 부모로부터 버려진 고아 등을 구제하기 위해 만들어진 시설. 고대부터 있어 왔는데 중세 이후에는 히닌 거점의 하나로 기능. 이곳의 히닌은 감옥의 잡일, 호송 등 업무에 이용된다.

·히라가 겐나이平賀源内

에도 시대 중기 본초本草학자, 지질학자, 난학자, 의사, 발명가. 1779년 다이묘 저택 수리를 청부받는데, 술에 취해 수리 계획서를 도둑맞은 것이라 착각해 목수 우두머리 두 사람을 살상한 죄로 고덴마쵸에 투옥, 파상풍으로 옥사했다.

·히라노 구니오미平野国臣

에도 시대 말 후쿠오카福岡 번사. 양이攘夷파로 바쿠후 타도론자. 1862년 거병을 계획하지만 존왕양이 과격파 지사들이 탄압되는 '데라다야寺田屋 사건'으로 실패하고 투옥. 출옥 후에도 몇 차례 거병하지만 실패. 체포되어 교토 롯카쿠六角 옥사에 수감. '긴몬禁門의 변'으로 시내에 화재가 발생해 감옥에 옮겨붙을 우려가 있자 교토 마치부교가 과격 지사의 탈주를 우려해 히라노 구니오미 등 미결수 포함 죄수 33명을 즉결 처형한다.

·히쓰케토조쿠아라타메火附盗賊改

방화 도적 수사대장. 중죄에 해당한 방화·강도·도박범을 체포, 수사, 재판하는 역직. '메이레키 대화재' 이후 에도에 방화범이 증가하고 도적이 많아지자 바쿠후가 방화, 강도를 전담하는 각 역직을 두는데 나중에 통합직이 된다.

·히타치노쿠니常陸國 인부 집합장

무숙 부랑자가 격증하고 누범도 증가하자 1790년 지금의 이바라키茨城현인 히타치노쿠니 가미고上郷에 창설. 간죠부교 지배하의 각 전옥典獄이 맡는 요세바부교寄場奉行를 임명. 경범죄자도 받지만 서민에게 한정되고 히닌은 수용하지 않는다. 수용자는 전답의 개간에만 종사.

일본 근대 이행기 감옥 및 관련 형사사법 사전

·가와나베 효사이河鍋暁斎

에도 시대 말·메이지 전반의 화가. 1870년 도쿄 우에노上野의 서화회에서 신정부 요인을 희화화해 비판한 필화 사건으로 체포. 오반야大番屋에 수감되었다가 피부병인 뇌창牢瘡에 걸린다. 이듬해 방면된 뒤 그 경험을 토대로 도쿄부府 감옥 내부의 열악한 환경을 풍자해 그린다.

·가형률仮刑律

메이지 원년(1868년) 유신 정부 수립 직후 편찬된 신정부 최초의 형법전. 일반적으로 공포·시행된 법전은 아니고 형사 및 행형의 방침을 지시한 정부 내 준칙. 고대 이래의 다이호율大宝律과 명청률, 구 바쿠후의 「오사다메가키」 및 특히 히고肥後 즉 구마모토熊本번 법인 「형법초서刑法草書」의 영향을 받았다. 1754년의 「형법초서」는 추방형의 대부분을 도형으로 대체하는데, 「가형률」도 전통적 5형을 채용하고는 있지만 추방형을 도형으로 대체했기 때문.

·감옥監獄

근세의 뇌옥牢獄 혹은 수옥囚獄이라는 시설명은 메이지 초기 1872년의 「감옥칙」에서 감옥으로 대체. 감옥이 자유형인 징역·금고·구류에 처해진 자나 형사 피고인·피의자, 사형 선고 받은 자를 구금하는 시설 즉 형사 신병 구금 시설의 총칭이 된다. 메이지 중기까지는 각 부·현府縣 경비로 운영된 부현 감옥과 국고로 운영된 내무성 직할 감옥 체제로 유지. 1903년의 「감옥관제」에 의해 공식적으로 기존의 집치감集置監 및 감옥서監獄署 등은 모두 감옥으로 개칭. 공식적으로 자유형 집행 구금 시설의 통칭을 감옥이라 한 것은 1908년의 「감옥법監獄法」에 근거. 그에 따라 형법·형사소송법에서도 감옥이라는 용어가 사용. 다이쇼大正 시기 이후에는 감옥이나 무슨 감이라는 시설명이 형무소刑務所나 구치소拘置所 등으로 바뀐다. 행정관서로서는 감옥이되 수용 시설로서는 형무소, 소년 형무소, 구치소 등으로 명칭 변경된 것. 이후부터는 개별 시설에서 감옥이나 무슨 감이라는 말은 쓰이지 않는다.

· 감옥법監獄法

1908년 제정. 형사 시설에서의 피수용자의 처우를 규정. 2006년 「형사 시설에 있어서의 형사 피고인의 수용 등에 관한 법률」로 명칭 변경. 2007년 폐지.

· 감옥칙 및 도식監獄則及ヒ圖式

서구의 근대적 감옥 제도를 시찰하고 감옥 개량을 위해 1872년 제정한 법규. 그 취지는 "옥獄이라는 것이 무엇인가 하면 죄수를 가두어서 징계하는 것이다. 말하자면 옥이란 사람을 인애仁愛하는 것이지 잔학하게 대하는 것이 아니다. 형을 사용하는 것은 부득이하게 이루어지는 것으로 나라를 위하여 해악을 제거하는 것이다. 감옥 관리는 이러한 뜻을 바탕으로 죄수를 존중하면서 대우해야 한다."라는 서언에서 읽혀진다. 감옥칙 강령은 시설, 구금, 징역, 질병 및 관련 사망, 처형, 관원, 잡칙 등 7항으로 구성. 기존의 수옥囚獄 대신 감옥이라는 명칭을 도입. 서구형의 엄격한 격리주의에 기초해 미결, 기결, 남녀 감방을 구분. 미결수에 관해서는 초범과 재범 이상인 자도 분류. 일정 복역 기간을 거칠 때마다 노역을 경감시키고 작업 상여금은 늘리는 계급법을 채용.

· 감정도쿠가와율법鑑定德川律法

저널리스트 다지마 쇼지田島象二가 메이지 13년(1880년) 출간한 전 2책. 에도 시대 형법, 뇌옥, 행형제도를 돌아보기 위해 『형죄대비록(刑罪大秘錄)』, 『오시오키예류집(御仕置例類集)』, 『식목백개조(式目百箇条)』 등을 인용. 옥구獄具, 판례 및 각종 형벌 등을 그림을 곁들여 해설.

· 감창監倉

메이지 초기 각 재판소에 소속된 미결감. 1873년 11월 사법성은 감창을 제외한 전국의 미결·기결 감방을 내무성의 지휘 감독 아래 둔다.

· 개정 율례改定律例

1873년 7월 시행된 근대 초기 형사법. 전 3권, 12도図 14율律, 전 318조. 수차례 개정을 거쳐 1880년의 「치죄법」 및 「구 형법」 등에 인계. 1882년 폐지.

· 경보료警保寮와 경보국警保局

전국의 미결·기결 감방을 지휘·감독하던 내무성으로부터 1875년 11월 경보료가 감옥 사무를 이관받지만, 1876년 4월 경보료가 폐지되고 경보국이 감옥 사무를 담당. 곧 미결·기결감 및 감창까지 모두 내무성이 지휘·감독하고, 도쿄는 경시청警視廳, 그 외는 사·부·현청使府縣廳이 소관하게 된다.

· 경죄輕罪

1880년 「구 형법」의 범죄 종류인 중죄, 경죄, 위경죄違警罪 중의 하나. 중금고重禁固, 경금고輕禁固 또는 벌금형을 부과하는 죄.

· 계급법階級法

수형자의 죄질·행형 태도에 기반한 분류 등을 통해 권리나 특권을 인정하는 처우 단계를 나누는 방식. 1872년의 「감옥칙」은 복역에 계급을 두어 일정 기간을 거칠 때마다 노역을 경감시키고 작업 상여금은 늘리고, 특별한 예능을 가진 자는 노역 및 작업 상여금과 그 밖에 상응하는 대우를 후하게 한다. 개전의 정상이 있거나 극빈의 삶을 살아와 자금이 없이 방면되면 위험해질 우려가 있는 자는 만기가 되어도 석방하지 않고 상황에 관해 심의. 다만 재정적 이유 등으로 실시가 어려워진다. 그래서 1872년 11월 각 지방 모두 「구금 죄수 처우 및 징역법」을 실시하면서 계급법 일부는 시행 중지. 1873년 4월 다시 위 법 시행은 죄수에 대한 조사 상황에 따르도록 하고 당분간 모두 종전대로 취급하게 되면서 시행이 전면 정지.

·고사유원古事類苑

메이지 정부에 의해 편찬이 시작된 관찬 백과사전. 1879년 사업이 시작되어 1907년 완성된 전 1,000권. 1896년~1914년에 걸쳐 간행. 고대부터 메이지 유신 직전인 1867년까지의 다양한 문헌에서 인용한 예증例証을 분야별로 편찬. 그 중 법률부法律部가 에도 시대 형벌에 관한 많은 자료와 그림을 수록.

·공개 처형 폐지

메이지 원년(1868년) 10월부터 하리쓰케는 대역죄에만 한정하고 화형은 폐지. 1870년 12월의 「신율강령新律綱領」에 의해 사형 집행 방법이 교수·참수·효시梟示로 한정되고 집행 공개가 폐지. 1879년에는 효시도 폐지. 1880년의 「구 형법」에서는 비공개 교수형만 인정. 다만 1886년 12월 아오모리青森 감옥 앞에서 공개 참수가 집행된 비합법적 사례도 있다.

·공전工錢

용공전傭工錢. 죄수의 노역에 대한 보상. 작업 상여금.

·관역장寬役場

1872년 「감옥칙」 등의 규정에 의해, 징역장에서 불치의 장애자 혹은 신체 허약자를 위해 특별히 관대하게 노역을 부과한 노역장.

·교토감화보호원京都感化保護院

메이지 유신 이후 교토의 도형장徒刑場은 니죠성二条城 인근으로 이전. 기존 롯카쿠 옥사는 1885년까지 분감 형태로 이용되다가 보호 시설로 개축. 의지할 곳 없는 출옥자 인수·후생 시설로 설립된 교토감화보호원이 1899년 들어선다.

·교형絞刑

에도 바쿠후에는 교형이 없지만 번 중에 교형을 집행한 경우도 있다. 1882년의 「구 형법」에는 교수형으로서의 교형이 채용.

·교회사敎誨師

메이지 초기부터 감옥이 죄수 감화도 시도. 교회사를 통해 복역수를 회개시키고 심신 교양을 가르친다. 이것이 1872년의「감옥칙」등에서 교회사를 통해 회개시키고 개과천선시키는 교화주의를 제도화한 출발점.

· 구류장拘留場

구류는 자유형의 하나. 1880년의「구 형법」제28조는 '구류는 구류소에 유치하고 정역에 복무시키지 않으며 그 형기는 1일 이상 10일 이하로 한다.'라고 규정. 1881년의「개정 감옥칙」등에 의해 구류장이 설치.

· 구치감拘置監

1889년 7월의「개정 감옥칙」은 미결수 상태까지는 무죄 결백한 양민으로 취급하기 위해 형사피고인이라 호칭하고 그 구금 장소를 구치감이라 부르게 된다. 나중에 구치감은 주로 사형수나 형사피의자 등을 구금하는 시설이 된다.

· 구 형법刑法

메이지 13년(1880년) 7월 반포. 이듬해부터 시행. 프랑스법을 모범으로 하여 사족에 대한 특별 취급을 폐지하고 범죄를 중죄, 경죄, 위경죄違警罪로 3분. 영국·독일법을 모방해 가출옥 제도도 도입.「구 형법」에 동반해 1881년 9월에는「개정 감옥칙」,「재감인 급여 규칙」,「재감인

용공전傭工錢 규칙」도 규정.

·금옥禁獄

메이지 6년(1873년) 사족에만 적용하는 신분형 즉 윤형閏刑인 자택 금고禁錮가 채용. 이듬해 옥중 금고인 금옥이 된다. 1880년의 「구 형법」에서는 윤형으로서의 금옥은 폐지되고 노역 없는 구금형인 금옥이 채용. 이후 금옥은 1907년의 「형법」에서 오늘날과 같은 금고형이 된다.

·노역장勞役場

형무소 내에 부설해 벌로 노역을 부과하는 곳. 1907년의 형법 제18조는 '벌금을 완납하지 못하는 자는 1일 이상 1년 이하의 기간을 노역장에 유치한다.'라는 환형 처분을 규정.

·단옥斷獄

전근대에 주로 형사 재판을 의미. 메이지 시대 직후에도 행정·사법권이 명확히 구분되지 못하는데 메이지 4년(1871년) 사법성이 설치되고 1872년 에토 신페이江藤新平가 사법경司法卿이 된 후 근대 서구형 사법 제도가 정착되면서 민사 재판은 청송聽訟, 형사 재판은 단옥으로 비교적 구분.

·단옥칙례斷獄則例

메이지 6년(1873년) 2월 사법성 시달達로 정한 법정규칙. 전문 26칙칙과 단옥정약도해斷獄庭略圖解로 구성. 심문推問 절차로는 단옥정에 판사判事 1명, 검사檢事 1명, 규문 담당관 도키베解部 1명이 출석해 판사는 심문만 맡고 도키베가 진술을 기록하고 검사는 사실관계 조사를 한다는 것과 형의 선고言渡 등에 관하여 규정.

·단죠다이彈正臺

고대 율령제 이래 내외의 비위非違 죄책을 묻고 풍속을 단속하는 기관. 9세기 검비위사檢非違使 설치로 유명무실해지지만 메이지 유신 직후 일시 부활. 즉 메이지 2년(1869년) 태정관太政官 제도에 기초해 형법관 감찰사 직무를 인계받아 설치된 형사사법 기관으로 신정부 성청省庁의 하나가 된다. 1871년 사법성이 설치되면서 폐지.

·도장徒場

메이지 초기 도형수徒刑囚에게 노역을 부과한 곳. 노역 대가는 2분하여 그중 하나 반은 죄수에게 지급되는 식사 외의 음식 및 잡화 구입에 사용. 나머지는 출옥 후 생업 기초 자금으로 준다. 도장은 후에 징역장懲役場으로 명칭 변경.

· 도쿠가와금령고德川禁令考

메이지 전기에 사법성이 편찬·간행. 에도 바쿠후의 법령과 금제禁制를 유형별로 담은 전취前聚 62권 및 형률刑律 관계의 것을 모은 후취後聚 40권.

· 도형徒刑 변천

율령법 5형 중의 도죄는 형기 동안 구속하고 노역시키는 형. 에도 바쿠후에서는 제도적으로 없다. 다만 구마모토번의 「형법초서」에서 추방형의 대부분이 도형으로 대체. 이는 근대적 자유형의 전신으로 평가. 메이지 시대 「구 형법」이 중죄에 부과한 도형은 남자는 섬에 보내고 여자는 내지에서 노역시키는 무기·유기형. 1873년 「개정율례改正律例」에 의해 도형은 폐지되고 징역형에 흡수.

· 독거방独居房

형무소 등의 1인 수용 거실. 복수 수용 잡거방雜居房이 근세까지의 기본 수용 형태. 반면 메이지 이후에는 서구형 격리주의에 따라 독거방이 도입.

· 방사형 사방제放射型舎房制

메이지 5년(1872년)의 「감옥칙 및 도식」에서 모범으로 제시된 서양식 감옥 형태. 중앙 간수소看守所를 중심으로 사방舎房이 방사형으로 배치. 1879년 6방 방사형인 미야기宮城 집치감集治監 건설 이후 각지에 건설된다.

· 법정 규칙法庭規則

메이지 3년(1870년) 5월 형부성의 규칙. 본문 13조와 법정 시라스 체재도로 구성. 죄를 규문糺問함에 상위 신분자, 사족, 서민 좌석의 구분, 판사 이상이 출석 심문할 때는 규문 담당관 도키베解部와 서기가 시라스에 대기, 서기는 들은 것을 기록만 하고 도키베가 주요 사항을 추가 보충, 최초 심문에는 판사가 자리한다는 것 등을 규정. 1873년 「단옥칙례斷獄則例」가 규정되면서 폐지.

· 별방유치別房留置 제도

1872년 「감옥칙」이 형기 만료자 중 생계 전망 없는 자를 징치장懲治場에 머물게 한 규정을 두었으나 곧 시행 정지되자, 1882년의 「개정 감옥칙」이 그러한 자를 정상에 따라 감옥 별방에 머물게 하여 생업을 영위할 수 있게 한 제도.

· 분방제分房制

메이지 초기 「감옥칙」 등에서 서구형의 엄격한 격리주의에 기초해 미결·기결, 남녀를 나누고 야간에는 분방제를 채택. 이후 다이쇼 시기까지는 독거방주의.

·사법성司法省

메이지 4년(1871년) 7월 전통적인 형부성刑部省과 단죠다이彈正臺를 폐지하고 대신 설치한 근대적 형사사법 기관. 수옥囚獄도 관할하에 둠으로써 형무소 관리와 사법 행정 등도 관장. 얼마 뒤 체포·수감 사무는 모두 지방청에 이관. 사법성은 메이지 헌법 체제에서 재판소 감독과 재판소 규칙제정권, 판사 및 재판소 직원 인사권까지 행사하고 사법 행정 사무 등 광범한 사법 사무도 관장. 1948년 폐지되어 법무청法務廳이 되고 1952년 법무성法務省이 된다.

·수속收贖

징역형 등 복역을 대신해 금전을 납부하고 속죄받는 것. 메이지 시대 「개정 율례改定律例」에 의해 금전 지급의 등급 분류 및 구체적 감경 방식이 규정.

·수옥囚獄 관할

근세 및 근대 초기 감옥으로서의 수옥은 1871년 사법성이 창설되면서 사법성이 관장. 바쿠후와 각 번으로 관할이 달랐던 근세와 달리 중앙 정부가 통일적으로 관장하는 형태가 된다. 하지만 얼마 뒤 감옥 사무는 지방청으로 이관된다.

·수옥사囚獄司

메이지 2년(1869년) 12월 유신 정부가 감옥 악습 일소 및 감옥 개량을 위해 형부성 안에 설치한 감옥 관장 관청. 수옥사는 본래 701년 율령 제도하에 만들어진 것으로 옥사나 죄인을 관장했던 관청. 그 점에서 메이지 초기 왕정복고에 따른 복고적 경향도 읽혀진다.

·스가모巢鴨 감옥서

이시카와지마石川島 인부 집합장의 계보를 잇는 감옥. 도쿄 히가시이케부쿠로東池袋에 있었다. 1895년 이시카와지마 감옥서監獄署의 이전 신설 때 경시청 감옥 스가모지서로 성립. 2년 뒤 스가모 감옥서로 개칭. 1922년 스가모 형무소가 된다. 1937년에는 미결수를 수용하는 도쿄 구치소가 되고, 제2차 대전 뒤 전범 수용 시설로도 사용. 1948년 12월 23일 극동국제군사재판에서 사형 판결을 받은 도죠 히데키東條英機 등 A급 전범 7명의 사형이 집행된 곳. 당시 스가모 형무소로 불렸는데 1958년 형무소로서는 폐쇄.

·신율강령新律綱領

메이지 유신 직후의 「가형률假刑律」을 대신해 메이지 3년(1870년) 발포된 신정부 최초의 형법전. 전근대적 명청률을 기초로 한 과도기적인 것. 근대적 「구 형법」이 1882년에 등장하기까지 시행. 「신율강령」에도 전통적 5형인 태笞·장杖·도徒·유流·사死가 규정되지만 형기 동안 구금해 노역에 복무시키는 도형徒刑이 자유형의 중심이 된 점에서 근대적 징역형 중심으로의 변화가 엿보인다. 도형은 1년, 1년 6개월, 2년, 2년 6개월, 3년의 다섯 등급. 각 부·번·현府藩県 관할 도장徒場에서 집행. 도형수에게는 노역을 부과하고 대가를 지급한다.

·에토 신페이江藤新平

메이지 유신 초기 사법경司法卿으로 근대적 사법 제도의 기초를 다진 인물. 사족 반란인 '사가佐賀의 난'을 주도해 전근대적 잔혹형이 사라져 가는 과도기에 효수梟首당하는 운명을 맞는다. 봉기에 실패한 그는 고치高知에서 수배 사진에 의해 신속히 체포되는데, 사진 수배 제도는 에토가 1872년에 확립한 것으로 자신이 첫 적용 사례. 에토는 도쿄 재판을 희망하지만 사가로 송환되어 급조된 사가 재판소에서 사법성 시대 부하였던 권대판사權大判事 고노 도가마河野敏鎌에 의해 1874년 4월 13일 사형을 선고받는다. 내무경 오쿠보 도시미치大久保利通의 입김에 의해 결심도 되기 전에 사형 판결안이 굳어지고, 당시 제도상으로 부현 재판소인 사가 재판소는 단독으로 사형 판결을 할 수 없음에도 효수형 선고된 것. 선고 당일 저녁 봉기에 가담한 11명과 함께 형 집행된다.

·예심予審

프랑스법을 계수한 1880년의 「치죄법治罪法」 이래 1890년의 「메이지 형사소송법」은 물론이고 1922년의 「구 형사소송법」하에서도 채용된 제도. 재판관이 기소된 피고인에 대해 공판에 회부할지 혹은 면소免訴할지를 결정하기 위해 또한 공판에서 조사하기 어려운 증거를 수집 보전하기 위해 행하는 절차. 비공개 절차로서 예심의 피고인 심문에는 변호인 입회 등도 인정되지 않았다.

· 오하라 시게야 小原重哉

바쿠후 말기 근왕勤王 지사로서 수감 경험을 통해 메이지 신정부에 출사한 뒤 감옥 제도 개혁을 적극 호소. 정부는 감옥제도 개량을 위해 서구 제도를 시찰하도록 그를 동양에 있는 영국령 지역에 파견. 1871년 영국 통치령 홍콩·싱가폴의 형무소 실상을 보고 귀국해 「감옥칙」을 저술.

· 외역外役

죄수를 감옥·형무소 밖에서 사역시키는 것. 혹은 그 작업. 근대 이후 징역 등으로 토목 공사나 광산 작업 등 외역을 하는 죄수의 발 등에는 사슬을 채웠다.

· 위경죄違警罪

1880년 「구 형법」의 범죄 분류에서 주형이 구류拘留 혹은 과료科料에 해당하는 경미한 죄. 주로 공중 도덕 위반죄. 위경죄는 경찰관서의 즉결 처분이 인정.

· 유치장留置場

경찰서 내 대용代用 감옥. 근대 이후 실무적 편의 내지 감옥 과밀 등을 이유로 감옥과 같은 구금 시설로 사실상 크게 이용된다.

· 이시카와지마 감옥서石川島監獄署

에도 시대 '간세이寬政 개혁'에 의해 설치된 이시카와지마 인부 집합장人足寄場이 메이지 유신 후 감옥이 된다. 감옥서라는 명칭은 메이지 14년(1881년)부터 메이지 17년(1884년)까지 사용.

· 이치가야市ヶ谷 감옥

고덴마쵸 감옥이 메이지 8년(1875년) 이전하여 설립된 감옥. 1875년 이치가야로 이전해 경시청警視廳 소관 이치가야타니마치수옥역소市谷谷町囚獄役所로 설립. 뒤에 이치가야 감옥으로 개칭. 따라서 뿌리는 고덴마쵸 감옥.

· 이치가야 형무소

가지바시鍛冶橋 감옥서에서 이전해 1903~1910년까지 이치가야 감옥에 인접해 병존. 1903년 도쿄 감옥으로 불리다가 1922년에 이치가야 형무소로 개칭. 이 형무소가 1937년 스가모巢鴨 형무소로 이전하면서 도쿄 구치소로 개칭.

· 잡거방雜居房

근세 감옥의 수용 형태. 반면 메이지 초기의 「감옥칙」 이후 다이쇼大正 시기까지는 독거방주의. 다이쇼 말기부터 쇼와昭和 초기에 걸쳐 행형의 세계적 사조가 된 개선주의로 다시 잡거방이 중시.

· 죄수 급여 규칙囚人給與規則

메이지 8년(1875년) 제정된 규칙. 감옥 경비 관비 지출을 규정. 미결수의 의복은 임의 자급하게 하지만 기결수는 모두 관급으로 하도록 하고, 노역의 작업 상여금工錢으로 갚게 한다. 다만 재정난으로 감옥 지출을 부득이 지방세 지출로 충당. 그 결과 감옥 개선은 좌절. 1881년 3월에는 「죄수 급여 규칙」도 폐지.

· 중죄重罪

프랑스 형법을 참조한 1880년 「구 형법」의 범죄 종류인 중죄, 경죄, 위경죄 중의 하나. 사형·무기형 및 경금옥輕禁獄까지의 9종 형을 부과하는 죄.

· 집치감集治監

메이지 시대 초기 도쿄·미야기宮城·후쿠오카福岡·홋카이도北海道

등에 설치된 도형·유형·종신 징역 죄수 수용 시설. 먼저 도쿄·미야기에 설치. 1879년 내무경 이토 히로부미伊藤博文가 태정대신에게, 유형수, 도형수를 보낼 땅을 선정해야 한다고 상신. 1881년 가바토樺戶 집치감을 필두로 1890년까지 소라치空知·구시로釧路·아바시리網走 분감分監 등 모두 4개 집치감이 홋카이도에 설치. 홋카이도 집치감 구금 죄수는 7천 명 이상. 작업을 통해 징치懲治·천선遷善시킨다는 명목으로 토지를 개간해 잡곡·채소를 기르고, 옥사 내 공장에서 일용 기물을 만들고 미소 된장·간장을 양조하고, 외역을 나가 석탄을 채굴하고 산을 뚫거나 도로를 내는 등 작업이 대규모로 이루어진다.

· 집행 유예執行猶豫

유죄 판결을 받은 자에 대해 일정 기간 형 집행을 유예하고 그 기간을 경과하면 형 선고 효력을 상실시키는 제도. 단기 자유형의 폐해를 줄이고자 서구 국가들이 시행한 제도. 일본은 1905년 채용. 1907년의 「형법」에 규정.

· 징역懲役

1872년 서양법을 참조해 제정된 「징역법」에 의해 태형·장형이 단기 자유형인 징역으로 바뀐다. 1873년에는 「개정율례」에 의해 도徒·유流 형도 폐지하고 형명도 버린다. 사형은 참斬형과 교絞형의 2종으로 하고, 종신 징역형을 두고 그 이하는 모두 징역으로 한다. 징역 형기는 10일 이상 10년 이하. 도형 집행 장소인 도장도 징역장으로 명칭 변경.

·징치懲治

징계하여 나쁜 습벽을 바로잡아 선하게 교정하는 것. 근대 이후 죄수에게 작업을 부과함에 있어 징치 및 개과천선이라는 명목을 내세운다.

·징치장懲治場

1872년의 「감옥칙 및 도식」에 의해 출소자임에도 생계 전망이 없는 자를 머물게 한 곳. 다만 1873년 시행이 정지. 1881년의 「개정 감옥칙」에서는 형법에 의해 불기소된 자不論罪者 및 존속 부모가 자진하여 수용해 달라고 진정해 온 방자하고 불량한 자제를 수용하여 징계하는 곳이 된다.

·출옥인 보호 회사出獄人保護會社

메이지 중기의 출소자 갱생 보호 단체. 전과자로 의지할 곳 없는 자, 주형이 만기가 되고 감시에 부쳐지는 자가 주거 및 인수인이 없거나 주소지가 멀어 돌아갈 여비도 없는 자, 가출옥을 허가받은 자로서 위와 같은 자를 수용 보호.

·치죄법治罪法

프랑스법을 모범으로 보아소나드G. Boissonade가 기초해 1880년 제정. 1882년 시행. 형사소송 및 재판소 구성 등에 관한 법률. 1890년 치죄법을 개정한 「메이지 형사소송법」이 시행되면서 폐지.

·형무소刑務所

근대 초기 구금 시설의 총칭은 감옥監獄이지만, 다이쇼 시기 이래 감옥이나 무슨 감이라는 시설명은 형무소나 구치소拘置所 등으로 바뀐다. 즉 1922년부터 행정관서로서는 감옥이되 수용 시설 성격에 따라 형무소, 소년형무소, 구치소로 명칭 변경. 이후부터 시설명에 감옥이나 무슨 감이라는 말은 쓰이지 않는다. 한국도 1961년 「행형법」 개정으로 교도소矯導所라는 명칭을 사용하기 전에는 일본식의 감옥 혹은 형무소라는 명칭을 썼다. 그래서 아직도 교도소는 감옥이나 형무소로 속칭되기도 한다.

·형사 피고인刑事被告人

메이지 22년(1889년) 7월의 「개정 감옥칙」에서부터, 미결수 상태에서는 무죄 결백한 양민으로 취급하기 위해 사용한 호칭.

·형부성刑部省

고대 율령제 하 8성省의 하나. 중대 재판을 담당하고 감옥을 관리하고 형벌을 집행한 관청. 반면 경죄는 각 관사官司가 재판. 형부성은 헤이안 시대 이후 검비위사檢非違使에게 관장 업무를 빼앗겨 유명무실해지지만, 메이지 초기 다시 형사사법 기관으로 등장. 메이지 4년(1871년) 7월 사법성 설치로 폐지.

·후카아미가사深編笠

전근대 무사·승려 등이 쓴 깊은 갓. 근대에 소환 죄수에게도 사용. 근현대 한국에서도 호송·소환 중 죄수에게 둥글고 깊은 바구니인 용수를 씌웠다.

옮긴이 해설

옮긴이 해설

이 책은 일본 근세 에도 시대 중기 무렵 뇌옥牢獄 즉 감옥의 실무자가 그 실상을 기록한 필사본 『뇌옥비록牢獄祕錄』을 바탕으로, 대심원大審院 판사 오사타케 다케키尾佐竹猛가 해설을 곁들인 1939년 판 『뇌옥비록』의 번역이다. 필사본으로 거의 200년 이상 형무 관계 기관에 전해져 온 작자 미상의 『뇌옥비록』에 에도 시대 감옥의 실정에 관한 당대와 이후의 관련 자료를 추가로 인용하며 해설한 것이다.

1939년 9월 형무협회 요코하마 지부가 동서고금 감옥의 실태와 변천을 재조명함으로써 감옥 개량 운동의 사명감을 되짚을 목적으로 행형 사조와 감옥 개량 운동가의 전기 그리고 각국 행행 제도·형사 정책 관련 문헌을 '형정문고刑政文庫'로 낼 때 제3권으로 발간된 것이다. 제1권은 유럽 각국 교도소를 시찰하고 감옥 개량 운동에 앞장선 존 하워드J. Howard의 전기인 『존 하워드 전』이다. 반면 근세 감옥의 실태를 담은 제3권 『뇌옥비록』은 개량 전의 실태를 보여주려는 것이다.

『뇌옥비록』에 등장하는 고덴마쵸 감옥이 바쿠후 직할령 에도에서 바쿠후와 운명을 같이해 온 근세 최대 규모의 감옥으로서 당시의 형사사법 실태를 보여주는 대표적 사례라는 데도 이론의 여지가 없고, 그 감옥을 다룬 『뇌옥비록』도 250년 이상 일본을 지배한 도쿠가와 바쿠후 형사사법 운용의 실정을 꾸밈없이 드러낸 책이라고 판단해서, 전근대 감옥 제도가 방치하고 묵인한 어두운 비인권적 현실에 대한 폭로의 대상으로 선택된 것이다.

그러나 그 어두운 실상은 일본만의 것도, 또한 전근대의 마지막 장으로서의 근세 에도 시대만의 것도 아닐 것이다. 비인권적 환경은 전근대 서구 혹은 심지어 당대 서구의 것과 큰 차이가 없을 수 있다. 바쿠후 말기 요시다 쇼인 등이 이상적 감옥이라 평가한 미국의 감옥조차도 비인권적이었다. 1830~1840년대 미국 형무소를 시찰한 프랑스의 토크빌A. Tocqueville이나 영국의 디킨스C. Dickens도 형무소의 무자비한 매질 등 처참한 광경을 말한다(氏家幹人,『江戸時代の罪と罰』, 草思社, 2021, 343).

그렇기에 고덴마쵸 감옥의 전근대적 야만성 비판 자체에 초점을 맞추기보다는 오히려 당시 감옥의 있는 그대로의 현실을 본다는 점에 더 큰 의미를 둘 필요가 있다. 특히 그 현실은 다음과 같은 가치를 지닌 것이기 때문에 그렇다. 우선 에도의 감옥이 무질서와 혼돈으로 보일지라도 넓은 의미의 형사 시설로서의 기능의 복합성을 보여 준다는 점이다. 그 복합성은 오늘날과 같은 자유형 집행 장소의 기능을 넘어서는 역할로, 모든 종류의 형 집행의 일부나 전부와 관련되는 것이다.

오늘날의 징역·금고 같은 자유형의 개념이 취약한 전근대의 5형 안에도 자유형과 유사하게 강제 노역과 구금을 의미하는 도형徒刑이라는 게 있지만, 근세에 도형으로 감옥에 구금되는 형태는 실제로는 거의 확인되기 어렵다. 오히려 감옥은 재판 확정 전의 미결감으로서 그리고 형이 확정된 자 중 어떤 사정에 의해 곧바로 형을 집행할 수 없는 경우 집행에 이르기까지 구금해 두는 가류감假留監의 의미다. 그 점에서 기결감인 오늘날의 형무소와는 사뭇 다르다.

그러나 실제를 본다면 기결감과 유사한 기능이기도 하다. 18세기 초의 기록을 보면 재판 사무가 폭주하면서 재판이 정체되어 부교쇼 등에서 수감시킨 죄수가 5년 심지어 10년씩 판결을 받지 못하다가 옥사하는 경우가 해마다 적지 않은 실정이었다. 게다가 형벌로서의 구금도 있다. 종신 구금永牢은 물론이거니와 구류와 유사하게 경죄의 경우에 단기간의 입감으로 형을 면제한 단기 구금過怠牢이 그렇다. 그 점에서 오늘날 기결감의 원형적인 모습이 보인다.

게다가 무엇보다 다목적 형사 시설 기능이 발견된다. 사형의 대부분인 사죄 등은 감옥 내 형장에서 집행되고 효수도 감옥에서 참수된 뒤 감옥 관리에 의해 외부 형장의 효수대에 보낸다. 그 외 형 집행도 감옥 관리에 의해 이루어진다. 유형자도 1년에 두 번 왕복하는 배편으로 섬에 보낼 때까지는 감옥에서 대기한다. 태형도 감옥 문 앞에서 집행되고 문신형과 고문·심문도 감옥에서 이루어진다. 심지어 사형 선고도 감옥에서 이루어지기도 한다. 그런 기능적 복합성은 주목해 볼 필요가 있다.

둘째로 뇌옥牢獄이 근대적 감옥監獄이나 형무소刑務所의 뿌리이기도 하다는 것이다. 뇌옥에 비하면 근대 감옥은 설비를 개량하고 행형장소로서의 성격이 분명해진 시설이다. 그럼에도 뇌옥은 일본에서 수옥囚獄 등의 명칭과 공존하다가 1872년의 감옥칙 등에서 감옥이란 명칭이 사용되고 공식적으로 1908년 시행된 감옥법에 의해 감옥으로 명칭 변경된 것이다. 엄밀히 말하면 감옥이라는 말의 기원은 일본은 아니다.

중국 청淸 말기 해외 사정을 소개하기 위한 지리서로 저술된 『해국도지海國圖志』에서부터도 사용된 것이다. 그러나 일본에서는 홍콩과 싱가폴 등에서 근대 감옥 제도를 시찰하고 온 오하라 시게야小原重哉가 처음 사용한 것이다. 그 감옥이라는 명칭은 2005년 제정된 수형자 처우법에 의해 '형사 시설'로 대체되면서 공식적으로 폐지될 때까지 오랫동안 사용된다. 그러나 명칭의 변경에도 불구하고 여전히 정서적으로는 감옥이 옥제의 대명사다.

행정 관서로서는 감옥이었고 개별 수용 시설로서의 명칭은 형무소였고 이제는 형사 시설인데 오늘날 감옥이나 형무소라는 통칭은 사라진 게 아니다. 한국에서도 교도소 즉 1961년 행형법 개정 후의 교도소라는 명칭 이전에는 일본식의 감옥이나 형무소라고 했고, 그런 이유로 아직도 교도소는 감옥이나 형무소라고도 속칭된다. 시대와 명칭의 차이에도 불구하고 감옥이나 형무소를 근세의 뇌옥과 단절된 것으로 볼 수만은 없다는 것이다.

이는 연혁을 통해서도 확인된다. 실제로 에도 시대 말기 바쿠후가 감옥의 죄인 양성소 기능을 벗고 죄수의 사회적 개선과 석방 후의 안정을 위해 다양한 직업을 부여한 노역장으로 운영한 인부 집합장人足寄場이 메이지 시대 초기에 도장徒場으로 또 징역장懲役場으로 변경되고 감옥서로 개칭된다. 에도 감옥의 분소라고 할 만한 인부 집합장이 연혁적으로 징역장을 거쳐 감옥의 뿌리가 되는 것이다.

또한 기능 면에서도 연속성은 확인된다. 인부 집합장은 짚 세공이나 연와 제작, 염색 등의 다양한 직업과 그를 위한 시설을 운영하는데, 이는 노역과 직업 훈련을 겸한 기능으로서 오늘날 징역 제도의 원형을 보여주는 것이다. 실제로도 에도 시대의 인부 집합장이었던 곳이 메이지 시대 이후에 이름만 변경한 근대적 감옥으로 등장한 것에 더해 기능적으로도 연속됨으로서 근세와 근대를 잇는 연결 고리가 된 것이다.

셋째는 『뇌옥비록』을 통해 동서고금에 확인되는 감옥의 불편한 진실을 볼 수 있다는 점이다. 물론 뇌옥과 근대 이후의 감옥은 여러 점에서 다르다. 구금 시설로서의 목적과 성격도 차이가 있고 무엇보다 근대 이후의 감옥이나 형무소 등은 수용자의 인권이 강조되고 교화와 교정 그리고 갱생이나 재범 방지에 크게 중점을 두는 점에서도 다르다. 최소한 내세우는 방침과 선언에 비추어보면 뇌옥과 다르다.

그러나 오늘날 형무소의 실상은 『뇌옥비록』에서처럼 적나라하게 기록되지는 못하는 것 같다. 어두운 면이 있더라도 대개는 사적으로 공유되는 경험담에 머문다. 그 점에서 비록 강도의 차이는 있을지언정 전근대 뇌옥의 비인권적 현실은 일본만의 또는 에도 시대만의 모습이 아닐 수도 있다. 저자도 서문에서 밝히듯, 그런 기록을 한다는 것 자체가 처벌의 위험을 안은 것이어서 기록되지 못하기 때문이다. 그렇기에 한 번쯤은 그 불편한 진실과 정면으로 마주할 만한 가치가 있다는 것이다.

넷째는 근세 사형 집행의 실제 모습을 확인할 수 있다는 것이다. 에도 시대는 봉건적 법질서를 문란시키는 범죄자에 대한 규제적 본보기로 처형을 공개하고자 한다. 공개가 일반 예방적 응징이라는 형사 정책에 부합하기 때문이다. 보여주기가 강조되는 효수나 하리쓰케나 화형이 이루어지는 형장을 흔히 왕래가 빈번한 에도의 남쪽과 북쪽 입구에 두는 것도 그 때문이다. 그런데 현실이 반드시 그렇지는 않다. 사형 집행을 일일이 공개하는 것은 절차적으로 번거롭다.

그래서 사죄 등 일반적 참수형이나 효수형을 위한 참수는 에도의 경우 고덴마쵸 감옥 내 형장에서 대부분 이루어진다. 그 결과 구금과 더불어 사형 집행에 감옥의 기능적 중점이 주어지게 되는 것이다. 에도의 고즈카하라 형장과 스즈가모리 형장은 하리쓰케·화·효수형을 위한 특수 시설 형장이 되고, 고덴마쵸 감옥이 주된 형장이 된 것은 응징을 위한 공개 방침에는 배치되더라도, 그것이 시대의 실상이었다는 것이다.

끝으로 감옥 개량의 인권적 사고를 근세에도 확인할 수 있다는 점이다. 이는 『뇌옥비록』을 통해 실상을 알린 목적과도 관련된다. 위험을 감수하면서 감옥의 어두운 현실을 사본으로 전한 이유는 무엇보다 실무자의 참고를 위한 것이다. 그런데 그 속에서 죄인 양성소로서의 감옥에 대한 부정적 인식도 엿보인다. 그렇듯 현재의 부정을 확인하고 밝히는 일이야말로 개선의 출발점이다. 에도 시대가 마감되면서 개혁이 나타난 것도 그런 현실 인식에 기반한 것이다.

실제로 근대의 시작점에서 메이지 신정부는 전근대 형벌과 형 집행에 대한 개혁을 시작한다. 과도기에는 전통적인 5형인 태·장·도·유·사가 여전히 규정되지만, 형기 동안 구금해 노역에 복무시키는 도형이 자유형의 중심이 된 점에서 근대적 징역형 중심으로의 변화가 보인다. 도형을 다섯 등급으로 나누고 각 도장에서 일정한 노역을 부과하고 대가를 지급함으로서 범죄 환경을 줄이고자 노력한다. 죄수에 대한 감화를 시도하는 교회사教誨師의 등장도 그렇다.

특히 서구를 모델로 하면서 근대적 개혁에 박차를 가한다. 메이지 신정부는 감옥의 제도적 개량을 목적으로 서구 제도를 시찰시킨다. 동양에 있는 영국령 지역에 파견해 그곳 감옥의 실제 현황을 보고 배우게 한 것이다. 1871년 영국통치령의 형무소 실상을 보기 위해 홍콩과 싱가폴에 파견이 이루어지고, 그 결과 죄수의 인권과 형벌의 목적에 대한 근대적 의식이 등장하는 1872년의 「감옥칙 및 도식」이 제정 반포된다.

서구 제도를 본받아 엄격한 격리주의가 채택되어 기결수와 미결수의 감방을 분리하고, 남자 감방과 여자 감방을 구획해 교류를 차단하고, 야간에는 분방제가 시행되고, 미결수에 관해서는 초범자와 재범 이상인 자를 분류한다. 그리고 노역 및 작업 상여금과 그 밖에 상응하는 대우의 기준을 정한다. 복역에는 계급을 두어 일정한 기간을 거칠 때마다 해야 할 노역을 경감시키고 노역에 대한 작업 상여금은 늘린다.

메이지 시대 이후 그런 개혁은 시대의 흐름에 상응하면서 현실을 반영하는 법제의 형성과 개폐를 동반하면서 나아간다. 제도적으로 자유형이 중심이 되면서, 전통적인 신체형인 태형, 장형 및 유형 등은 징역으로 완전히 대체된다. 사형의 집행도 전근대의 잔혹 형벌을 버린다는 의미에서 교형의 방식으로 바뀌어 간다. 오늘날 우리가 알고 있는 근대적 형사사법 및 형 집행이 이 시기에 거의 뿌리내리는 것이다.

그럼에도 개혁은 재정적 이유 등 현실의 벽에 부딪혀 좌절과 시행착오를 겪는다. 그래도 시대가 변화와 개혁을 요청하면 다시 근본적 개정을 이어간다. 그렇듯 시대의 요청이 개혁을 만든다는 면에서 보면, 비록 오늘날의 형사사법 내지 행형이 전근대를 버림으로서 성립하는 근대를 기반으로 한 것일지라도, 그 근대는 에도 시대 감옥의 실상을 감추지 않았던 『뇌옥비록』의 필자가 지닌 비판적 현실 인식에도 뿌리를 두고 있음이 확인되는 것이다.

에도 감옥 창살 너머의 역사
: 근세 일본 죄와 벌의 기록

초판 1쇄 발행일 2024년 9월 30일

지은이 오사타케 다케키
옮긴이 장진호

펴낸이 박영희
편 집 조은별
디자인 김수현
마케팅 김유미
인쇄·제본 제삼인쇄

펴낸곳 도서출판 어문학사
주 소 서울특별시 도봉구 해등로 357 나너울카운티 1층
대표전화 02-998-0094 **편집부1** 02-998-2267 **편집부2** 02-998-2269
홈페이지 www.amhbook.com
e-mail am@amhbook.com
등 록 2004년 7월 26일 제2009-2호

X(트위터) @with_amhbook
인스타그램 amhbook
페이스북 www.facebook.com/amhbook
블로그 blog.naver.com/amhbook

ISBN 979-11-6905-033-3(93910)
정 가 20,000원

이 책의 저작권은 옮긴이와 도서출판 어문학사가 소유합니다.
이 책은 대한민국 저작권법에 의해 보호받는 저작물이므로, 무단 전재와 무단 복제를 금합니다.

※잘못 만들어진 책은 교환해 드립니다.